中国互联网公益

陈一丹
吴朋阳　周子祺　马天骄　等
著

腾讯研究院　腾讯公益慈善基金会
联合出品

INTERNET PHILANTHROPY IN CHINA

中国人民大学出版社
·北京·

图书在版编目（CIP）数据

中国互联网公益/陈一丹等著. —北京：中国人民大学出版社，2019.1
ISBN 978-7-300-26414-1

Ⅰ.①中… Ⅱ.①陈… Ⅲ.①互联网络-应用-慈善事业-研究-中国
Ⅳ.①D632.1-39

中国版本图书馆 CIP 数据核字（2018）第 255428 号

中国互联网公益
陈一丹
吴朋阳　周子祺　马天骄　等 著
腾讯研究院　腾讯公益慈善基金会　联合出品
Zhongguo Hulianwang Gongyi

出版发行	中国人民大学出版社		
社　　址	北京中关村大街 31 号	**邮政编码**	100080
电　　话	010－62511242（总编室）		010－62511770（质管部）
	010－82501766（邮购部）		010－62514148（门市部）
	010－62515195（发行公司）		010－62515275（盗版举报）
网　　址	http://www.crup.com.cn		
	http://www.ttrnet.com(人大教研网)		
经　　销	新华书店		
印　　刷	北京联兴盛业印刷股份有限公司		
规　　格	148 mm×210 mm　32 开本	**版　　次**	2019 年 1 月第 1 版
印　　张	13.5 插页 2	**印　　次**	2019 年 1 月第 1 次印刷
字　　数	312 000	**定　　价**	69.00 元

序

为中国互联网公益事业写一本书这个念头，已经在心里埋了两年，长成一盆芜草。

从 2007 年发起成立互联网行业内第一家公益基金会，到今年“99 公益日”活动三天 2 800 万人次捐出 8.3 亿元，加上爱心企业和基金会配捐，善款总计超过 14.14 亿元，我与互联网公益一起走过 11 年。其间或有林林总总的纷扰，更多的是恳切的关心和建议。年轻的科技在古老公益事业中展现出的爆发力，一次又一次震撼各界。不独中国如此，英美日也有类似经历。互联网与公益事业的这些年，值得写一本书，也撑得起一本书。

选在此时动手拔草，大概有三个目的。

一是记录。第一封国际求助 E-mail、第一笔移动支付小额捐款、第一次网络个人救助、第一款互联网公益条款，互联网与公益携手，一步一个脚印走到今天，由一粒种子破土长成栋梁。这一过程远非一帆风顺。互联网对公益并非一味地支持和称赞。某些关于公益事业最尖锐的批评和最有影响的负面消息，就是从网络空间开始的。这些曲折迂回的历史、精彩的历程、标杆性的人和事，值得好好记录。

二是整理。十余年的互联网公益发展历程，经验教训无数。大环境的建立总比微观实践慢一点，所以直到两年前，《慈善法》才有了互联网公益条款。公共平台规则建设也总比海量用户汇集的速度慢一点，“小步迭代”舞曲是伴着用户快板的催促，一步步跳起来的。在项目透明机制建设中，煽情和盲从一点点让位于理性思考。这些经验教训具有一般性，对新科技与传统行业的结合有参考意义，值得好好整理。

三是再出发。互联网与公益的结合才刚刚迈出一小步，或有左右摆动，但前进的大方向是对的，应该坚持。归根到底，手机不应该是一个被异化的人体器官，互联网不应该是疏离社会关系的排斥剂。互联网公益所温暖的，还是人心。整理后的再出发，朝向找回互联网的主人翁精神，而不是被它主宰。

本书的写作，得到腾讯研究院和腾讯公益慈善基金会的鼎力支持。

小友吴朋阳、周子祺、马天骄三位研究员组成的调研团队，走访了国内外数十位有影响力的公益慈善业内人士，他们当中不乏网络热点事件的当事人。腾讯公益慈善基金会理事长兼腾讯研究院理事长郭凯天，腾讯研究院院长司晓，腾讯公益慈善基金会秘书长翟红新、副秘书长孙懿，腾讯研究院产业研究中心主任李刚，对文稿提出很多建设性意见。刘琼、孙怡、徐思彦三位研究员也参与了本书的写作，在此一并表示感谢。

从搜集材料到成书，时间不到一年。仓促之下，行文和观点或有不够妥帖和成熟的地方，欢迎批评和指正。

谨以此书，献给所有为互联网公益发展做出贡献的人！

陈一丹

2018 年 10 月 11 日

于深圳

目　录

前　言

人，同具社会属性和自然属性。与“公益”相对的，是“私利”二字。

追逐私利是微观经济学的基本假设。理性人遵循利益最大化的原则各自行动，进行生产交换、工作生活。亚当·斯密在《国富论》中讲道，虽然人人逐私利，但奇妙的是，通过社会分工和市场交易，结果并非秩序崩坏，而是全社会福利总和不断提升。

但人性远比经济学中的假设复杂。经济行为受到社会关系的强约束，远非如原子般杂乱无章地各自行动。逐私利只是目标之一，且需要在公序良俗的框架内进行。亚当·斯密在《道德情操论》中承认：“怜悯或同情……即便十恶不赦之人、最顽固的惯犯，都不能完全自绝于这种情感。”[1] 同情心既然是人类天赋本性，那么在社会互动情境下，中立旁观者自然会怜悯遭受不公者，厌恶施与不公者，最终形成内在的社会性价值观，此即良知善行的起源。

人性即人的社会性。公益，从高处看是文明的根基，俯下身看是每个人内心善良的底色。

演进

人类的文明史，就是社会的公益史。文化背景或有不同，但在历史的脉络中，可以看到不同社会间公益事业类似的演进历程。

公益行为往往从浅层认知开始，类似于直觉的反射性行为。史籍记载，古老传说中原始形态的公益，大都是出于个体的朴素情感，形式也多是由捐赠者交到受助者手中的直接慈善。《史记》载：陶朱公“十九年之中三致千金，再分散与贫交疏昆弟，此所谓富好行其德者也”。印度喀拉拉的土王每日关闭城门时都要问“Athaazha Pazhnikaarundo?”（还有人没吃晚饭吗?）欧亚大陆的另一端，恺撒的盟友马库斯·阿格里帕“向大众分发盐和橄榄油，给每个人理发，在清理完罗马的下水道之后，乘坐一条小船穿过主通道驶入台伯河”[2]。

但很快，人们就意识到：基于个体情绪的冲动型行善，往往流于一时一事的付出，难以持久。公益的线索逐步演进到基于信仰、道德、良俗的有组织行为，捐赠进化到以专业组织为中介的间接模式。公元4世纪，下埃及地区出现名为Diaconiae（意为“服务”）的教会组织，向穷人派发食物；到6世纪，Diaconiae发展到上埃及、中东、意大利本土，并得到当时统治埃及的罗马皇帝认可，每年固定向该组织捐赠粮食[3]。12世纪的欧洲出现数百家依附于教会、修道院的医疗场所，接受各方的捐赠资助，用以收治麻风病人[4]。

近代工业革命开启了公益活动专业化的时代，间接公益的模式得到普遍认可，以法律和其他形式固定下来。伊丽莎白一世去世前两年，英国颁布了《贫穷法》(English Poor Laws)，成为公益慈善事业剥离宗教色彩，向世俗化、专业化发展的里程碑。《公益用益法》(Statues of Charitable Uses) 明确了公益机构的定义、存在的目的、政策优惠的原则[5]，现代公益事业的理念伴随着工业革命的隆隆号角，在整个欧洲和大西洋彼岸的美国传播开来。

间接公益模式也是“镀金时代”诞生的美国大亨的主动选择。卡耐基、洛克菲勒、拉赛尔·赛奇基金会等一批公益百年老店相继成立。安德鲁·卡耐基在《财富的福音》（*The Gospel of Wealth*）中认为，将财富用于个人享受固然不对，无差别赠予穷人也不明智，更优的选择应该是资助真正想向上发展的人（those who desire to rise）[6]。他将卡耐基基金会的资助对象圈定在教育领域，捐资建造大学、图书馆、游泳池。这本《财富的福音》也被奉为现代慈善哲学的“原始文本”（urtext）。公益不再单纯关注消除饥饿和疾病，转向兼顾未来和发展[7]。这一思想虽然被不客气地称作“中世纪主义大亨”（tycoon medievalism），但拥趸众多，影响深远，至今仍被许多基金会奉为捐赠宗旨和行事准则[8]。

及至现代，公益已经发展为目标多元、组织灵活、规模庞大的非营利性行业，被称为与政府机构、私营企业并列的社会“第三部门”（the third sector）[9]。根据美国国家慈善统计中心（NCCS）的统计，目前全美有超过 100 万家公募慈善机构、10 万家私立基金会，以及 36 万家协会、兄弟会等非营利性市民组织[10]。组织间规模大小、内部结构、服务对象千差万别，从关注个别物种的野外生存状况到保存特定非物质文化，从少数族群关怀到大规模基础医疗服务，从动物救援到全球变暖，都可以看到非营利组织专业人员的身影。美国最大的公募慈善机构 Kaiser Permanente 拥有 39 家中心医院、720 家诊所，雇用 2.1 万名医生、5.4 万名护士为超过 1 180 万名会员提供医疗服务，2017 年营业收入为 727 亿美元——单纯看这个指标，可以排进 2018《财富》世界 500 强。

线索

在这个历史时刻回头，可以隐约看到公益事业千年演进过程中三条互相缠绕的线索。

第一条线索是公益慈善从个人自发行为发展为组织化和结构化的公共事业。公益行为的最基本动机，来源于人的社会性——对困境中的其他社会成员的同情和怜悯。这一动机因其情感特性，表现强烈、冲动，也无法持久。但引发这些情绪的困境背后，往往隐藏着长期的根深蒂固的社会因素，因此单纯依靠个体的情感冲动显然无法有效改善困境。只有通过组织化和结构化的方式才能有效克服公益对情感冲动的依赖，持久坚持下去。从佛祖舍身饲虎的个人牺牲，走向雇用数十万工作人员服务数千万大众的公益机构，是千年来公益事业演进的第一条线索。

第二条线索是随着社会发展，社会结构日渐复杂，公益的诉求越来越多元化，对应的公益机构形态也日益丰富。贫穷和疾病在很长的一段时间里是公益慈善事业的唯一主题。在初始阶段，公益形态简单直接：给贫困者钱财，所以范蠡“散与贫交”；收容医治病患，所以中世纪早期出现“麻风革命”。随着实践的深入，公益慈善活动出现更多的层次。即便是扶贫这样的古老课题，在12世纪犹太教的经文中也被划分评级，直接给予钱财被认为是最无效的，而给予工作机会被认为是最高尚的[11]。现代的公益慈善组织目标已经极度细分。ICNPO[12] 按服务领域将所有非营利组织分为12大类、27小类，包括从教育、医疗到文化、环保等几乎所有社会发展目标。随着经济发展、社会进步，公益的范围和内涵不断扩大和细分，是公益事业演进的第二条线索。

第三条线索是公益事业的经济属性不断增强，资源调节能力日渐凸显。有别于一般私营企业，公益机构的最根本特性在于其社会属性——不以获利为目的，追求社会整体的公平、人与自然的和谐。在工业革命前的很长历史时期，受制于外在的社会和经济条件，公益慈善机构的经济功能较弱，只能在其经济能力范围内勉强扛起社会功能。工业革命之后，随着社会财富的增加，公益机构在社会属性不变的前提下，经济功能得到前所未有的提升，经济原则对公益慈善事业也起到越来越显著的作用——虽然不逐私利，但专业化、分工合作给公益事业带来的效率提升与私营企业是一样的；捐赠的获取、公益服务的分配也许都不是市场化的，但公益行业内不同项目之间的竞争关系真实存在。也正因为有基于效率的竞争存在，公益行业内才有优胜劣汰，才能向前发展。

三条线索互相交织，成就公益事业的未来图景，即：一种成熟理性、复杂多元的社会生态；成组织、有体系、专业化、细分工的第三部门；紧贴社会现实、融入风土民情、与当地人民休戚与共的职业群体。

理性公益

新中国的公益慈善事业在改革开放后取得突飞猛进的发展，全球数千年的演进线索被高度浓缩，而互联网的发展为这一浓缩过程加入了催化剂。

信息流转加速、传播链条缩短、社交圈层被打穿，有价值的公益慈善项目借助互联网直接诉诸大众。拆除了时空的藩篱，每一个小小的善意和温暖都被汇集起来，准确传递给请求帮助的事、需要关怀的人。这样的泛在连接也给了被传统渠道忽视的小型专业化公益机构一个展示的窗口、一个放大自己声音的机会。从这个意义上说，互联网公益给广大的参与机构提供了一个在统一的规则下互相比较、诉诸大众捐赠者评断的平台，起到促进不同项目间的良性竞争、提升行业整体专业度和透明度的作用。

但快速发展的背后，难免出现芜杂纷乱的信息和花样百出的煽情讨好。个人的情绪冲动在网络传递中被放大，在助力优秀项目落地起效的同时，也可能给投机行为提供了滋生的土壤。公益天然佩戴着道德的高标，公益机构把事情多快好省地做完是本分，而瑕疵和错误往往会被放大检视，挑动社会的敏感神经。某个偶然爆发的负面风暴，可能拖累整个行业的社会观感。一个典型的案例是，由某位不知名的女士在微博发布炫富照片扇动了蝴蝶的翅膀，引发的舆论风暴却几乎摧垮了国内最知名公募机构苦心经营数十年的口碑。

在这样一个信息过载的时代，保持理性公益的态度显得尤为可贵。

理性公益，首先要提升思考的比重。捐赠应该是慎重思考后的决策，而不仅仅是屈服于一时的感动而做出的反射性行为。依赖直觉和情绪的捐赠人，往往不想花时间和精力在一键支付前推敲项目的逻辑、在一键支付后考察项目进程和落地成效。而这些额外附加的时间和精力，可能比单纯的资金投入更重要。对善款负责不仅仅是公益项目管理者的责任，也应该是优秀捐赠者的品质体现。捐多捐少，也许受制于捐赠者的经济条件，但思考的比重经过努力一定会有所提升。确实，公益项目往往需要诉诸情感和冲动，因而与理性思考相对；但想要合理而持久的公益事业，对情感特性做理性的审视至关重要。

理性公益，要求公益机构、互联网公益平台做好制度建设，向专业化和公平竞争要效率。公益机构内部管控、操作流程、实际效果评估、信息定期反馈等机制的建设，互联网和其他公益信息媒介平台的准入门槛、信息披露等规则的制定，是捐赠者理性思考的基础。没有专业化的运营机制和充分及时的信息披露，理性公益就无从谈起，公益机构之间的良性竞争机制、高效的可长可久的公益事业也无从建立。

理性公益，要求捐赠者抛弃施舍的心态，在有限制的现实条件和道德感高要求之间取得平衡。公益事业需要道德感的支撑，符合公序良俗是公益事业的底线，自古如此。中世纪的欧洲就有因不可抗力致贫的“值得帮助者”（deserving poor）和因懒惰致贫的“不值得帮助者”（undeserving poor）的区分，反映了当时社会的道德感和价值取向。但若道德被泛化，成为公益事业的强约束，会导致任何不符合公众预期的因素都有可能演变为舆情风暴，最终脏水和婴儿不得不被一起倒掉。这把双刃剑一方面确实给公益机构带来向上提升的强大外部压力，另一方面却可能导致逆淘汰——公益机构不敢提高薪酬水平而招募不到能力强的从业者，部分有影响力的捐赠者因为爱惜羽毛而选择低调行事，公益慈善事业因此吸引力下降，少了丰富的色彩。

理性公益，说到底，是希望参与各方理解与尊重公益事业的发展规律和逻辑，让公益人不被曲解，让善意结出善果。

本书的结构

本书主要分四篇探索互联网公益之路。国内篇回顾中国互联网公益过去 20 年的发展，从互联网平台、公益机构、企业、公众和政府等多角度解读互联网公益在中国爆发式增长的原因，诠释互联网与公益融合聚变所引发的巨大影响。世界篇转入全球视角，以美国、英国、日本为典型，扫视公益及其与互联网结合之况，从各国历史、制度、文化等特点出发，探寻各国运用互联网助力公益事业的异同之处。内涵篇回归公益的本质，进一步深度归纳并解析公益与互联网结合的意义。未来篇聚焦科技、机制和文化三个核心，意在探寻持续发展之路径。

创作团队秉持务求客观的原则，走访了国内外具有代表性的互联网平台、公益机构、企业社会责任部门和政府部门，收集了大量的一手资料。还有许多机构和个人在本书的写作过程中为创作团队提供了大量的帮助。我们在此向所有为本书创作提供过支持的机构和个人致以最诚挚的谢意。

由于积累了大量的一手、二手资料，本书在素材的挑选上有目不暇接之感。对许多精彩、动人的实例，创作团队最终也只能割爱。互联网公益是由无数行业同人和志愿者一同缔造和推动的，互联网公益每一阶段的发展背后都有无数鲜活、动人的故事。一本篇幅有限的书籍远不能呈现互联网公益的全部精彩与实质。但见微可以知著，希望本书不仅可以为您呈现出互联网公益发展的脉络，也能通过这个小小的切口为您展现出当代中国的色彩。

互联网公益，是文明历史的一个片段。

楔子
被“画”卷入公益活动的你

社会的痛点就是公益的起点。

——陈一丹

腾讯公司主要创始人、腾讯公益慈善基金会发起人兼荣誉理事长

（摘自陈一丹在第一届“99 公益日”上的主题致辞，2015 年 9 月）

“公益”对于大多数国人来说，可能是既熟悉又陌生的一个词。

熟悉在于民众在日常生活中都或多或少接触过一些“善事”，如施舍街边的行乞者，可能是很多人说起公益的第一直觉反应；而陌生则在于对大部分普通民众而言，并不真正清楚什么是公益，以及自身与“公益”的关系。在大家的印象中，有钱人才是“做公益”的主体，而普通人做不做公益其实没有太多关系。因此，我国传统的公益中，大部分的捐赠来自企业，公众的力量还没有充分体现和发挥，这与美国等具备完善现代公益体系的国家相比是有较大差异的。

社会痛点的真正解决，终究需要公众的共同参与。随着互联网在中国普及，大部分国人被连接在一起，中国的公益事业有了一种无门槛走近每一个互联网用户的可能。当每个人都能快速参与公益，当每个人的公益贡献都能被清晰地记录，当每个人都能看到公益的进展和效果，中国的互联网公益自然就爆发了。

一个普通用户被“画”刷屏之后

2017 年 8 月 28 日，一个叫“小朋友画廊”的 H5 页面（见图 0－1）在微信悄然上线了。

图 0－1 “小朋友画廊”H5 页面

小王是从朋友圈里注意到这件事的。他的一个朋友小刘在朋友圈放了一张画，是一片青郁的麦田，上面有一轮巨大的黄色太阳，挂在蓝紫色的天空上。小王感到心里微微动了一下，“这有点梵·高的感觉”。小王从高中开始就喜欢上了梵·高，对梵·高的作品异常敏感。在他心里，梵·高的画有一种生命绽放的感人之力。而这幅画的色彩和笔触，确实有些许似曾相识之感。“小刘这家伙，什么时候这么文艺了？”小王注意到小刘在画上方的留言很简单：

“有你的画，暖我的心……”他对这幅画的来由越来越好奇，于是点开图片，仔细看了看。画的下方留了一段话，还有一个二维码。话是这么写的：小刘已通过腾讯公益平台，购下此画，帮助小朋友“乐享艺术之旅”。

“这是一个公益活动?”小王有点惊讶，“购下此画……是可以买到画吗?”小王兴奋起来，他很早就想买点喜欢的手工画作挂在家里，但一直没有行动：稍微知名的画家画作买不起，也怕假货；不知名的，又没有购买的欲望，觉得缺少意义。“公益……购画……”小王心里的某种需求好像被调动了起来，他终于点击识别了图中的二维码，打开了那个叫“小朋友画廊”的 H5 页面……

在经过近半个小时的仔细浏览之后，小王做出了个这辈子第一次做的决定：捐出 1 块钱，买幅数字画。之所以说是第一次，是因为此前小王既没有主动给公益机构捐过钱，也没有直接付费买过数字内容。前者是因为小王对公益机构不信任，不知道那些捐赠的善款都用到哪去了。小王更愿意自己组织或参与熟人组织的非官方公益活动，看到捐赠的东西实实在在送到受捐人的手里，他心里才踏实。后者是因为小王作为 80 年代生人，享受惯了互联网免费的资源，对付费买数字内容有种天然的排斥，总觉得那些内容几乎可以无成本地到处复制，花钱买很吃亏。然而，“小朋友画廊”活动改变了小王。

“看到那些孩子，能画出这么棒的画，很感动”，小王是这么解释自己为什么参与这次活动的，“大概是这种努力，让我产生了共鸣，给了我力量”，小王继续说，“到最后，捐赠这件事，成为我对孩子的鼓励和感谢，而并非仅停留在怜悯层面”，小王想了想，又补充道，“对，捐赠不是怜悯，那样对这些孩子不公平。捐赠是一种认同。”在谈到互联网在这次公益活动中的作用时，小王说：“互联网最重要的是建立了捐赠人和受捐人的连接，我能知道我捐给谁了”，他停了停，“而且有了移动支付，很便宜、很方便，不是吗?”小王晃了晃手里的手机，笑了。

后来，在自己生日那天，小王又通过腾讯公益平台，捐出了20块钱“巨款”。按他的话来说，“让生日，过得更有意义些吧”。

互联网公益爆款诞生：“小朋友画廊”

简介：这是个什么活动?

成功将小王这个“新人”卷入公益的“小朋友画廊”，是腾讯公益平台的一个线上线下互动公益项目。该项目从自闭症患者学员画作中精选出36幅制作成高清数字图片，并配上作者亲自录制的感谢音频，以一组H5页面的方式供用户点击浏览。用户如果心仪哪幅作品，则可以点击屏幕下方的“一元购画”，支付一元并获得作品的高清图片。之后，用户还可以将购画记录转发朋友圈，将自己的善举留在线上生活轨迹之中。

效果：这个活动造成多大反响?

小王只是这个活动中的一个普通案例。一个几乎从未参与过捐赠的人都能如此投入，可想而知这个活动的影响力可能会非常惊人。实际上，在活动当天，很多用户都是被刷屏卷入并又参与到转发刷屏之中的。“小朋友画廊”创造了历史：36幅画，上线仅1天，就吸引了超过580万人次参与，完成了1 500万元的筹款目标[1]。这样的筹集速度和规模，不仅大大超过了很多传统公益项目，甚至超过了一些中小型基金会一年的参与量和筹款量。“互联网＋公益”竟产生了如此强烈的“化学反应”，这是绝大多数人都始料未及的。

启示：为什么能够“爆款”？

从主办方的反馈看，这次活动由于意外提前上线[2]，是在完全没有推广的情况下由用户自发形成的爆发。如果真如主办方所言，那么究竟是什么触动了用户？根据不完全调查统计，在用户将“小朋友画廊”转发朋友圈的附言中，“美”和“感动”是出现频率最高的两个词。在这次活动当中，捐赠行为似乎被升华了。很多用户可能正如前文案例中的小王，因为图片的“美”而被吸引点击，又因为作画者身份的特殊性而被“感动”，从而很自然地完成了购画支付和转发朋友圈。在这里，人们不再停留在“怜悯”上，而展现为更高的对“美”的认同和追求。

项目发起人在事后的采访中，也谈论了对此的思考：“原因可能有两个方面：一是我们展示给公众的不是苦难，而是孩子们的生命和活力，他们用艺术表达自己；二是公众自身认知的提升，帮助别人有很多途径，通过扩散让更多人知道并接纳这个群体也是一种公益参与。”[3]

爆款背后互联网公益的力量

时间的力量

“小朋友画廊”的爆发是一种偶然吗？很多人认为是撞上了大运。但是，大多数人可能不知道，这个项目并非从天而降，在这之前实际上已经运作了8年。时间是重要的，坚持也是重要的，尤其对于“不挣钱”的公益来说。从这个角度看，“小朋友画廊”的成功，应该不是“撞上”的运气，而是“坚持”的结果。

互联网的助力

然而，仅靠公益机构的坚持，会收获这样的成果吗？根据《北京晨报》的报道，这项公益活动其实在2016年8月17日就已经发起，但筹款进程一直不温不火。直到“小朋友画廊”H5页面上线以后，这项活动才激起了网友的热情，取得了异乎寻常的效果。由此可见，除了公益机构本身的努力外，互联网的有效助力是这项活动爆发的一个重要因素。而这个有效的助力者，就是背后耕耘了十年有余的互联网公益平台——腾讯公益。

由腾讯出资成立于2007年6月的腾讯公益慈善基金会，是中国第一家由互联网企业倡导发起的全国性非公募基金会，其旗下的腾讯公益是中国最具影响力的互联网公益平台之一。作为一家科技行业的领头企业，腾讯为什么要积极投身到“不赚钱”的公益慈善事业中呢?

腾讯公司主要创始人、腾讯公益慈善基金会发起人陈一丹，在基金会成立当年曾谈到腾讯做公益的心路历程：“腾讯做公益一直是有传统的。公司在逐渐发展的初期，我们就一直对用户心存感激，一直寻求机会去回报用户，或者去做一些有意义的公益活动。”关于专门设立一个基金会，他说主要是基于三个原因：“希望能够回馈用户”，“在2004年上市后，对于责任的理解也更为深刻”，“我们希望借助自身是一个互联网平台的优势，建立网络公益平台，让更多的慈善机构在网络平台上开展公益事业，让全社会热心的团体和个人都有机会很方便地来参与公益事业，将公益的影响力扩大到更广的范围”[4]。

正是秉承“回报用户”的初心和“公益”的责任感，腾讯积极成立了公益基金会，明确了要做“人人可公益的创联者”的发展愿景，以专业化推动互联网与公益慈善事业的深度融合，以自身的互联网技术和服务能力推动公益行业加速发展。在“互联网+”理念和模式的引导下，腾讯公益慈善基金会这些年一方面以“腾讯公益网络捐赠平台”“益行家”等创新产品为平台，逐步培养了亿万网友的公益习惯，推动人人可公益的生态建设；另一方面以“为村开放平台”“腾讯立体救灾”等创新项目，在乡村发展、教育、扶贫、紧急救灾、员工公益等多个领域长期探索互联网与公益结合的前沿与可能（见图0-2）。通过长期不断的坚持和努力，腾讯公益先后通过2008年的汶川地震网络捐赠、2013年的腾讯月捐，以及2017年的“99公益日”等活动，完成了网络平台募捐过千万、过亿和过十亿的“三级跳”，成功推动中国“互联网+公益”从量变进入质变的加速发展通道。

全民公益新时代

如果说腾讯公益的十年是为中国公益积累互联网基础的十年，那么创立于2015年的“99公益日”就是为中国公益带来飞跃的“质变因素”。

在此之前，中国公益的主要参与和贡献者，来自政府、企业、机构和占人口少数的富人群体。由于缺少西方国家教会等面向个人的体系化募捐机制和传统，中国的大部分老百姓与公益活动的距离比较远，大众性的公益参与比较有限。腾讯“99公益日”的创立目的，就是希望通过移动互联网化、社交化等创新手段，用轻松互动的形式，将公益做成人人可参与的全民活动。为此，腾讯公益联合数百家公益机构、知名企业、明星名人、顶级创意传播机构，一

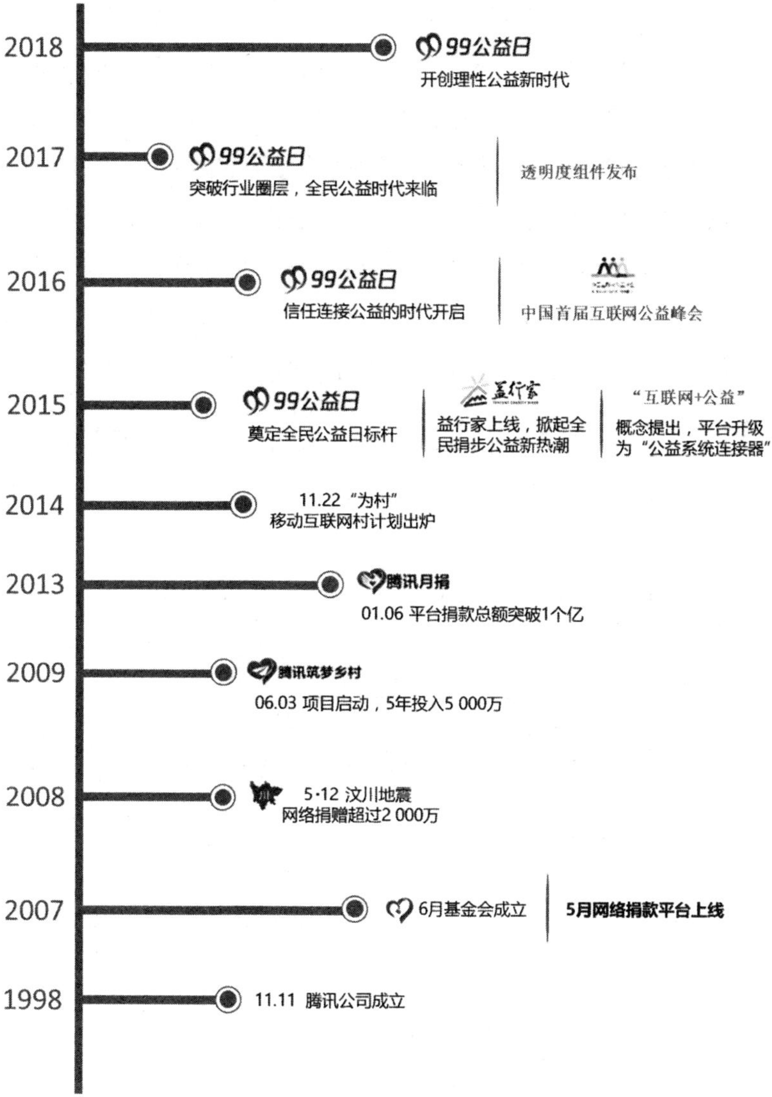

图 0－2　腾讯公益大事记

资料来源：腾讯公益大事记［EB/OL］．腾讯基金会．（2018－09－30）［2018－09－30］．http://gongyi.qq.com/jjhgy/jjhdsj/dsj.htm.

方面创新“你捐一元，腾讯配捐一元”的配捐模式，有效带动了广大公益机构和项目的参与积极性；另一方面创新捐赠方式，网民们可以通过小额现金捐赠、步数捐赠、声音捐赠等行为，以轻量、便捷、快乐的方式参与到公益活动当中，成功唤起了全国数亿网民的公益热情。

从 2015 年首次发起至 2018 年，“99 公益日”已走过 4 年。根据腾讯公益平台统计，捐款人次从最初的 205 万增长到 2 800 万，扩大了近 13 倍；捐款总额从最初的 2.28 亿元增长到超过 14 亿元，提高了 5 倍多（见图 0－3）。“互联网＋公益”的“质变”，已然开始。

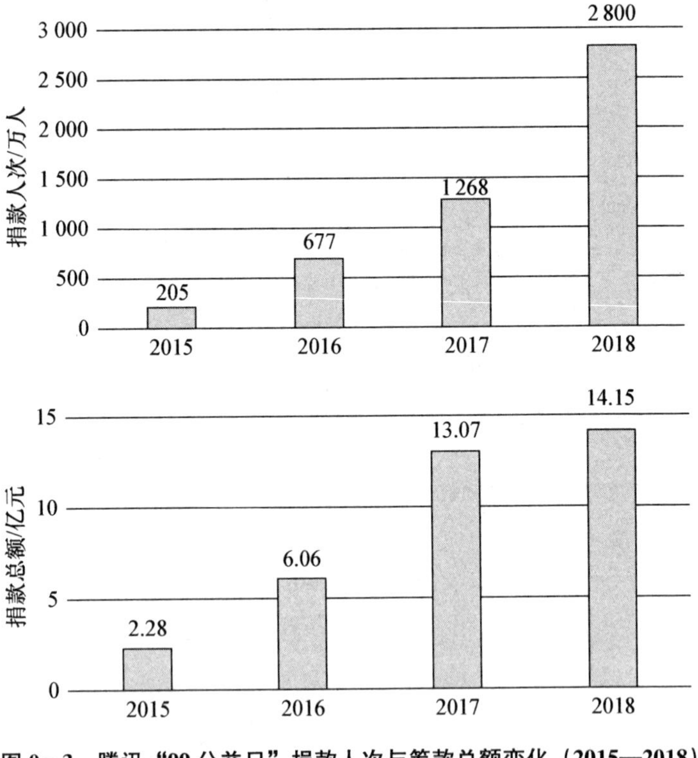

图 0－3　腾讯“99 公益日”捐款人次与筹款总额变化（2015—2018）

互联网公益的三个问题

互联网公益发展如此迅速，给中国公益行业带来了新鲜的活力，同时也带来了诸多挑战。为了更好地理解互联网公益，以借助互联网之力带动中国公益事业快速、健康发展，我们需要进一步详细分析和探索互联网公益的中国之路。这条路怎么走，可以从三个问题出发：

看实践：互联网公益发展如何?

互联网科技的发展是世界性的，公益活动的开展也是世界性的。由于政治、经济、文化、宗教等的差异，各国的公益水平和模式有所不同，那么对待互联网公益的态度是否也存在差异？公益拥抱互联网的过程是否有各自的特点？相比而言，中国有什么特色可以发扬？本书国内篇和世界篇将带您领略中国及全球公益的发展情况，吸收各国互联网公益的发展经验，共同思考中国特色与定位。

看本质：互联网公益为何蓬勃发展?

现代公益数百年，新中国公益数十年，而互联网公益真正蓬勃仅十年。为什么近年互联网与公益的结合获得了爆发式增长？互联网到底给公益带来了什么？本书的内涵篇将从定义、特征和意义等方面，探索互联网公益的本质。

看未来：互联网公益将走向何方?

新的信息技术在不断涌现、发展和成熟，互联网公益未来必将继续与新技术融合。那么，哪些是可能的发展方向？科技将如何进一步改变公益？公益机制未来会如何发展？公益生态会发生什么演变？本书未来篇将与您一同畅想互联网公益的未来。

Internet Philanthropy in China

国内篇
中国互联网公益的潮起

让公益成为一种态度、一种习惯、一种生活方式。

——马化腾

腾讯公司主要创始人、董事会主席兼首席执行官

（摘自第三届“99公益日”马化腾致腾讯全体员工信《99公益日：从指尖到心间的力量》，2017年9月）

近十年来，互联网公益在中国呈现出一种现象级爆发的趋势。

以 2008 年的汶川地震为标志，随着以腾讯、阿里为代表的互联网企业开始越来越深入公益行业，科技与公益的结合发生了某种“化学反应”，使得中国的公益生态逐渐激发出一股新的力量。在这股力量的推动下，出现了各具特色的互联网公益平台，并将公益机构、企业、公众乃至政府有效连接在了一起，推动中国公益呈现出“全民参与”的蓬勃发展态势。

那么这股力量到底是什么？它又是如何影响中国公益生态参与各方的？一切需要先从历史脉络中开始探寻答案。

第一章　中国互联网公益大史记

从互联网的发展说起

要看清中国互联网公益的发展，不妨先从互联网入手。因为正是互联网的特性，才赋予互联网公益以不同。1995 年 9 月 30 日，中国第一个互联网服务供应商（ISP）瀛海威在北京成立并投入运营[1]。其采用了类似于当时的“美国在线”的经营模式，网站为用户提供包括 BBS、聊天室、电子报纸等 web 服务。从这时起，中国互联网才真正开始进入大众化的商业时代。

从 1995 年到如今的 20 多年时间里，中国互联网的发展可谓日新月异。从早期的台式机、笔记本到如今的手机甚至各种可穿戴设备，从最初屈指可数的网站页面到如今数百万各色功能的 APP，互联网可以说已渗透到中国人生活的方方面面。这些眼花缭乱的变化背后，实际上隐含着互联网模式的演化。对互联网演化的阶段划分，目前并没有标准定式。为了更深入地理解和区分不同阶段模式的差异，我们在此基于从技术特性出发的 Web 1.0/2.0/3.0 划分方式，围绕信息和服务传递的方式进行分析探讨。

Web 1.0：机构中心化，门户网络

Web 1.0 从 1995 年互联网商用就开始发展，其典型业务形态是门户网站；主要特征是大量使用静态的 HTML 网页来发布信息，并开始提供浏览器给用户来获取信息。

Web 1.0 的本质是信息的产生与广播。产生方面，这个阶段的信息内容主要由各大小网站（机构）生成和汇聚，内容源比较有限。通过万维网，这些内容和信息可以在网页上比较直观地展示出来；同时，资源之间在网页上可以任意链接。广播方面，这个阶段的信息传递主要是一点（服务器）到多点（用户）的单向传播，内容公开发布到网站之后，用户即可通过网址登录和浏览信息，但无法对内容信息进行修改，也难与内容信息提供方进行实时互动。

Web 1.0 只解决了人对信息收集和浏览的需求，而没解决人与人之间实时沟通和互动的需求。正如 Graham Cormode 和 Balachander Krishnamurthy 在《Web 1.0 和 Web 2.0 的关键差别》[2] 一文中所言，“Web 1.0 中的内容创建者很少，绝大多数用户只是充当内容的消费者”。所以，Web 2.0 应运而生。

Web 2.0：平台中心化，社交网络

Web 2.0 一词最早出现在 1999 年，Darcy DiNucci 在其文章《碎片化的未来》[3] 中首次提到，主要认为 web 是一种传输机制，并将出现在各种电子终端。这一描述没有考虑与之前 Web 1.0 的承接，因此并没有广泛流传。真正明确定义 Web 2.0 并让其广为人知的，是蒂姆·奥莱利（Tim O’Reilly）。他的 O’Reilly Media 公司和

MediaLive公司在2004年合作举办了第一届Web 2.0大会，会上提出了“网络即平台”（Web as Platform）的概念。

Web 2.0的核心在于将网络本身当作一个大平台，在这个平台上信息可以在多方之间交互。蒂姆在2005年发表的《什么是Web 2.0》[4] 一文中概括了Web 2.0的概念，并给出了描述框架图——Web 2.0 MemeMap。他在框架中列举了一系列Web 2.0的原则和案例，其中与Web 1.0最大的差异体现在：强调群体智慧，要把用户作为共同开发者来信任，即用户创造内容，而非仅靠有限的机构。从这点出发，每一个网络节点都可以具备生产和消费双重身份，从而大大激发了广大网民的创造和创新积极性。Web 2.0的典型应用有很多，包括Blog、Wiki、RSS、Tag、SNS、IM、P2P等，都体现出了Web 2.0这种共创共享和双向交互的特征。

Web 2.0实现了人与人的实时沟通与互动，但同时也带来了新的问题。由于每个网络节点都可以产生内容，整个网络的信息内容呈现指数性爆炸式增长。海量数据逐渐超出了个人所能处理的范围，用户从这些数据当中要发掘和提取对自己有价值的信息越来越难。而这个问题的解决，需要Web 3.0。

Web 3.0：用户中心化，智能网络

Web 3.0还处在发展早期，目前业界争议很多且无定论。有的认为是数据管理方式，有的认为是交互手段，有的认为是带宽，有的认为是营销噱头，有的甚至认为Web 3.0并不存在或不可能实现。如果从Web 2.0出现的海量信息价值提取的核心问题出发，Web 3.0的目标是需要网络具备“智能”来针对用户需求进行信息处理。从这个角度看，Web 3.0应该是“以用户为中心”的智能网

络，能够实现信息和服务按用户的需求动态定制。

Web 3.0 要实现的技术手段，目前也存在各种维度的说法。根据 Expert System 公司的总结[5]，业界普遍的观点有三方面。第一是语义网（semantic web），是由万维网联盟的蒂姆·伯纳斯-李（Tim Berners-Lee）在 1998 年提出的概念。其核心是：给万维网上的文档（如 HTML）添加能够被计算机所理解的语义（meta data），从而使整个互联网成为一个通用的信息交换媒介，也就是一个大数据库。第二是人工智能（artifical intelligence），主要是自然语言处理和图像处理技术。机器可自动分析网络中各种原来人类才能理解的信息内容，并且可以根据用户的需求将分析结果个性化后提供给用户。第三是应用即服务（SaaS），用户的所有应用和数据都在云端，任何终端都可以随时无缝接入和使用，从而使得用户在不同终端的操作动作都是同步连续的。

Web 3.0 将有望真正实现“以用户为中心”的信息服务模式。每个用户都会有自己个性化的信息平台和智能助手，为用户实时动态提供其所需的信息和服务，而这种信息和服务是个性化的。目前 Web 3.0 还无定论，需要随着相关新技术的发展和成熟才能进一步明确。

公益随互联网而演化

互联网的发展演变影响了各行各业，公益也不例外。互联网发展的各个阶段均影响了互联网公益不同形态的产生，因此类比 Web 1.0/2.0/3.0，也可以将互联网公益划分为 1.0/2.0/3.0 三个阶段。互联网公益 1.0，主要是基于门户网站、论坛等进行公益信息传播；

互联网公益 2.0，在社交网络、电商、网络支付等互联网应用的支持下，不仅实现了公益信息从单向传播扩展为双向互动，用户还能直接通过网络进行捐赠，从而加深了用户在网上对公益的参与程度；互联网公益 3.0，目前还没有成熟的 Web 3.0 技术和应用支持，但从互联网公益创新的趋势看，应该会朝着“泛公益”的方向发展，即借助互联网技术，公益融入用户生活的各种场景之中。比如“捐步”等行为公益方式，虽然在技术上还是承载在 Web 2.0 的平台上，但是在模式上已经是向互联网公益 3.0 阶段迈进的尝试。

互联网公益 1.0：传播

在互联网出现之前，人们主要从报纸、广播或者电视及线下活动等渠道获取公益信息。信息传播的覆盖面较小、时效性较弱，大部分公众对公益了解不多。

以门户网站为代表的 Web 1.0 的发展和普及，为公益开辟了低成本、高效率的传播渠道，因此成为我国互联网公益 1.0 的主要模式。各大门户网站逐渐开设公益频道，上传公益项目信息并进行传播，成为当时慈善公益机构与互联网公司合作的主要方式。

当然，在同一时期前后还有电子邮件、论坛等互联网应用形态，与公益也有不同程度的结合。从本质上讲，这些应用最终都实现了一个主要作用：公益信息的传播。

从借助互联网跨洋救人开始

在我国用互联网做善事，最早可回溯到 1995 年，就是互联网商用的那年。

1995 年春节后，山东姑娘杨晓霞身患“怪病”，久治不愈，被媒体广泛报道。在军事医学科学院情报所工作的黄向东与在中国医学科学院情报所工作的胡铁军得知后，通过在美国的海外华人学者和国际友人，在互联网上的一些消息组和电子布告栏上发布了她的病历以求帮助。消息发出不到2周，就收到了全球各地500多封电子邮件。很多外国医学专家提供了诊断建议和类似病例的治疗方案，一些医院表示愿意免费收治杨晓霞，海外侨胞和华人更纷纷表示要捐钱送药。这一事件生动地反映出互联网信息传播的效率之高，甚至可以救人[6]。

同年4月，清华女生朱令生命垂危却苦于无法确诊而得不到有效治疗。为了救治朱令，北大学生从4月10日开始，向国际互联网发布求救信息，将朱令的病况通过电子邮件发往互联网上的9个医学方面的论坛。发信3日就收到了来自世界各地的回信100多封，超过半数的回信认为朱令是铊中毒。在随后的治疗过程中，互联网继续发挥强大的信息传播作用，朱令也成为中国第一位通过互联网在世界范围内会诊并得到救助的病人[7]。

这两个案例虽然是针对特定个人的“私益”，严格意义上并不属于针对全社会的“公益”，但都是借助互联网做“善举”，做事目的和逻辑是相似的。从这个角度来说，这两个案例可以认为是我国互联网公益的启蒙性事件。

门户网站的公益频道成为常态

门户网站的出现，真正为公益开辟了新的互联网传播渠道。

凭借门户网站强大的内容组织和信息发布能力，公益传播不再受限于版面、时间，发布内容也得以大大延展，从具有轰动效应的公益事件或个案，拓展到政策、法规、公益行业等中观和宏观层面的信息，使得大众对于公益信息的接受度和认知度大幅提升。

2002年5月25日，地方门户网站千龙网专门开通了整合公益信息的公益频道，成为中国网络媒体第一个综合性公益频道[8]。

2005年5月25日，中国互联网协会启动“互联网公益日”[9]，其目的在于号召中国互联网协会成员、互联网企业和其他机构，共同推动网络信息技术在中国西部经济发展滞后地区的普及应用，帮助不发达地区、弱势群体接入及使用互联网，共享数字发展机遇，“建设人人受益的信息社会”。

2006年，搜狐公益频道以专题形式建立，成为首个商业网站的专门公益频道[10]。随后，各大门户网站相继开设公益频道，汇总公益信息，满足大多数公众对于公益资讯的需求，内容上涵盖多元化的公益资讯类别，形式上以新闻资讯为主。

就这样，互联网公益在Web 1.0时期，主要通过门户网站搭建的公益宣传平台发布公益资讯，供用户上网浏览，这也成为互联网公益的最初形态，并成为常态，沿袭至今。这种模式与传统媒体的广播模式类似，同时发挥了互联网低成本、广覆盖的优势，实现了公益信息的“1 to N广播”。

网络论坛求助开创公益互动传播先河

网络论坛也称BBS或者电子公告板，是相比门户网站更具交互性的代表模式，也是Web 2.0的启蒙。用户不仅可以自己发帖求助，还可以跟帖讨论，一定程度上实现了信息的双向沟通。而利用BBS进行公益传播，广大的网友都可以对公益活动发表意见，也就成为互联网公益2.0的起源。

说到BBS，成立于1999年3月的天涯社区可以说是我国最具代表性的一个[11]，并且在成立之初就开始涉足慈善领域，开设了天涯互助板块。后又先后于2001年、2005年和2009年，分别开设了环保先锋、志愿者和公益同行等板块[12]，从民间的救助互助逐渐发展到专业的公益领域。

网络论坛与公益的结合，除了能有效帮助公益活动传播之外，最重要的是能调动广大网友的互动积极性；尤其是一些热心网友自发的监测与核实行动，对互联网公益低成本传播虚假信息形成了一定程度的遏制。例如，2004年7月15日，广东省开平市网民张妙娥在天涯社区实名发布了一篇名为《全天下的朋友恳请进来》的帖子[13]，其中详细介绍了她的个人病情、家庭状况以及相关个人信息，希望广大网友能够伸出援助之手，帮她筹款做心脏手术。帖子发出后，很快受到了版主重视。版主特意标红了标题，以吸引众多网友注意。经过网上的激烈讨论，最终网友们决定先核实帖子中的信息，实地考察张妙娥的情况，再对其进行捐助。还有部分有远见的网友提到要设立专项基金，监管捐款使用状况。部分热心网友不仅到张妙娥的家里调查情况，还多方联系媒体对张妙娥进行报道，不间断地在网上公布对张妙娥的救助进展，并及时公布张妙娥个人账户收到的捐款和资金使用情况，受到关注此事及慷慨解囊的网友的信任和好评。

"网络论坛+公益"不仅开启了网民个人"自曝式"发帖求助的先河，至今依然是网民为获得救助采用的主要方式之一，还开启了网民与网民之间慈善信息互动的先河，为后来的"社交网络+公益"做了很好的实验和表率。

互联网公益2.0：传播+捐赠

互联网公益1.0虽然极大地扩大了公益传播的范围，提高了公益传播的效率，但并未能深入解决传统公益所面临的局限。一方面在于信息传播主要以单向广播为主，广大的受众群体只能被动接收信息，无法及时反馈和针对性了解公益活动的具体内容，影响用户的参与度和信任度；另一方面在于捐赠来源局限在大机构、大企业、知名人士等“头部群体”内，且捐赠手段局限在现金、汇款等比较低效的渠道上，难以发挥广大网民的捐赠力量。

Web 2.0 为互联网公益 2.0 的成型贡献了两块重要基石，从而成功突破了传统公益的局限。一是社交平台的兴起和成熟，解决了信息传播障碍问题，让各方尤其是广大网民之间能形成点对点的高效信息沟通。网民们可以随时对公益活动发表意见，在及时获得反馈的同时还能发挥舆论监督作用，有利于建立多方信任的公益生态。二是网络支付特别是移动支付工具的普及，解决了捐赠不易的问题。尤其对于广大公众而言，大部分捐赠都是小额捐赠，传统捐赠渠道难以有效支持。而移动支付工具随时随地、小额可捐的低门槛使用方式，有效释放了广大公众的捐赠热情。

2008 年，腾讯主要创始人、腾讯公益慈善基金会发起人兼荣誉理事长陈一丹，敏锐地看到了这一趋势，在中国率先创新性地提出了网络公益 2.0 的概念，意在推动互联网公益平台多方连接和深化发展，将公益真正带入“全民参与”的时代。

重大灾害激发全民公益热情

无论国际国内，重大灾害的发生都会激发全民性的社会救助热情。

在我国，2008 年的汶川地震就让我们看到了这样的热情。而这种热情最后能转化为一次全国上下、全民公益的里程碑事件，互联网在其中首次发挥了重要作用。一方面体现在立体式的网络救援互助体系初步构建。汶川救灾期间，通过门户网站、论坛、博客、微博、QQ群等互联网渠道，实现了从快速报道灾情、紧急组织救援到发起赈灾捐款、进行网络寻人、开展哀悼祈福等多元的网络救援互助活动，初步形成了网络公益平台的聚力效应。另一方面体现在网上赈灾捐款开始发挥高效作用。各类公益基金会迅速通过互联网公益平台开通网上募捐通道，开辟了一个全国人民向灾区奉献爱心的重要渠道。

之后，2010年的玉树地震、2013年的雅安地震等灾害中，在互联网公益平台的支持下，全国公众都积极参与到相关救灾和公益活动当中，全民公益的意识和行动得到了持续的培养和促进。

社交平台构建全民公益新生态

互联网公益2.0最典型的转变，是公益信息传播方式从“一对多”的广播，扩展到了“一对一”甚至“多对多”的互动，这得益于各类互联网社交平台的全民化普及。

最早是QQ平台与公益的结合。早在2003年“非典”期间，腾讯公司就为小汤山医护人员提供专用的QQ号码，用于即时共享医疗信息，并通过QQ视频与家人进行安全交流，可以算作最早的社交与公益结合的案例[14]。后来又发展出了与QQ积分和勋章等业务功能结合更紧密的方式，比如可以将积分兑换成捐赠权益、通过QQ进行公益捐赠可以点亮终身有效的公益勋章等，这些社交玩法都在当时有效激发了Q民的公益热情，成为“社交＋公益”成功的早期尝试。

接着是微博平台与公益的结合。2009年兴起的微博从弱关系社交出发，在发展过程中通过不断引入名人和明星，最终形成以多个“大V”为中心、海量粉丝关注的社交网络结构。新浪微博将这种“大V-粉丝”的社交关系引入公益领域，创建了“微公益”，“大V”们根据情况不定期发布或转发公益事件，粉丝们在其影响下会比较积极地关注、转发甚至捐赠，从而达到激发个人公益参与的效果。

然后是微信平台与公益的结合。2011年上市的微信则以强关系社交为中心，其社交网络结构呈现更为分散、多圈层的特征，个人对越居内核的网络关系信任度越高，在网络中的自发性互动更强。同时，由于微信拥有高达10亿的活跃账户数[15]，公益项目在微信平台的传播可以触达的范围更广。这两点使得“微信＋公益”对个人公益参与的长期带动性更强，有利于建设健康的公益生态。

网络支付普及培养全民公益捐赠习惯

互联网公益2.0还有一个明显的功能扩展，就是借助网络支付特别是移动支付的普及，让互联网公益不再仅停留于信息传播的环节，而深入到了捐赠的环节。

腾讯的财付通、阿里的支付宝等，通过与其公益平台的打通，都为用户提供了一个低门槛、高便利的捐赠渠道，可以随时随地进行捐赠，支持其关注的公益项目。这就使得公众的公益参与可以在线上形成“了解-捐赠”的闭环，逐渐培养了公众的日常捐赠习惯。

互联网公益3.0：传播＋捐赠＋泛行动

Web 2.0的发展成熟形成了一个源源不断产生海量数据的网络空间，这一方面为不同领域数据的结合分析与价值创新创造了条件，另一方面也为使用者直接处理海量数据带来了挑战。

对于互联网公益而言，也出现了类似的条件和挑战。一方面是公益数据可与用户其他业务数据等结合创造新的公益玩法，另一方面是海量的公益数据使得用户要获得适合自己需求的信息越来越难。这就需要互联网公益向 3.0 阶段演进，从人转移到机器对公益数据的智能处理。

互联网公益 3.0 将进一步形成“泛公益”的大生态。用户的公益数据与其他业务数据的打通与结合，使得越来越多的公益项目可以融入用户的日常业务行为场景之中。比如现在已经流行的“捐步”，虽然技术上仍是 2.0，但模式上已经具备了 3.0 的特征。

更重要的是，互联网公益 3.0 将在公益领域发挥机器智能的作用，真正“以用户为中心”，从用户需求出发整合公益信息，设计并提供个性化的公益活动给用户。这是互联网公益发展的未来方向，但对于技术的依赖度较高，有待 Web 3.0 相关技术的发展成熟。

互联网公益发展的十个标志性事件

在互联网公益发展和演化过程中，有一些关键事件集中体现了其中的飞跃或曲折：有代表技术创新的，有来自环境灾害的，有因为体制政策的。基于行业历年公益热点事件的评选[16]，结合互联网公益特点，归纳起来主要有十件。

2006 年：搜狐公益频道上线打响第一枪

作为三大门户网站之一的搜狐，在 2006 年正式启动公益频道，成为当时首个、也是最大的线上公益传播平台，标志着互联网公益正式迈入门户时期。搜狐公益的优势在于它隶属于新闻中心，能够共享新闻中心的资源，包括海量的内容信息、用户群体，以及和公益相关机构的关系。此外，为了支持公益频道更好地发展，搜狐还给了独立的团队、推广位等自由发展空间。搜狐公益频道随后逐步发展出生态绿色、社会救助、人道人权、明星人物等系列专栏，形成了广泛和深度结合的传播方式，对网民的公益兴趣和意识培养起到了很好的作用。

2007 年：腾讯基金会成立标志着互联网深入公益

腾讯公益慈善基金会由腾讯公司 2006 年 9 月发起筹备、2007 年 6 月国家民政部完成注册，是中国第一家由互联网企业发起的公益基金会。腾讯公司捐赠原始基金 2 000 万元，并承诺每年按照利润的一定比例持续捐赠。腾讯基金会成立的同时，腾讯网络捐款平台也成功上线，标志着互联网企业开始以专业化的方式深入公益领域，也带动了整个互联网行业开始更积极地加入公益事业[17]。

2008 年：汶川地震引发全民公益热情

2008 年 5 月 12 日，四川汶川发生新中国成立以来破坏力最大的地震。灾难波及 10 省（市）、417 县、4 600 多乡镇、近 4.8 万个村庄，受灾人口 4 000 多万，死亡及失踪人数达 8 万余人[18]。汶川地震激起了全国上下的爱心和救灾热情，震后半年社会各界捐赠款物达 751.97 亿元，其中个人捐款达 458 亿元，首度超过企业捐赠[19]。大灾中迸发出的巨大民间力量影响深远，使得 2008 年被称为“中国民间公益元年”。在腾讯、阿里巴巴等互联网公司的积极参与下，互联网公益的传播和捐赠在其中也首次发挥了规模化作用。淘宝支付宝、腾讯财付通、易宝支付三大网络支付平台开通快速捐赠通道，募集善款超过6 000万元[20]。因此，2008年也被业界称为“互联网公益元年”，开启了“人人可知晓、人人可捐赠”的全民公益时代。

2009年：淘宝“公益宝贝”计划面向商家开放

淘宝的“公益宝贝”计划发源于2006年的“爱心宝贝”[21]。当时受“魔豆宝宝小屋”不幸患绝症的卖家周丽红事件的感动和启发，中国红十字会和淘宝网合作启动“魔豆宝宝”爱心工程，旨在帮助困难母亲再就业。为此，中国红十字会在淘宝网上开设“魔豆宝宝爱心账户”，并特别设计了自动捐款功能——但凡加入“爱心工程”、将商品设为“爱心宝贝”的淘宝卖家，每成交一笔交易就可自动向“爱心工程”捐款1分钱，获得了很多店家和网民的支持。2009年，淘宝将“爱心宝贝”升级为“公益宝贝”并向所有商家和公益机构开放。卖家自愿把店铺里正在出售的商品设置成“公益宝贝”，同时设定一定的捐赠比例，选择一个公益机构或项目作为捐赠对象。在商品成交后，就会按照设置的比例捐赠一定数目的金额给该组织或项目，用于相关公益事业。这一模式最终形成互联网公益面向B端的一种典型模式：公益电商，成为广大卖家尤其是海量的“个体户”直接参与公益的一个重要途径。

2011年：郭美美事件对公众捐赠的巨大打击

2011年6月20日，网名“郭美美 baby”的郭美玲发表了一条“住大别墅，开玛莎拉蒂”的炫富微博，并称自己是中国红十字会商业总经理，在网络上引起轩然大波。虽然中国红十字会在之后连续发表声明，表示查无此人，也没有下设相关机构和职位，新浪微博甚至郭美美本人也公开表明其身份纯属杜撰，然而网友们的质疑并未消失且进一步发酵，网络舆情持续恶化。短短 10 天，相关微博数量超过了 70 万条[22]，大量的负面信息充斥其中。郭美美事件不仅仅影响了红十字会，整个社会捐款数以及慈善组织捐赠数额都发生锐减。国家民政部统计数据显示，2011 年 7 月全国社会捐款数为 5 亿元，和 6 月相比降幅超过 50%。2011 年全年捐款比 2010 年减少了 18%。之后，2012 年、2013 年连续两年的捐款数也都比 2010 年低。由此，业界开始普遍意识到：互联网不只对公益有正面价值，若使用不当，也可能对公益造成巨大的负面风险。

2012 年：新浪微公益建立“大 V”社交公益传播模式

郭美美事件发生的新浪微博，是当时我国最大的社交网站之一，2011 年注册用户数突破了 1 亿[23]。很多公益机构看到了微博互动传播的潜力，借助微博传播的公益项目开始快速增长。“免费午餐”“微博打拐”等在微博上得到了海量网友的关注与支持，社交媒体与公益的结合呈现出突出效果。于是，微博在 2012 年 2 月正式上线微公益平台[24]，通过充分利用“大 V”的影响力传播效应，建立了“公益机构/项目-大 V-网民”的社交公益模式，极大地扩大了公益信息的实时互动传播范围，提高了效率。

2013 年：移动支付加速普及推动指尖公益时代降临

移动支付是近年来中国互联网大发展的重要体现，也是推动互联网公益普及的重要推手。2013 年，我国的移动支付普及率超过了 25%[25]，移动支付进入了加速普及的阶段。因此，2013 年前后，QQ、支付宝、微信等具备第三方支付功能的平台，都先后在其移动客户端增加了公益捐赠功能，将移动支付融入公益场景之中。由此，用户在手机上使用这些互联网应用，可以随时随地根据需要捐赠，极大地扩展了公益捐赠的自由度，标志着互联网公益真正迈入了移动时代。以腾讯公益平台为例，其《腾讯公益十周年报告》显示，从 2014 年至 2016 年短短两年，移动捐款占比就从接近 80%快速上升到了 98%。

2014 年：冰桶挑战赛火遍全国启发行为公益

2014 年 8 月，风靡美国的呼吁公众关注 ALS（渐冻症）的"冰桶挑战"活动传至中国。在 IT 界大佬、明星等捧场助推下，这项活动在网络吸引了超过 44.4 亿人次点击，募集善款 800 多万元人民币，一举成为当年社交媒体最热的公益活动之一[26]。这个项目最成功之处，在于把传统以"泪点"吸引公众的慈善活动，变成了一场传播罕见病知识的有趣游戏，从而成功吸引各界人士接力参与，形成了巨大的影响力。在此过程中，国内的各种公益机构还充分发挥创造力，迅速打造出各种中国模式变种，成为中国网络化开展行为公益的一场盛大尝试。

2015 年："99 公益日"构建全民公益新生态

中国首个互联网公益日诞生于 2015 年 9 月 9 日。由腾讯联合公益机构、知名企业、明星名人、顶级创意传播机构等各方的力量发起了"99 公益日"活动，旨在通过移动互联网化、社交化等创新手段，用轻松互动的形式，发动全国数亿网民献爱心。"99 公益日”可以说融合了此前互联网公益的各种特色和优势，构建出了一种全民公益的新生态。首先是社交连接和互动，借助微信平台将个人、企业和公益机构紧密连接；其次是移动捐赠，通过微信支付可以随时随地向公益项目捐款；最后是场景化行动参与，将捐步等行为公益玩法嵌入公益项目中，更有力地带动用户参与的积极性。“99 公益日”可以说是互联网公益发展至今的集大成者，开启了泛公益的 3.0 时代，“益行家”“小朋友画廊”等爆款项目正说明了这一趋势。

2016 年：《中华人民共和国慈善法》颁布将公益带入规范发展新阶段

互联网助力中国公益蓬勃发展，同时也增加了网络舆论等方面的风险。中国公益越来越需要法治的支持，《中华人民共和国慈善法》终于在 2016 年 3 月公布并于同年 9 月正式实施。这是中国第一部国家层面的基础性、综合性慈善法律，开启了中国民间与政府同为社会筑底的慈善法治时代。它与同年通过的《境外非政府组织境内活动管理法》共同搭起中国慈善法治体系的基本框架，是中国慈善立法进程的历史性突破。其中更与时俱进地纳入了对互联网募捐信息平台的官方认定和监管要求，使得互联网公益进入了法治新时期。

第二章　互联网公益平台的兴起

2008年的汶川地震成为中国互联网公益快速成长的起点，也是互联网企业深度融入公益行业的开始。典型的如蚂蚁金服公益平台、腾讯财付通、易付宝支付平台，正是始于汶川地震期间联合壹基金等公益机构，开通了网络募捐通道。最终，三大平台为汶川地震募捐了超过6 000万元的善款，互联网公益开始发挥重要作用[1]。随后，淘宝、百度、新浪、京东等互联网企业也先后成立了基金会和互联网募捐平台，助推了中国互联网公益行业的持续快速发展。

而随着2016年《中华人民共和国慈善法》（以下简称《慈善法》）的颁布，平台开始进入官方指定、规范化发展的新阶段。2016年8月31日和2018年4月19日，民政部先后发布了两批指定的公益机构互联网募捐信息平台名单，首批13家，第二批9家，共22家。后有2家退出，目前共20家。按平台发起方的属性不同，大致可分为四种类型：一是互联网，二是银行，三是机构（主要是有政府背景的基金会或慈善团体），四是媒体（见表2－1）。

表 2-1　官方认定的互联网募捐信息平台（截至 2018 年 7 月 30 日）

类型	序号	平台名称	发起方	上线时间
互联网	1	腾讯公益	腾讯公益基金会	2007 年 5 月
	2	微公益	新浪微博	2012 年 2 月
	3	百度公益	百度公益基金会	2011 年 1 月
	4	淘宝公益	淘宝网	2010 年 9 月
	5	京东公益	京东公益基金会	2014 年 9 月
	6	苏宁公益	苏宁公益基金会	2018 年 6 月
	7	蚂蚁金服公益	蚂蚁金服	2008 年 5 月
	8	公益宝	北京厚普科技有限公司	不确定
	9	易宝公益	易宝支付	2008 年 5 月
	10	美团公益	美团	2017 年 8 月
	11	滴滴公益	滴滴出行	2016 年 9 月
	12	轻松公益	轻松筹网络科技有限公司	2014 年 9 月
	13	水滴公益	北京纵情向前科技有限公司	2016 年 5 月
银行	14	善源公益	中国银行	2017 年 12 月
	15	融 e 购公益	工商银行	2014 年 1 月
机构	16	中国慈善信息平台	中国慈善联合会，民政部	2013 年 4 月
	17	帮帮公益	中华思源扶贫基金会，统战部	2016 年 9 月
	18	中国社会扶贫网	国务院扶贫办	2017 年 7 月
	19	联劝网	上海联劝公益基金会	2009 年 12 月
	20	广益联募	广州慈善会	2014 年 6 月
	21	基金会中心网	北京恩玖非营利组织发展研究中心	2010 年 7 月
媒体	22	新华公益	新华网，新华社	2016 年 11 月

资料来源：各机构官网及网上公开信息。其中，中国慈善信息平台和基金会中心网因战略调整已退出，不再作为民政部指定的公益机构互联网募捐信息平台。

其中由互联网公司搭建和运营的有 13 家，占整体的大半，是最主要的组成部分。这些互联网公司业务“基因”有别，其做公益平台的思路自然各具特色。为探寻其中的差异，按各互联网公司核心业务的特征，又可将这些公益平台分成五类：社交、电商、支付、O2O和众筹（见图2-1）。

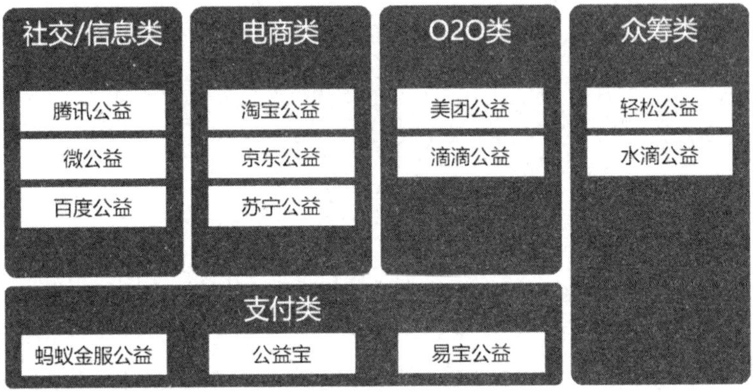

图2-1　中国互联网公司运营的互联网募捐信息平台（截至2018年7月30日）

社交到公益：人人可见

“公益”一词，究其本质即“人人为我，我为人人”，体现了中国自古以来守望相助、天下为公的精神。《礼记·礼运》有言：“大道之行也，天下为公，选贤与能，讲信修睦。故人不独亲其亲，不独子其子，使老有所终，壮有所用，幼有所长，鳏寡孤独废疾者皆有所养，男有分，女有归。货恶其弃于地也，不必藏于己；力恶其不出于身也，不必为己”，正是这一精神的形象描绘。可以说，中国的公益天然具有社交的色彩。

进入移动互联网时代，公益信息传播的成本大大降低，借助网络社交工具上海量的用户群体和日常应用的高频特征，互联网公益激活了自身潜在的社交属性，在中国社会上形成了广泛影响力和感召力。

在“公益+社交”的生态下，每个人都可能成为公益活动的发起者和传播者。公益信息网络的组织呈现“去中心化”的网状结构，每个社交平台的用户都是公益信息传播的一个“节点”；公益不再是少数人的舞台，而成为人人皆可参与的公众事业。同时，社交网络也使公众在公益信息的自主选择、自我表达等方面获得了更多权重，使公益与公众的距离进一步缩小，真正进入全民公益时代。在这一新的变革过程中，微博微公益和腾讯公益是其中较有代表性的社交型互联网公益平台。

案例

新浪微公益——弱关系形成的公益广场

“阿果拉广场”(Agora)，是古希腊城邦空间形态的重要组成部分，是政治、社会和宗教生活的中心，也是所有公民进行政治、商业、社交活动的公共场所，兼有交流信息、传承知识等功能。互联网时代的微博，犹如古希腊时期城邦的公民聚会议政的阿果拉广场，是人们社交行为扩大和深化的产物。微博[2]专注于陌生人之间公共话题的讨论——比如了解新闻热点、针对热点事件发表评论。相较于微信，微博用户的连接主要建立在兴趣和共同话题上，这一特点天然适宜公益信息的传播。从微博诞生伊始，公益就是微博用户关注的主要话题之一。在微博上，公益不再是少数人的舞台，而成为人人皆可使用的平台。微公益平台把传统公益活动的各个参与方集结到一起，使发起者、受益者和第三方机构实现了前所未有的整合（见图2-2)。

从用户群体角度来说，微公益平台上的用户包括：公益机构以及热衷公益的名人与媒体，需要救助的个人求助者，有爱心的全体

图 2 - 2　新浪微公益主页

微博用户。从服务群体角度来说，提供项目的公益机构包括各大基金会，及其根据需求发布的各种公益项目。同时，微公益平台上还设置了一系列发布标准，发起求助项目前必须确认满足微公益平台的发布标准，才可以发起求助项目。

目前微博微公益平台上的公益服务内容主要包括品牌捐、微拍卖、转发捐助、个人求助几个大类，可以系统服务助学支持、儿童成长、医疗救助、动物保护、环境保护等项目的品牌传播、善款募集和财务监督（见图 2 - 3）。

正如 140 个字的字数限制改变了互联网用户的发文习惯，微公益也改变了数亿微博用户的公益实践与态度。在发展至今的几年时间里，“免费午餐”“微博打拐”“大爱清尘”等系列微公益活动在

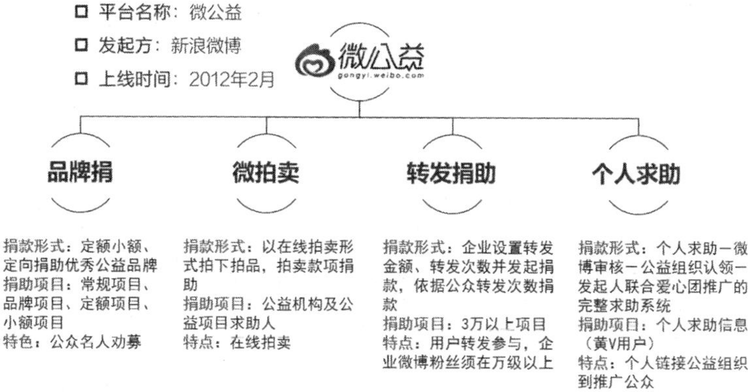

图 2－3　微博微公益平台的服务内容

这个平台上生根发芽，从“大 V”发起阶段到广泛参与阶段再到现在的逐步成熟阶段，新浪微公益开辟出一条新的公益传播路径（见图 2－4）。

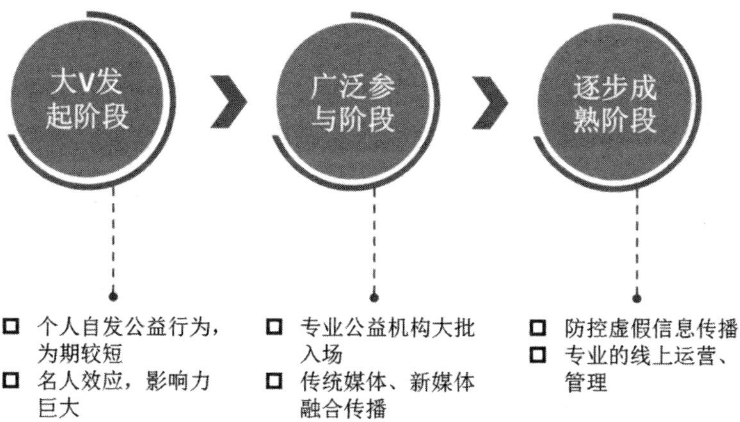

图 2－4　微博微公益平台的发展阶段

1. “大 V”发起阶段

对于公益来说，微博不仅仅是一个发声倡议、发起筹款的平台和渠道，更多的时候，它是一个带有自身鲜明色彩的“场域”，和古希腊时期的阿果拉广场一样，这里流动着形形色色的个体和声音。数亿中国网民都有权在这里行使自己 140 字的“主权”，你所说的话会以超乎想象的速度呈现在所有微博用户眼前。在这样一个意见声量的超级“放大器”面前，名人的光环效应得到最大限度的“叠加”，“大 V”也带给人们更多影响。而公益在微博这个场域内，亦无可避免又深为荣幸地得到无数“大 V”的“加持”，让更多人以最快的速度对公益予以响应。

2012 年，身患白血病的山东女孩鲁超（网名：鲁若晴）就曾得到这样的爱心响应。患病以来，她一直坚持通过微博记录自己的点滴心情，积极求生。当年的 5 月 20 日，知名微博@急诊科女超人于莺、@作业本、@黄渤、@黄奕、@杨紫等转发了鲁若晴的微博并给了她积极的鼓励，@范玮琪及@黑人陈建州更是专门为她录制了加油视频。一周后，@薛蛮子为她在微博上发起了捐款活动，项目发起后立即受到网友大量关注，众多网友转发、评论，更有许多名人通过微公益平台在线捐出善款。截至 2012 年 6 月 1 日，在 8 197 名网友的帮助下，该项目共筹集 1 049 530 元，从项目发起到捐款目标达成，仅用了 4 天时间。

如果海岬失掉一角，欧洲也会减小[3]，每一个人都是社会基本的单元。在微公益平台上，个人的公益观念可以通过转发一条微博得以呈现，在潜移默化之中改变公众的公益理念。这个“微”字讲的是个体力量之“微”、微博字数之“微”、举手之劳之“微”，但当这些“微”汇聚到一起，社会开始广泛参与之后，就爆发出了巨大的力量。

2. 广泛参与阶段

名人效应带动了微博用户对公益事业的关注，但同时，仅仅有名人明星的呼吁还不够。做公益还需要更多的专业机构、更多的社会群体投身其中，需要政府监管部门制定更为完善、体系化的法规、政策。

2014年开始，微博平台上公众筹款类的公益项目合作相对减少，以公信力和号召力较强的公益机构为中心、以公益机构官方微博账号为传播主体的公益项目逐渐增多。这样，新浪微公益就通过联动政府机构、公益机构、名人明星、专家学者、企业、媒体和爱心网友，建立了一套运作快速、全面、高效的公益生态体系。

无数专业人士的加入，让善意得到了专业的背书和支持。比如，在各公益方向上，动物保护类和环保类都是进入门槛比较高的项目方向，需要获得专业领域人士的支持。中国绿化基金会的“熊猫守护者”就是这样一个项目。在这个项目中，微博用户可以在虚拟空间饲养属于自己的“熊猫宝宝”，并种植虚拟竹子进行喂养；同时，“熊猫守护者”将履行对用户的承诺，在陕西秦岭野生大熊猫栖息地进行原生竹种的种植，对大熊猫栖息地的竹林生态进行科学修复，并聘请当地工人进行种植和抚育管护工作，实现扶贫、环保的公益“双丰收”。

“熊猫守护者”项目得到了来自多个科研单位的专家学者的大力支持。自2017年11月28日上线至今，话题阅读量达3.4亿，用户超过百万，成功地让更多人基于微博关注野生大熊猫的保护行动并参与进来。

3．逐步成熟阶段

微博微公益平台上线之初，因为处在微博平台整体的舆论“场域”之中，在其传播过程中难免出现虚假公益信息传播的情况。为了保证微博公益传播更具透明性、公正性、合理性，同时让公益活动能在微博平台上获得长时间的活力，不少公益团队开始寻找线上专业管理团队，寻找更为灵活、有效的方式实现微博公益传播的最大效应，此外也为新的微博线上产品的开发集思广益，突破以往的单一传播模式。

2017 年，微公益建立并完善了微博公益生态 OKU 运营模式，即“基于网友对明星名人和热点事件的强关注，微公益通过微博社交网络连接公益机构、主流媒体、明星名人和普通民众‘O(organization) + K(KOL) + U(user)’的传播模式”[4]，让公益慈善信息突破公益圈，引发整个微博平台网友的关注。比如曾经盛极一时的“热词”——2014 年的“冰桶挑战”，就是按照 OKU 运营模式推动的。

最开始，“冰桶挑战”是从美国开始的关注渐冻人群体的公益项目，项目推出后在不经意间火爆全球并在 2014 年 8 月传到了中国。8 月 17 日，瓷娃娃罕见病关爱中心[5]在微公益平台发布了一个名为“助力罕见病、一起‘冻’起来”的“冰桶挑战”项目。同日，小米科技的创始人雷军受到俄罗斯投资人尤里·米尔纳的“点名”。雷军接受了挑战。

第二天，他在办公楼前往头上浇了一桶冰水，并向“瓷娃娃”捐赠 1 万元。紧接着，“冰桶挑战”的接力席卷了科技、商业、娱乐、公益等各领域的名人。截至 2014 年 8 月 30 日，“冰桶挑战”微博话题阅读量达 44.4 亿人次，共筹集善款 814 万元，其中普通网友捐赠约 660 万元，占总额的 81%，为国内包含 ALS 在内的罕见病群体提供了切实帮助并使其受到前所未有的关注。

在“冰桶挑战”项目里，O（organization）就是瓷娃娃罕见病关爱中心，由它负责在微公益平台发起项目，提供专业的公益背书；K（KOL）指的是以雷军、李彦宏、潘石屹、俞敏洪、田亮等为代表的多位名人；U（user）指的是贡献了 44.4 亿阅读量、筹集了 800 多万元善款的微博网友。

在“冰桶挑战”发生之前，2013 年“瓷娃娃”全年筹款总额只有 600 余万元；而经过微公益平台的传播，2014 年“瓷娃娃”全年筹款总额达到 1 400 万元，同时还推动了中国第一家关注包括渐冻人群体在内的所有罕见病群体的基金会的诞生。

“冰桶挑战”项目通过让参与者体验渐冻症患者的感受，并通过数百位明星“点名与被点名”的参与规则实现了裂变式急速传播，使“渐冻人”的知识在短时间内得到最大范围的普及，越来越多的机构开始尝试专业化的运营模式来筹集善款。

从“大 V”发起阶段到广泛参与阶段再到现在的逐步成熟阶段，微博逐步确立起社会化公益传播平台的角色定位：从“大 V”、普通用户发布的每一条公益微博开始，通过专业化的信息审核、专业化的传播运营和大批公益机构的背书，启动了微博舆论场内的公益链条式传播，打造了一个别具特色的社交公益空间。

案例

腾讯公益——强关系延展的善心网络

美国未来学家托夫勒在《未来的冲击》一书的开头有这样一段论述：“从现在算起，到 21 世纪只有短短的 30 年了，在这期间，千百万心理正常的普通人，将同未来发生一场突然的冲撞。世界上经济最富裕、技术最先进的国家的许多人将会发现，我们这个时代的特点是不断要求变革，而要适应变革的要求，却发现是一件苦事。对他们来说，未来不免降临得太猛了。”托夫勒说的是 20 世纪 80 年代，但放在今天，这段描述也丝毫不过时。“现代人如何安顿身心”，恐怕是需要在未来不断追寻答案的问题。但不管答案是什么，自我与他人的关系总归是一个绕不开的维度；而在不同的社交平台，这一维度的表现形式也有所不同。

微博话题的公共性、微博用户之间的陌生化，好比给我们提供了一个开放式的“阿果拉广场”，可以走马观花、畅所欲言；而微信则带给我们一个熟悉的社交圈子，如同在移动互联网时代为中国人建造了一个在线的“家园”。借助这一超级社交工具，腾讯公益平台充分激活了社交关系链的连锁反应，结合自身业务优势进行了可贵的公益实践。

1. 缘起：用业务优势见证公益情怀

2007 年，中国互联网网民人数还只有 1.37 亿[6]，也就是说，在中国仅有 10%的人在使用互联网。而在这一年 6 月，经过一年多的筹备、申请，腾讯公益慈善基金会（简称“腾讯基金会”）正式成立，这是中国互联网企业设立的第一家公益基金会（见图 2－5）。

图 2－5　腾讯公益主页

根据笔者调研走访获知的信息，腾讯基金会和腾讯公益平台在成立之初，筹备团队对 IBM、诺基亚、思科、惠普等跨国公司的公益实践进行了深入研究，并形成了一个共识——要利用腾讯的独特优势和核心资源来设计公益项目，并重点选择与自己产品、服务相关以及员工和合作伙伴都便于参与的领域，带动大家对公益事业的热情。

这并不容易。对于中国公益慈善事业来讲，普通大众一直没有比较好的公益参与机制和参与途径。大规模的捐款、捐物往往发生在中国出现了重大灾情或者其他重大社会事件的情况下；在一般认知里，公益慈善往往是精英财智人群的事，与普通大众比较疏离。

巧合的是，腾讯刚好有解决这一问题的潜在条件，因为当时它已经掌握了体量庞大的 QQ 用户，让搭建公益平台为公益“导流”成为可能；另外，2007 年也正是移动互联网爆发的前夜，在 2011 年微信发布之后，腾讯公益的发展也随之获得了强大的助力。

从 2007 年腾讯公益平台上线，经过 11 年的发展成长，腾讯公益平台完成了从 PC 端向移动端的迁移：2012 年，腾讯公益开设微信服务号，正式接入微信平台；2014 年 1 月，“腾讯公益”频道正式入驻微信平台，为热衷公益事业的用户提供查询资讯、参加活动、爱心捐赠的便捷渠道，PC 端和移动端实现互联互通，“腾讯公益”频道跨平台融合，进一步降低了公益活动的参与门槛。

腾讯公益平台作为一个公益项目自主发布平台，具有项目发起、捐赠、互动与监督等多种功能，其服务核心是“提供网友在网络求助，公益机构认领求助、在线筹款、项目反馈、公众监督等一站式服务”。个人用户可以通过腾讯平台选择自己喜欢的公益慈善项目，自主选择捐款金额进行捐款。此外，有公募资格的公募组织还可以通过腾讯公益平台为自己的项目筹款（见图 2－6)。截至

2018 年 10 月 8 日，腾讯公益平台共帮助筹集到 47.26 亿元善款，一共有 2.05 亿人次参与公益捐助活动[7]。

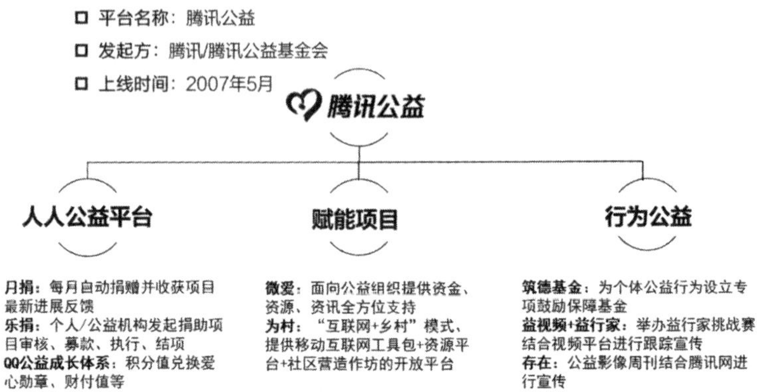

图 2－6　腾讯公益平台的服务内容

在 PC 互联网时代，腾讯公益平台推出了“月捐”“乐捐”“QQ 公益成长体系”等互联网募捐项目，开发了 QQ 公益图标、“爱心果”等互联网公益产品；移动互联网来临之后，腾讯公益依托微信开发了“一起捐”“微信运动”等移动端公益产品，并在 2015 年推出“99 公益日”，引爆了移动社交公益，成功地使公益走近广大网民的日常生活。

2. “熟人社交＋公益”的底层逻辑

与微博平台不同，微信的社交体系是以熟人、好友为主的。用户在微信的社交生态内，面对的大部分是自己日常生活中熟识的人。进入移动互联网时代后，随着微信和微信支付的迅速普及，腾讯公益与微信的关系也更加紧密。

在微信里，用户通过朋友圈可以发布文字和图片，同时，通过其他软件发送至微信的文章或者音乐等内容也可以分享到朋友圈；微信内好友可以对发布的内容“评论”或“点赞”。这样，不常联系的朋友可以通过用户发布的个人近期动态来了解用户的生活。这样，以每一个微信用户为“圆心”，会形成各种不同类型的关系网，类似费孝通先生所说的中国人社会关系的“差序格局”[8]。在差序格局下，每个人都以自己为中心结成网络，就像把一块石头扔到水中，以这块石头（个人）为中心点，在四周形成一圈一圈的波纹，波纹的远近可以标示社会关系的亲疏（见图2-7）。

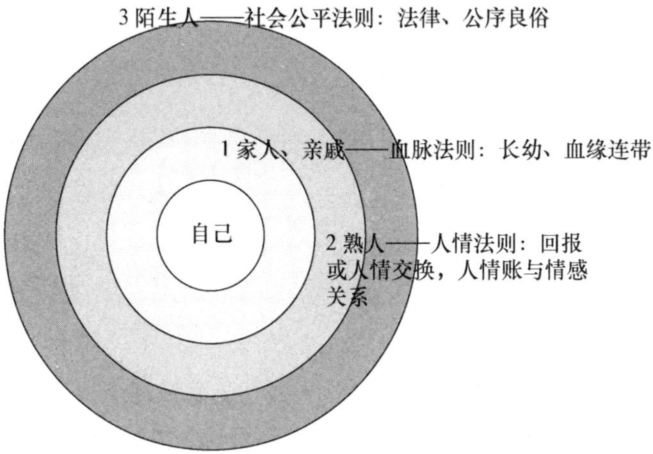

图2-7　差序格局下的个人社会网示意图

类似地，在微信好友体系内，同样存在不同关系类型的“分组”，形成以微信用户为圆心的熟人社交网络（见图2-8）；同时，用户也从属于其他用户的社交网络之中。在这里，社交和资讯不需要到“阿果拉广场”上去寻找，也不会听到“大V”的声音。相对微博来说，微信的信息“场域”更加私密和安静。用户在朋友圈内或者微信公众号内获得的信息，要么是用户的熟人好友发布的消息，要么是用户基于个人意愿的主动订阅，所以与用户自己有更强的“相关性”或者说更“切身”。

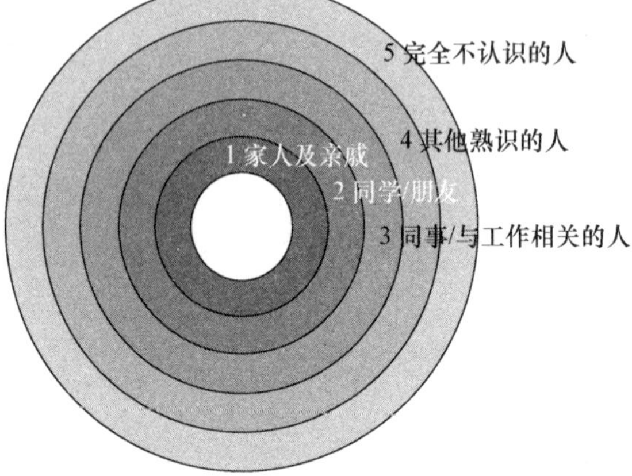

图 2-8　微信系统内的好友圈层

由于社交生态的不同，相对来说，微信内公益传播的“大 V”、名人效应不明显，更多情况下是用户之间的涟漪性传递，像雪球一样越滚越大，最后形成“刷屏”。比如，2017 年 8 月，一个名为“一元钱购画”的公益项目引爆微信朋友圈，在短短一天时间内有大约 500 万人参与到项目的募捐中，筹款金额达到 1 500 万元人民币，这样的公益项目参与度在传统公益时代是难以想象的。

“熟人社交 + 公益”的平台生态使得公益项目的信息能够迅速触达更大范围的群体；与此同时，移动支付工具的快速普及也使得用户在发现感兴趣的公益项目时，可以在几秒钟内迅速完成转账，从而极大地提升了公益慈善的便捷度，推动了小额捐赠的流行，降低了参与募捐的门槛。由此，每一个用户都可以成为公益活动的参与者和传播者，公益事业由充满权威色彩的“中心化”走向人人自发、人人主动的“弱中心化”，进入全民公益的新阶段。

3. 代表产品：“一起捐”“益行家”“99 公益日”

与公司优势业务深度结合的公益创新思路，给腾讯公益平台的运营和发展带来诸多灵感。依托微信熟人社交平台生态，腾讯公益先后推出了“一起捐”“益行家”“99 公益日”等公益活动。

(1)“一起捐”：为公益注入社交因子

进入移动互联网时代，腾讯公司创始人马化腾曾经提出，腾讯要作为“连接器”，让互联网“连接一切”，从而实现“移动互联网+”。2014 年 8 月，腾讯公益推出“一起捐”这种基于移动社交网络的新型募捐产品。

用户可以对腾讯公益平台上的项目发起“一起捐”并设置目标金额，然后将“一起捐”页面转发给好友或上传朋友圈，用户的好友看到后可以参与捐款，并对“一起捐”进行二次转发。通过“一起捐”这种新型的募捐形式，用户可以利用自己的朋友圈和熟人社交关系网络进行募捐。

在“一起捐”推出以前，腾讯公益虽然通过微信、手 Q 连接了众多用户，然而募捐活动仍然是由公益机构发起，由公益平台负责触达用户。由于连接的缺乏，每个项目的募捐者之间缺少互动与沟通，腾讯的社交能力没有在公益活动中充分体现。“一起捐”的出现使得劝捐者从平台变为用户，让募捐充分利用了用户的社交网络，真正为公益活动注入了腾讯的移动社交因子。

(2)“益行家”：在运动中做公益

对腾讯公益平台来说，除了传统的捐款、捐物模式之外，还有一种在运动中做公益的新方式，正在被越来越多的人接受和认可。

2015 年，腾讯公益探索推出了“益行家”活动（即运动捐步）。用户通过微信运动和手 Q 运动，可以每天将自己积累的步数捐出，由企业和公益机构为公益项目进行捐款。运动捐步将用户的锻炼活动和公益善行结合起来，这种创新丰富了用户参与公益活动的形式，也使得用户在公益活动中的参与感更强，同时也为参与捐款企业带来正面的品牌效应。

运动捐步活动自上线以来受到用户的热烈参与和企业的大力支持。截至 2018 年 10 月 10 日，腾讯公益平台上运动捐步活动参与总人次接近 7.30 亿，筹得善款超过 8.39 亿元。运动捐步不仅为用户创造了更多样的公益参与形式，更是已经成为腾讯公益平台上善款筹集的一支不可忽视的创新力量。

(3)“99 公益日”：赋予公益以仪式感

2015 年 9 月 7 日，腾讯公益宣布联合数百家慈善组织、知名企业、明星名人、爱心媒体，由中央网信办网络社会工作局、民政部社会组织管理局指导，共同发起了我国首个互联网筹款日活动——“99 公益日”(见图 2－9)。腾讯主要创始人、腾讯公益慈善基金会发起人陈一丹在启动会主题致辞里提到：“社会的痛点就是公益的起点”。“99 公益日”就是希望通过节日化的仪式感，激发广大公众的参与热情，并通过互联网的透明化和社交化能力，有效解决传统公益中的“信任黑盒”等问题，从而推动公益成为全民参与的事业。

“99 公益日”形式非常丰富，通过移动互联网化、社交化等方式，发动网民通过小额现金捐赠、步数捐赠、声音捐赠等行为，以轻松、便捷、多样化的方式参与公益。

在每年的“99 公益日”期间，腾讯公益还为网友捐赠的公益项目提供匹配捐款，以放大网友的爱心，即用户每捐出一笔善款，腾讯基金会也会向用户捐赠的项目定向进行捐赠。“99 公益日”的配捐使得广大公益机构能够在“99 公益日”期间获得更多的捐款，并将企业或企业基金会的资金资源通过网络配捐的方式创造性地赋

图 2-9　首届“99 公益日”活动于 2015 年启动

予公益机构，同时激发了公益机构参与“99 公益日”的积极性。

“99 公益日”活动一方面深度赋能公益机构，鼓励公益机构更好地利用互联网募捐平台，另一方面也在很大程度上激发了用户的公益热情。腾讯公益联合专业的公益机构、创意机构，通过微信朋友圈、微信公众号及其他互联网渠道，对公益活动进行广泛预热和宣传，吸纳了更多的用户来到腾讯公益平台参与募捐。

购物到公益：时时可捐

自移动互联网在中国急速发展以来，它就与欧美移动互联网呈现出不同的发展之路。各种功能不同的移动端平台可以承接人们生活中的电商购物、在线娱乐、旅游预订、外卖点单、交通出行等形形色色的需求。当移动互联网平台的集成优势影响渗透到公益领域，就给公益慈善事业带来了极大的便利。其中，网购作为目前中国消费者习以为常的互联网使用行为，也和公益慈善事业之间发生了深度融合，使得广大“剁手族”获得了一个新的身份——互联网公益参与者。

案例

阿里巴巴公益——电商支付到捐赠的延伸[9]

阿里巴巴公益基金会于 2011 年 12 月 22 日成立，原始基金为 5 000 万元人民币。阿里巴巴公益基金会的主要方向包括：唤醒公众的环境保护意识；帮助弱势群体来发展能力，不是直接捐助，而是以授人以渔的方式；对公益机构的扶持，尤其是对环保类公益机构的扶持。

阿里巴巴对公益事业的热衷和实践，与其创始人、董事局主席马云息息相关。马云十分热衷慈善公益，长期活跃在中国慈善界。在他的影响下，从 2006 年推出“爱心宝贝”开始，阿里巴巴集团就一直致力于开展公益活动。之后，淘宝的“公益宝贝”、支付宝的“蚂蚁森林”、菜鸟的绿色行动，等等，都是通过不同的互联网业务能力来创新公益模式，成为推动中国互联网公益发展的一支重要力量。

目前，阿里巴巴的公益实践主要由平台（大淘宝）、资助（阿里巴巴公益基金）、技术（互联网技术、大数据云计算技术）三个基础构成，具体落实在淘宝公益和蚂蚁金服公益两个互联网公益平台上（见图 2－10）。在阿里的公益平台上，有若干款和公益宝贝相类似的产品设计，它们基于阿里巴巴的 C2C 电商模式而诞生，它们从商品交易中来，最终也回到商品交易中去。在此过程中，用户既扮演了网购消费者的角色，也在购物消费的同时参与了公益互动。

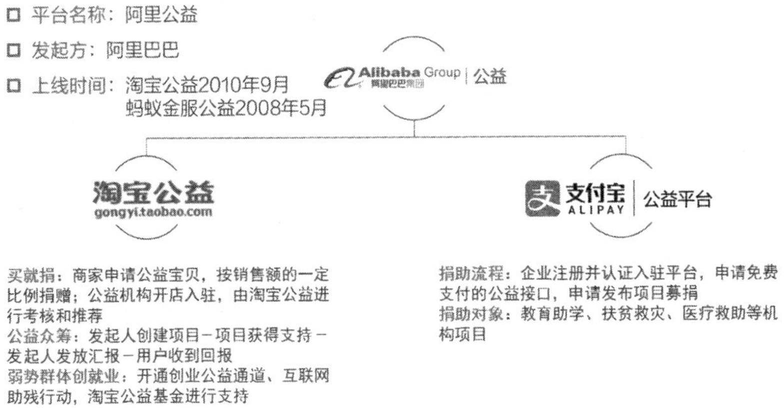

图 2－10　阿里巴巴公益的组成

1. 公益宝贝与公益网店：激发网购的公益力量

淘宝“公益宝贝”计划发源于 2006 年的“爱心宝贝”。所谓公益宝贝，是指淘宝网上带有公益标志的宝贝，而想要拥有这个标志，则需要卖家在上架宝贝时自愿参与“公益宝贝”计划并设置一定的捐赠比例。设置过的公益宝贝，一旦成交，就会根据之前卖家设置的捐赠比例，将一定数据的金额捐赠给指定的慈善基金会，用于相关公益事业。与微博、微信平台上带有鲜明社交色彩的公益行为不同，公益宝贝是一种比较特别的捐赠模式：卖家通过设置的公益宝贝，每成交一笔交易，就实现一次捐助。

“公益宝贝”计划通过项目模式的设计，确保项目可以持续稳定地长期开展。

一是卖家层面：公益宝贝作为卖家参与公益的工具，为卖家提供了参与公益的极大便利性和自主权，卖家可以自主选择捐赠的具体公益项目和捐赠的额度，同时可以随时开始或结束捐赠。而平均每笔 0.06 元的捐赠额，也让卖家参与公益的门槛大为降低。这些机制保障了卖家可以更轻松、愉快、无负担地履行社会责任，持续进行爱心捐赠。

二是买家层面：买家在淘宝购物的同时，还可以顺便做公益，同时在买家捐赠完毕之后也能收到淘宝官方发送的致谢信息。而买家购买公益宝贝并不会影响他对商品本身的评价、退换货等操作。这些机制使得买家在选择商品时，同等条件下更愿意购买公益宝贝。此外，“公益宝贝”计划在选择公益项目时，具有严格的项目筛选及评审流程，其中受益面广、项目植根基层、项目成果可衡量等也是较为重要的指标，以确保“公益宝贝”计划的实施能取得良好的社会效益。

就模式来说，淘宝公益宝贝是典型的慈善营销型模式，一般为企业与公益机构相结合，在资助公益慈善事业的同时，达到提高产品销售额、改善企业社会形象等目的。借助淘宝平台，使有意为公益事业出力的公众可以像普通购物一样“挑选”最满意的公益产品，加之支付方式比传统的汇款、转账方便，公益的吸引力正在渐渐上升。同时，图文并茂的网页内容又能让捐助者随时了解受资助对象的进展。更重要的是，由于网络公益全程以匿名方式进行，可最大限度地避免公益初衷被其他功利色彩污染（见图 2－11）。

而公益网店则指的是公益机构利用电子商务平台开设的网店，即用电子商务的理念运营公益募捐，募捐人变身为网络卖家，商品是需要捐助对象或公益产品的照片等，捐赠人变身为网络买家，拍下该商品并付款即可完成公益捐助过程。

中国移动
16:06
联合国儿童基金会公...
关注
粉丝数15682
搜索
首页
宝贝
新品
unicef
水是你的清凉畅饮
却是她的生命希望!
立即行动
联合国儿童基金会官方公益店旨在支持中国和“一带一路”沿线国家实现可持续发展目标，为所有困境儿童提供援助。
【家庭应急净水包】联合
【家庭卫生包】联合国儿
全部宝贝
店铺微淘
宝贝分类
联系客服

图 2-11　公益宝贝示例

公益网店的运营和管理需要公益机构付出一定的精力来打理，这也在一定程度上倒逼了公益机构的互联网化进程，努力而又用心的公益机构更容易脱颖而出。

总之，依托于淘宝体系下的公益宝贝与公益网店让公益生态中的捐赠人、募捐人、公益机构在网购的过程中充分地进行公益互动，通过互联网手段极大地释放了网购的公益力量。

2. 蚂蚁金服公益平台：挖掘多种公益场景

2008 年汶川地震期间，支付宝开通壹基金网络募款通道；同年，蚂蚁金服公益平台成立。截至 2017 年 8 月 28 日上午，已经有超过 2 亿人次在该平台完成捐赠。截至 2017 年第一季度末，蚂蚁金服公益平台累计募捐超过 9.67 亿元。平台利用大数据、大流量优势为超过 50 家具有公募资格的公益机构优秀项目提供了公众募款服务，同时向超过 1 200 家公益机构开放支付能力和提供服务[10]。

从产品的角度说，蚂蚁金服公益平台主要体现在支付宝 APP 客户端里的公益服务内容。作为国内主要的移动支付工具之一，支付宝汇集了海量的移动支付用户，利用自身丰富的线下支付场景，从多个维度进行公益尝试。比如，“蚂蚁森林”引入了线下支付和日常运动的场景，提倡低碳环保的生活理念；“蚂蚁庄园”则融合了经营养成类游戏的机制，让用户在领养虚拟宠物的过程中体会做公益的乐趣。现在，用户在支付宝首页，点击进入“我的”，再进入“公益”，就可以开通自己的公益账户，在自己的公益账户里能够使用“蚂蚁森林”等多个公益服务内容。

此外，对于支付宝来说，个人理财服务是其主要服务内容之一。结合支付宝中的余额宝板块，“收益捐”随之成为蚂蚁金服公益推出的互联网金融与公益场景相结合的创新产品。“收益捐”倡导用户每天从理财收益中捐出 1 分钱，每月由支付宝从余额宝收益中代扣 0.01 元/天作为公益捐赠。

3. 代表产品：“蚂蚁森林”

2016 年 8 月 27 日，蚂蚁金服在旗下支付宝平台上线个人碳账户，首期碳账户呈现为“蚂蚁森林”公益平台（见图 2－12）。当用户使用支付宝进行步行、地铁出行，在线缴纳水、电、煤气费，网上缴纳交通罚单，网络挂号，网络购票等行为，会减少相应的碳排放量，就可以在支付宝“蚂蚁森林”上收取“绿色能量”，而这些能量所浇灌的虚拟树也会随之长大，积满 17.9KG“绿色能量”，这棵“树”就养成了。每养成一棵虚拟树，蚂蚁金服和公益合作伙伴阿拉善 SEE 基金会就在内蒙古阿拉善的荒漠化地区种下一棵真正的树。

图 2－12　蚂蚁森林示例

《蚂蚁金服 2016 可持续发展报告》披露，截至 2017 年 4 月底，蚂蚁森林用户已超过 2.2 亿，累计减排 67 万吨，种成梭梭 845 万棵。数据显示，支付宝用户已通过蚂蚁金服公益平台在线捐献 3.6 亿笔，累计金额超过 10 亿元。

与此同时，通过公交出行、在线缴费等现实生活中的低碳行为，2.8 亿蚂蚁森林用户共减排 205 万吨，累计种植真树 1 314 万棵，守护保护地 12 111 亩[11]。2018 年 1 月，支付宝官方宣布上线公益账户，每个普通用户的公益足迹和爱心“资产”均可记录和查询。

案例

京东公益——物流优势打造“物爱相连”

同样作为电商平台，京东的公益实践也与自身的电商业务存在着深度结合，充分借鉴了京东的业务特点来设计公益产品。众所周知，京东一直在投入巨大的精力打造自身的“物资 + 物流”体系，而京东的公益实践也非常好地利用了这一点。目前，京东公益重点关注扶贫、教育、环保、救灾、社会创新等领域，并搭建了物爱相连、物爱新生、物爱救灾等服务平台，在此基础上进行公益创新(见图 2 - 13)。

1.“物资＋物流”能力帮助爱心传递

以“物爱相连”公益平台为例，这个 2017 年初正式上线的公益救助平台非常清晰地展现了京东公益是如何结合京东业务优势的：在扶贫、救灾等公益方向中，救助物资的传统流转方式流程较长，需要筹款、招标、采购、运送等环节——公益机构要先筹集钱款，然后购买物资，最后再找快递公司配送，才能到达受助人手中，这就导致即便是一个小型公益救助项目也需要数月才能完成。比如 2011 年印度洋海啸过后，就曾经出现过大批救助物资无法精

- 平台名称：京东公益平台
- 发起方：京东
- 上线时间：2014年9月

捐赠方式：用户浏览并以爱心价购买所需的物资，指定收货公益组织或个人，由京东物流免费配送发放
特点：捐赠—配送—反馈，实时跟踪捐赠情况的一体化平台

图 2－13　京东公益平台

准定位、运输低效的现象。

而京东的高效物流体系则非常有利于流程的简化和前置，用户在平台上直接可以点击捐赠“公益机构/受助者”需要的物资，通过京东物流送达，在此过程中用户还可以看到自己捐赠物品的物流详情——从大仓到小仓、从小仓到配送站、哪位快递员来配送，每一环节的信息都可以看到，有效解决了物资跟踪和用户信任这两方面的问题。目前，京东公益平台和 100 多个公益机构合作，上线了 300 多个项目，募集到了 200 多万件物资，解决了公益机构和受助者的燃眉之急。

除了一手物资的捐赠平台之外，结合自身的“物资 + 物流”优势，京东公益还开展了一系列二手物资捐赠活动——包括旧衣捐赠、旧书捐赠、旧玩具捐赠等，在对二手物品进行过严格分拣、消毒程序后，捐赠给边远地区的贫困人群。二手物资的捐助依托“物资＋物流”体系，在发起环保倡议、促进闲置物资再利用的同时，也为受助群体提供了高效便捷的帮助，搭建起人与人之间情感的桥梁。

2.“造血式”扶贫

中国有句俗话：“授人以鱼不如授人以渔”。作为一家电商公司，京东的公益实践对“造血式”扶贫的主要帮助体现在带动农产品的销售上。

所谓“造血式”扶贫，即由京东来带动农产品的售卖，帮助当地的贫困农民找到可以长期发展的脱贫模式，在当地政府的配合下，拉动当地农副产品行业的发展。比如，“扶贫跑步鸡”：由京东公益提供部分补助，对当地村民进行相关培训，推出“包干制”的销售思路，通过村民的个人努力使其脱贫。另外，京东公益平台还对一些养殖类农产品进行价值挖掘，考察这些农产品的市场潜力，实际上是对当地农民的能力的提升，也是对当地产业的提升，最终实现不仅卖掉农产品脱贫，同时树立当地产业品牌的效果。目前，京东在全国范围内针对800多个贫困县输出了这种“造血式”扶贫的公益模式，打造了对口的农村特产馆，并提供流量资源、设立专门的“扶贫频道”，为特产馆“引流”。

除了产业扶贫之外，“造血式”扶贫的公益模式还包括招工扶贫和小额贷款。京东在全国各地布局有仓库和配送站，存在数量庞大的快递员岗位需求，而贫困地区因为经济发展水平落后，城镇化程度低，极度缺乏就业岗位。为此，京东联合各地一线的NGO、当地院校，尝试联合招工。

最后，“造血式”扶贫的公益模式还包括金融方面的服务。京东公益平台为贫困地区的村民提供低息或无息的小额贷款。如果说，物爱相连、物爱新生、物爱救灾等服务平台主要是借助京东的“物资＋物流”系统的优势，那么京东公益平台的扶贫公益主要是利用了京东集团整体的势能来推进扶贫事业。

3．代表产品：“童书乐捐”、“跑步鸡”扶贫项目

（1）“童书乐捐”闲置童书回收计划

2018 年的“世界读书日”，京东公益联合人民网、中国儿童少年基金会、满天星公益在 27 个城市开展“童书乐捐”闲置童书回收计划，6 万多名爱心网友通过线上、线下捐赠了大约 20 万册图书，200 多所学校得到了支持，建起了“读书角”。

用户只要打开京东 APP、进入京东公益之后，找到童书乐捐项目页面进行预约，京东物流快递员就会根据预约时间，上门收取捐赠童书并将童书集中送达公益机构仓库，公益机构将童书分拣、消毒之后，根据实际需求派送到乡村小学。在此过程中，用户可以通过京东 APP 随时查看爱心物资的流向。

（2）“跑步鸡”扶贫项目

近年来，食品安全问题受到社会广泛关注。鸡肉作为中国人日常家禽肉食消费最为重要的一个品类，一直面临着激素注射、不健康养殖的负面评价。消费者对于以绿色健康方式养殖的鸡肉有着比较旺盛的需求。

同网易推出的“网易黑猪肉”不同，京东“跑步鸡”从消费者的角度来看虽然也是从绿色养殖角度出发，但其主旨目的在于农业扶贫。2016 年“双十一”期间，京东“跑步鸡扶贫计划”上线，这种“跑步鸡”最大的特色在于其“放养”的绿色养殖方式。每一只鸡都需要戴上可以监测步数的脚环，跑够 100 万步以上的鸡，京东承诺以当地市场价三倍的价格回购。

关注“跑步鸡”的用户只需通过捐赠微信运动步数即可参与扶贫公益行动，每人每天 1 000 步起捐，当捐赠步数累积到 10 万步时，京东就会免费为贫困农户送出一只鸡苗，另外京东金融也会向国家级贫困户提供小额贷款。拿到鸡苗后，农户可根据京东的指导进行饲养，达到京东生鲜的验收标准后，即可在京东电商平台售卖，增加收入，最终实现“造血式”脱贫。

生活服务到公益：事事可参与

中国互联网发展的具体形态，大致经过了信息资讯、在线预订、本地生活 O2O 服务、“互联网＋实体产业”这样几个发展阶段[12]。而不同类型的互联网业务形态与公益领域的结合，也衍生出各种不同的服务特点。

一般来说，本地生活服务 O2O 平台既汇聚了海量用户，同时又联通了诸多线下商业资源，属于打通线上、线下的“双边平台”。滴滴、美团等 O2O 生活服务平台在公益领域的实践，既复用了其线上系统，同时又借助了其丰富的线下资源。虽然与腾讯公益、阿里巴巴公益、新浪微公益等平台相比，O2O 互联网公司的公益实践起步时间相对较晚，在公益领域的尝试与实践刚刚开始，但其仍然将生活服务与公益事业相结合，极大地丰富了互联网公益的场景和参与方式。目前，在公益事业方面的投入上，滴滴是国内较有代表性的互联网生活服务类企业之一。

案例

滴滴公益——出行服务场景融入公益设计

滴滴作为国内本地生活服务领域的主要企业，其产品“滴滴出行”也是国内主要的网约车平台，而滴滴的互联网公益实践主要也是围绕滴滴出行的业务展开的，这一结合的紧密程度与前文提及的其他几家互联网公益平台相比并不逊色。目前，滴滴公益上线两年期间，也开展了围绕出行业务的多个线下场景的公益项目（见图2－14)。

- **平台名称**：滴滴公益
- **发起方**：滴滴出行
- **上线时间**：2016年9月

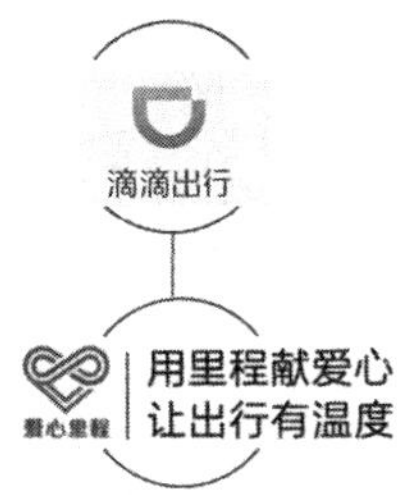

捐赠方式：司机通过滴滴平台接单服务由大数据进行实时统计追踪，积累爱心能量，每日发至司机个人账户，司机可用爱心能量作为虚拟货币去支持社会公益项目，点亮公益勋章
捐赠对象：教育、农村、环境、性别平等等
特点：司机里程兑换爱心积分

图2－14　滴滴公益

在滴滴的公益实践体系下，滴滴出行、滴滴车主、滴滴用户是出行服务流程中的不同角色，同时，这三者也分别获得了新的公益参与者的身份：公益平台、公益捐助者、受助人。

滴滴利用自己的产品特色“出行里程”作为捐赠的指标，因为滴滴本身是国内近年来共享经济的一个产物，其业务线本身就带有“资源共享”“低碳环保”的理念，由此出发，滴滴推出“爱心里程”产品，号召车主、用户将自己的出行里程兑换为对公益项目的支持和回馈。2016 年开始打造的“爱心里程”这个产品就是最初从滴滴出租车业务线开始形成的。“爱心里程”的参与方式类似微信的“捐步数”，用户或者车主可以将出行的里程数“贡献”给公益项目。到 2017 年，“爱心里程”逐渐扩展到滴滴的快车、专车业务线，由此可能会诞生更多丰富的公益捐赠场景。

目前，“爱心里程”是滴滴平台上最受欢迎的公益产品，之所以会这样，一是由于它同滴滴本身的出行业务结合得非常好，再者也是由于它将本来对用户来说不具备实际价值的“里程数”开发利用起来，增加了用户参与公益的精神收获。用户在捐献里程之后不会影响到自己在滴滴出行 APP 里的会员等级，对用户来说是“无损”的，唯一需要做的就是点一下支持某一个公益项目。这种和日常生活服务紧密结合的公益项目，其项目成本特别低，参与也没有什么门槛，使公益开始真正变成一件公众可以随手参与的事情，所以项目发布后参与人数众多，获得了不错的评价。比如，滴滴联合壹基金发起的“救在壹线”公益筹款项目，就是通过滴滴用户捐赠用车里程、滴滴出行配捐公益资金的方式，为九寨沟地区救援筹集善款。

四川的九寨沟地区是中国境内的著名风景区，也是颇受国内旅游爱好者青睐的旅游目的地之一。2017 年 8 月 8 日，九寨沟地区发生了 7.0 级地震，地震造成了巨大损失。诸多公益机构投身到九寨沟地震救援行动中。滴滴联合壹基金发起“救在壹线”项目，呼吁广大滴滴用户捐赠 1 公里滴滴里程，滴滴出行相应为每位用户的 1 公里里程配捐 1 元公益资金，用户和平台联手为九寨沟救援行动筹集善款（见图 2 - 15）。此次活动所筹集的善款将全部以滴滴用户和滴滴出行的名义捐赠给壹基金，直接用于受灾地区的紧急救援和灾后重建工作。

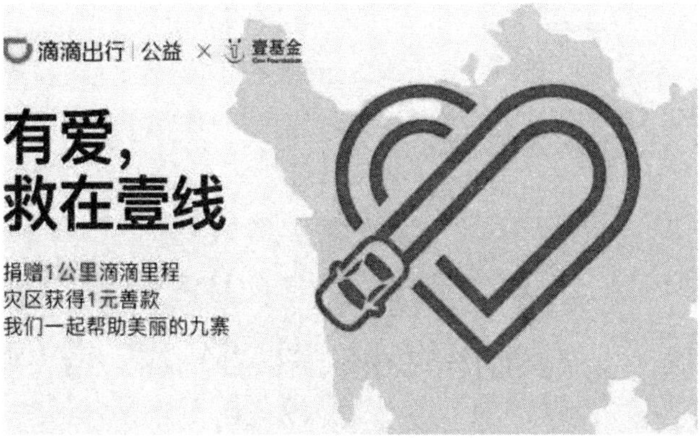

图 2－15　救在壹线项目

除了出行本身之外，滴滴还围绕环保事业做了较多的公益尝试。“绿色屋顶”项目就是其中一个小的尝试。2017 年 10 月前后，滴滴公益联合中国绿化协会，利用滴滴出行的出行里程，推出“绿色屋顶”公益环保项目，旨在利用各地中小学的屋顶空间种植草皮，通过屋顶绿化提升当地的绿化覆盖率。

在行业合作方面，滴滴和壹基金、中国红十字基金会、中华社会救助基金会、爱佑慈善基金会、中国妇女发展基金会、世界自然基金会等公益机构开展了广泛的公益合作，并充分发挥了自身的生活服务平台优势，在产品端、渠道端汇聚了滴滴用户和滴滴车主的公益爱心，响应社会公众更广泛的公益需求。目前已经立项并即将启动的公益项目包括滴滴司机互助基金、滴滴司机关爱基金，以及与壹基金联合发起的“敢扶”专项公益计划。

第三章　公益机构的互联网“阵痛”与“转型”

自现代公益诞生以来，公益机构[1]一直是公益活动的支柱。绝大多数公益活动的展开都有赖于公益机构。公益机构的能力很大程度上决定了一个国家公益行业的发展水平。互联网与公益的深度融合使得公益生态网络得到了一次重塑，互联网平台的出现使得生态中各方的连接方式发生了巨大的变化，给公益机构也带来了巨大的影响。

互联网公益的兴起对公益机构的影响主要体现在以下几方面：

第一，互联网的发展使公众参与公益的门槛大幅降低，公众捐赠总额大幅提升，减弱了传统大型机构对于公益资源的控制。随着公众参与的提升，传统筹款渠道的优势缩小，而小型机构也能通过网络获得资金和用户的注意力资源，公益资源的分布愈加分散。大型机构的优势相对有所衰减，中小型机构则迎来了发展的机遇期。

第二，随着互联网公益的普及，公众筹款在行业中的地位日益提升。移动互联网时代，以线上捐赠、行为公益为代表的新型公益模式正逐渐成为主流。公益行业传统的思路、理念和模式都在经历新兴的互联网公益模式的冲击，有些已经不能适应新时代的要求，有待更新和发展。

第三，开放是互联网的本质。互联网的发展有利于公益信息的传播，同时也使得公众对公益机构尤其是筹集、使用公众资金的机构的信息公开提出了更高的要求，公益机构因此承受更多信息公开的压力。

第四，互联网的发展为公益机构提供了数字化的管理方法和监督手段，一些传统的项目设计和执行理念受到冲击，公益机构面临着通过数字化手段提升项目设计和执行效率的压力。

为了应对互联网所带来的重大变化，公益机构也在积极进行着变革和创新。

首先，公益机构从起初的不了解、不重视互联网，转向主动“触网”，开始积极利用互联网来开展公益活动。21 世纪初，互联网刚刚开始在国内发展普及。当时公益机构的“触网”非常有限，只有部分资金充足的大型机构能够进行简单的线上传播，而大量的中小型机构缺乏技术与资金，也没有合适的渠道走到线上，实际上被掩埋在线下，鲜为人知。即使是那些有能力从事互联网传播的机构，对网络的理解也不深，互联网公益整体还处在比较初级的阶段。

随着互联网的不断发展，互联网的便利性日渐体现。尤其是移动支付的普及，使得越来越多的捐赠通过线上进行，影响到了传统公益机构的募捐渠道。传统公益机构在互联网冲击下，开始逐渐从被动转向主动。越来越多的机构开始积极地拥抱互联网，并取得了新的动力和发展空间。

其次，互联网激发了公益机构的创造力，使机构与平台一道，积极探索新型的公益模式，像“蚂蚁森林”“运动捐步”等新兴的公益参与模式层出不穷。而一些新兴的机构则已经开始探索区块链、大数据、人工智能等新兴技术在公益中的应用。互联网与公益的深度融合激发了行业的创造力，使机构走上了变革和创新的道路。

再次，为了把握互联网带来的机遇，应对其所带来的挑战，公益机构的项目设计、传播模式、工作方法乃至组织架构都发生了一系列的变革。可以说，互联网的出现为公益机构带来了许多结构性的改变，而且一些变革仍然在持续进行着。在一系列改革之后，多数公益机构已经能够更加适应互联网公益的特点，更好地应对公众筹款比重上升等一系列变化，也为未来公益机构的持续发展奠定了坚实的基础。

最后，公益机构对于信息公开的认知和实践均发生了巨大的改变。在互联网公共空间引发大讨论的一系列事件，使公益行业认识到了信息公开透明的重要意义。做好机构的透明度建设、加强对捐赠人的反馈已经成为行业的共识。公益机构已经开始通过各种途径为捐赠人进行信息反馈，互联网也已经成为公益机构进行信息反馈的首要途径。

面对奔涌而来的互联网公益大潮，没有机构能够置身事外。不同类型的公益机构也在不断积极地适应新的变化，用创新的模式和理念来开展公益活动。在各类公益机构和从业者的不断努力下，公益行业整体的信息化水平有着显著的提升，互联网公益的模式也日渐深入人心。

公募基金会：转型变革中的公益生态枢纽

2004 年颁布的《基金会管理条例》对于基金会的类型做出了

明确的区分。能够向公众募集资金的基金会是公募基金会，而不得向公众募集资金的是非公募基金会。公募资质是区分公募基金会和其他机构最本质的特征。作为仅有的能够向公众募集资金的机构，公募基金会承担了连接捐赠人和其他机构的功能，在公益生态中起到了枢纽的作用。

在《基金会管理条例》实施后的几年，由于公募权的限制，具有公募资质的基金会一直数量较少，增长速度也不及非公募基金会。据统计，2004 年底，共有公募基金会 565 家、非公募基金会 180 家。到 2010 年底，公募基金会的数量第一次被非公募基金会超过。到 2015 年底，公募基金会增加至 1 493 家，而非公募基金会则飞速增加至 3 324 家[2]。可以看出，即使在公募权的管制已经被大幅放开的今天，公募资质仍然是较为稀缺的资源。在公众参与热情日益高涨的今天，公募权的稀缺属性决定了公募基金会仍将在公益活动中起到非常重要的作用。

根据成立时间和机构背景，公募基金会大体上可以分为传统公募基金会和新兴公募基金会两类。在 2004 年《基金会管理条例》颁布不久后就获得公募资质的基金会往往具有官方或者半官方背景。这类机构一般成立较早，有着稳定的筹款渠道，在各自的领域也有着比较深厚的积累，许多机构在组织架构和管理理念上也比较传统。我们认为，这一类的基金会是传统的公募基金会。

而在 2004 年后，出现了一大批非公募基金会，其中一部分在近几年公募权管制放松后获得了公募资质，成为公募基金会。这类基金会往往由企业家或者社会力量发起，不具有官方背景，机构的运营也更加市场化。我们认为这一类的基金会是新兴的公募基金会。

互联网公益的大潮覆盖的是整个公益行业。无论是传统基金会还是新兴基金会，都在受到互联网公益的深刻影响。同时，这两类基金会也都是互联网公益的践行者。然而，由于背景、理念以及运营方式的差异，互联网对于传统公募基金会和新兴公募基金会的影响也不尽相同。两类基金会互联网公益的探索实践有共通之处，但也存在一些不同。虽然两类基金会互联网公益实践路径有一定的差异，但两者都为互联网公益模式的发展做出了巨大的贡献。它们的不懈探索是我国互联网公益发展历程中公益行业积累下的宝贵财富。

传统公募基金会：互联网公益的挑战与机遇

互联网的出现和发展对传统公募基金会既是冲击也是机遇。政策对于公募权的放开打破了传统基金会对于公募权的垄断，使得越来越多的机构能够与传统公募机构一道开展公开募集善款的活动。而互联网的出现则部分削弱了公募基金会作为公益生态网络中心的作用，提升了公众筹款在公益筹款中的地位，间接地减弱了传统公募机构相对其他公募、非公募公益机构的竞争优势。

在互联网时代，在筹款、项目执行等层面，一些新兴的机构也能够在同一平台上与大型公募机构展开竞争。互联网的出现为传统公募基金会带来了更加强烈的竞争和忧患意识，也促使传统公募基金会不断提升自身能力，迎接这一轮互联网公益的大潮。

早在互联网公益刚刚兴起之际，许多大型的公募基金会就意识到环境的改变和竞争的来临，积极地做出调整以适应环境的改变。相较于非公募机构，公募机构的优势在于筹款能力强与连接广泛。而对于单个的具体项目，公募基金会在专业性和项目执行方面不一定强于非公募机构。因此，公益机构间的分工合作、各尽其长应当是更为合理的安排。

在2008年前后，就有大型传统公募基金会提出要转型成为资助型基金会[3]，专注于优质项目的挑选和资助，把项目执行和管理交给更擅长做具体项目执行的公益机构[4]。在尝试转型过程中，不少大型公益机构为转型为资助型的公益机构付出了巨大的努力，做出了许多有益的探索。但是由于种种主客观因素，一些大型公募机构的转型之路走得并不顺畅。

而随着移动互联网时代的到来，互联网公益平台快速崛起，为公募基金会的转型提供了新的路径。在互联网公益模式下，大型的公募基金会并不是通过资金的资助来帮助中小型的NGO，而是更多通过与非公募机构的联合劝募的方式实现对于非公募基金会的帮助。

联合劝募[5] 并不是一种新颖的公益模式。在《基金会管理条例》颁布实施后，就有公募与非公募机构进行联合劝募，开展公益活动。然而，互联网的出现，尤其是互联网平台的出现，大大促进了联合劝募模式的发展和普及。

在联合劝募的模式中，非公募的公益机构提出公益项目并寻找公募机构进行合作。当公募基金会认同非公募机构提出的项目时，公募基金会向非公募机构开放公募权，与非公募机构合作进行筹款。完成筹款后，再由非公募的公益机构负责后续的项目执行。

而在这当中，公募基金会也承担起核实项目信息准确性、培训非公募机构适应平台规则、监督非公募机构后续项目执行，以及督促后续项目反馈的责任。通过共享公募权、能力培训和信用的背书，公募基金会对非公募的公益机构实现了资助；而公募基金会对于合作伙伴的筛选、培训和监督在事实上也承担了更多的权责，在另一种意义上起到了行业生态枢纽的作用。

通过联合劝募的模式，公募机构和非公募机构实现了在公益活动中的分工。分工之利使得筹款和执行的效率相比以往传统公募机构一肩挑的情况有着大幅的提升。在互联网时代，公益基金会参与公益活动的方式虽然有着一定的改变，但仍然在整个生态中起到不可或缺的作用。

不少传统公募基金会，利用互联网工具和技术提升数字化水平，开展“互联网+公益”的探索。例如，中国扶贫基金会成立了自己的电商扶贫平台“善品公社”，通过销售电商产品来帮助贫困地区增收。近一两年，中国扶贫基金会还积极利用大数据等技术，确定需要重点帮扶的对象，选择帮助受助者的方法，助力国家的精准扶贫战略，帮助困难群众脱贫。中国青少年发展基金会、中国慈善总会等多家机构积极探索“互联网+公益”的实践，在各自耕耘的领域里探索出了公益与互联网结合的路径，成功地提升了公益活动开展的效率，帮助了更多需要帮助的群体，打开了通往未来公益世界的大门。

腾讯公益数据显示，2018 年“99 公益日”期间，中国少年儿童基金会、中国妇女发展基金会以及中国扶贫基金会等多家传统公募机构在活动 3 天内的筹款额都超过了 1 000 万元，其中中国少年儿童基金会的筹款总金额甚至达到了 4 000 万元[6]。善用互联网使得这些传统的公募机构获得了巨大的收益，新型的公益模式对机构的成长和发展起到了非常积极的作用。

互联网公益的兴起带来了竞争，激发了传统公募基金会的活力。善用互联网技术的传统公募基金会在这个充满创新和挑战的时代，获得了长远的发展。然而展望未来，在联合劝募等层面，传统的公募基金会仍然会面对激烈的竞争，在能力建设方面也会有不少的挑战。

一方面，随着公募权的放开，地方公募基金会开始快速崛起。新增的公募机构中，有很大一部分是地方的公募基金会，它们扎根于地方，与本地的非公募 NGO 有着更强的联系，相互间的协调沟通成本更低。出于成本考虑，许多 NGO 在选择合作的公募基金会时倾向于地方的公募机构，这使得传统公募机构在竞争中处于相对不利的地位。可以预见，随着《慈善法》实施满两年，将有更多的非公募机构转型为公募的基金会，公募权的稀缺性将进一步下降，也使传统公募基金会面临更加严峻的竞争局面。

另一方面，联合劝募的竞争也对传统公募基金会的服务能力提出了更高的要求。随着公益基金会的数量快速增长，NGO 在进行联合劝募时有了更多的选择。NGO 会倾向于选择能够提供更多、更好的培训和服务的机构来进行合作。由于运营方式更加市场化，新兴的公募基金会在服务能力方面有一定的优势。因此，如何提升服务和合作能力、补齐短板也成为传统公募基金会需要应对的一个挑战。

互联网公益的浪潮对传统大型基金会是挑战，也是机遇。互联网的出现冲击了传统大型基金会网络中心节点的地位，影响到了传统基金会相较其他公益机构多方面的竞争优势，这是互联网所带来的挑战。然而同时，互联网也可以放大公募机构的其他优势，促使公募基金会更加积极地参与到行业的竞争之中，为有使用互联网开展公益活动意愿的公益机构提供了发展的良机。只要能够积极应对，认清、把握好环境的变化，积极参与行业竞争并且用好互联网工具，传统基金会在互联网公益时代就能够成功转型，并获得强劲的发展。

案例

中国扶贫基金会——推动平台建设、拥抱全民公益[7]

1. 扶贫基金会发展历程

中国扶贫基金会（以下简称扶贫基金会）成立于 1989 年 3 月，是我国成立最早的公募基金会之一，是在民政部注册、由国务院扶贫办主管的全国性扶贫公益机构。扶贫基金会自成立初始就是中国扶贫公益领域规模最大、最具影响力的公益机构之一。

2002 年，在做精品项目的理念引导下，扶贫基金会发起了在机构发展史上有着重要标志意义的“新长城助学”项目，并持续至今。该项目旨在以经济资助为基础，以成才支持为核心，以培养自立、自强人才为最终目标，将扶贫济困与人才培养相结合，帮助特困高中生和特困大学生完成学业。项目至今已经筹集善款数亿元，资助大学生数百万人次。

在随后的数年中，扶贫基金会陆续推出了“爱心包裹”“加油计划”“童伴妈妈”等一系列有影响力的精品公益项目。在“播善减贫、成就他人、让善更有力量”的公益理念的指导下，扶贫基金会已经不仅仅是国内扶贫领域影响力最大的公益机构之一，也正在不断地为解决与贫困相关的社会问题贡献重要力量。目前，机构致力于健康扶贫、教育扶贫、生计扶贫、救灾扶贫、公益伙伴合作、国际扶贫和扶贫倡导等领域的工作。

2. 扶贫基金会互联网公益发展历程

突破自我、勇于革新是扶贫基金会最突出的特征之一。在互联网兴起时，扶贫基金会就是国内最早开始利用互联网开展公益活动的机构之一，是国内“互联网+公益”探索的先驱者。

早在21世纪最初的几年，扶贫基金会就和搜狐网开展了深度合作，通过互联网对帮扶贫困学子的项目进行传播，并取得了相当不错的效果。然而，受限于当时传播模式和互联网技术发展水平，在公益活动中互联网起到的作用仍然相对较小。哪怕是在传播环节中，平面媒体与电视、广播也扮演着更加重要的角色。

随着Web 2.0时代的到来，博客、微博等一大批新兴的互联网产品出现。扶贫基金会也迅速意识到了互联网将给公益行业带来深刻的影响，开启了“互联网+公益”的探索，进入了第一轮自平台建设的浪潮期，其中最为典型的是10699999短信捐赠平台和“欢乐人生网”。

10699999平台是扶贫基金会与中国移动、中国联通、中国电信联合推出的短信捐赠平台。捐赠人通过发送手机短信到10699999，即可向扶贫基金会单次捐款或按月捐款。10699999平台是国内较早通过短信接受公众捐赠的公益平台。在移动支付普及以前，最便捷的支付方式就是基于电信网络的支付。扶贫基金会的10699999平台很好地将短信支付和公益捐赠结合起来，降低了公众公益参与的门槛，在平台运营的几年时间内取得了比较显著的效果。

虽然从严格意义上讲，10699999平台是依赖电信网络的捐赠平台，和后期新兴的互联网公益平台仍有一定的差异，但该平台仍然是广义的“科技+公益”的一次有益探索。更重要的是，10699999平台首创的短信月捐模式，可以被直接复制到互联网公益平台上。随着后期移动支付的快速兴起，这种长期的月捐模式也逐渐成为公众参与公益的主流模式之一。

如果说 10699999 平台仍然相对缺乏互联网的因子，那么“欢乐人生网”则是不折不扣的互联网的公益平台。在 2008 年左右，开心网、人人网等社交网络平台风靡一时，获取了数以千万计乃至上亿量级的用户群体。在开心网模式的启发下，扶贫基金会决定打造“欢乐人生网”，意在构建公益版的“开心网”，希望由用户体验入手，构建一个大型的活跃互联网公益社区。

然而由于种种条件的限制，“欢乐人生网”的运营并没有达到预期，互联网公益社区的构建也并不十分成功。在运营一段时间之后，基金会放弃了对“欢乐人生网”的投入。从事后结果看，“欢乐人生网”平台的搭建不能算是一个非常成功的尝试，但是该平台的建设开启了传统基金会探索互联网自平台建设的先河，仍然是互联网公益发展史上十分重要的事件。

虽然随着移动互联网时代的到来和第三方互联网公益平台的崛起，第一次自平台建设浪潮中的主要产品都最终走进了历史，成为 PC 互联网时代第一次互联网公益浪潮的注脚，但扶贫基金会勇于革新、勇于探索的精神在这些尝试中体现得淋漓尽致。基金会也从这些不是那么成功的探索中积累了经验，加深了对于互联网的理解，为第二次自有平台建设的浪潮奠定了基础。

进入移动互联网时代后，基金会确立了移动互联网筹款“双轮驱动”的策略，一方面积极利用第三方互联网平台开展募捐和传播，另一方面也积极建设自有平台，积累、留存捐赠人资源。在这一阶段，由于微信的广泛连接、开放生态和便捷高效的开发体系，扶贫基金会自主运营的互联网平台主要基于微信公众账号的体系。因此，基金会自主运营平台的定位也由自平台转为自有平台。自有平台中最为突出的是“加油一起成长”和“全民公益”。除了自有微信公众平台的建设，扶贫基金会还推出了互联网电商平台“善品公社”，积极探索“电商+扶贫”，在多地取得了非常显著的成效(见图3-1)。

图3-1　扶贫基金会主要的公益自媒体平台

为了适应互联网带来的变革，也更好地激发公众参与，扶贫基金会还多次对内部的架构进行了改革。2012年，扶贫基金会成立了公众捐赠部，专门负责线上线下的公众筹款工作。而在2015年，基金会又将公众捐赠部一分为二。拆分出的公众互动部负责线下的公众捐赠事务，而新成立的移动互联网部则负责互联网传播和募捐。扶贫基金会是最早针对互联网带来的巨大变革进行内部组织调整的机构之一。扶贫基金会不断革新，乐于拥抱互联网带来的变革与机遇，因此它能够一直把握互联网公益的发展趋势，始终走在“互联网+公益”探索的前沿。

由于扶贫基金会对于互联网公益的重视，互联网的因子已经遍布其旗下的各个公益项目，基金会也在不断推动着“互联网+公益”边界的扩展。2017年，扶贫基金会筹款总额为5.8亿元，其中

40%是个人捐赠，而互联网捐赠达到了 2.1 亿元，在个人捐赠中的占比达到了 90%左右[8]。时至今日，扶贫基金会已经不仅仅是国内互联网公益探索的先行者，也是对互联网公益认识最深刻、使用最有效的机构之一。

3. 扶贫基金会互联网公益主要模式

(1) 自有电商扶贫平台：善品公社

善品公社是扶贫基金会旗下电商扶贫品牌，致力于在我国贫困地区开展“互联网+扶贫”实践，基于扶贫基金会过去十几年的农村扶贫经验和在 100 多个农村社区的一线调研，创造性地摸索出了“以农村合作社为组织基础，善品公社为统一品牌”的电商扶贫模式，通过“互联网+扶贫”，让贫困地区的农民看到了实实在在的希望。

传统的扶贫项目大都是“授人以鱼”，而善品公社做的是“授人以渔”和“营造鱼塘”：把贫困地区零散的小农户组织起来，组建合作社以提高生产的规模和效率，同时通过持续的理念引导和技术培训，制定、执行严苛的品控标准以确保产品品质，最后整合互联网、电子商务和新零售等优质渠道支持市场开拓，并培育地域农产品公共品牌，最终以市场的力量，从根本上促进农户自我发展能力和竞争力提升。

2014 年，善品公社最早在芦山地震灾区尝试电商扶贫，效果就出乎意料的好。首个“试水”的是地震灾区的红心猕猴桃，在几天核心推广期内产生了 30 多万元交易额，这让当地农户第一次“领教了互联网的巨大能量”。雅安市名山区名建猕猴桃种植农民专业合作社的李世忠说：“网上的付款金额不停地往上涨，我都看傻眼了。”随后，善品公社投入更多的时间和精力打磨模式（模型）、沉淀团队。

2016年，善品公社深耕出品的“石棉黄果柑”正式亮相。在腾讯公益的支持下，石棉黄果柑第一次实现了“触网”，从一个大渡河畔的小山村走出大山。一篇《因为这种味道，雅安又上了头条》的推文，创造了151分钟10万斤优质黄果柑售罄的经典案例[9]。在这之前，由于产品品控管理水平较弱和渠道单一，当地农户销售黄果柑都是通过传统的线下商贩，价格普遍在1.5元/斤左右。善品公社支持小农户组建合作社，农户按照严苛的品控流程和标准进行生产，符合要求的产品价格提高到了3元/斤，农户增收效益明显。“优质优价”的良性循环，也使得农户“有了足够的动力和信心去深耕产品品质。但是要知道，这样的改变在以往绝非易事”。

截至2017年底，善品公社已经在全国8省20县落地，全国超过1万个农村家庭、10万个城市家庭受益。2018年1月，扶贫基金会发布善品公社“深度优鲜”战略，通过实体运作和模式输出等方式，支持善品公社在深度贫困县落地，以更大的力度助力深度贫困地区农户脱贫致富[10]。

(2) 积极使用第三方公益平台开展募捐活动

扶贫基金会一直以来都积极使用第三方提供的平台开展公益活动。扶贫基金会是第一批入驻腾讯公益平台的公募基金会之一。数据显示，自扶贫基金会2009年入驻腾讯公益平台至2018年10月，扶贫基金会在腾讯公益平台上共为2 037个项目发起募捐，参与捐款总人次超过600万，筹款总额更是超过了2亿4 300万元，其中扶贫基金会运营的“爱心包裹”月捐项目，筹集公众捐赠超过1 760万元，是腾讯公益平台上线以来最受欢迎的月捐项目之一[11]。

扶贫基金会也与阿里巴巴集团开展了广泛而深入的合作。扶贫基金会在淘宝公益平台上线了中国扶贫基金会官方公益店，为其旗下的项目进行募款。扶贫基金会也是最早参与到淘宝公益宝贝计划的基金会之一。2016 年，扶贫基金会作为合作方之一，与阿里巴巴集团一道启动了阿里巴巴联合公益暨“公益宝贝 2.0 计划”，希望通过协作参与的互联网公益模式，提升公益机构互联网能力，打造可持续发展的公益模式，将从公益宝贝中筹得的善款用于资助小型 NGO 的成长。

除了腾讯与阿里巴巴外，扶贫基金会还与蚂蚁金服公益、新浪微公益、百度公益、京东公益等进行了深度合作。

(3) 开展联合劝募，全面赋能中小型公益机构

联合劝募是互联网公益平台上主流的筹款模式。具有公募资质的机构通过和非公募机构分享公募权，联合进行筹款，并由非公募机构执行。联合劝募的模式是在慈善法框架下最为主流的公募与非公募机构的合作模式。这样的合作机制一方面促进了公益机构间的分工，另一方面也提升了公益活动各个环节的效率，因此也成为腾讯公益等互联网公益平台上的主流模式。扶贫基金会不仅是联合劝募模式的开创者，也是最早和腾讯公益携手探索联合劝募的公益机构之一。

数据显示，2016 年、2017 年、2018 年，在腾讯公益平台上，由扶贫基金会负责接收善款的项目中，分别有 92.2%、91.3%以及 69.8%的项目的发起方为第三方的 NGO 或者个人[12]。联合劝募项目的高比例表明扶贫基金会正以更大的力度通过联合劝募的方式和中小型机构进行合作。从数据上看，联合劝募也已经成为扶贫基金会互联网公益模式的重要组成部分。

(4) 搭建“加油一起成长”“全民公益”等自有互联网筹款平台

在扶贫基金会第二次自有平台建设的浪潮中，“加油一起成长”和“全民公益”是最为突出的两个案例。这两个平台均基于“加油一起成长”，聚焦于一对一的扶贫帮扶，采取的是月捐的模式，主要帮扶对象是困难家庭的孩子。截至 2018 年 7 月，关注“加油一起成长”公众账号的粉丝数已经超过 20 万，持续参与月捐的用户超过 7 000 人。“加油一起成长”已经成为除腾讯、阿里等第三方平台外，扶贫基金会月捐的一大主要来源[13]。

“全民公益”则承接 10699999 平台，是基于微信公众平台的互联网捐赠平台。“全民公益”不依赖于第三方平台，汇聚了扶贫基金会进行互联网筹款的项目，也集合了和扶贫基金会进行联合劝募的机构的项目。关注者可以直接通过微信支付对项目进行筹款。而“全民公益”平台也在捐赠人知情的情况下，收集捐赠人信息，积极地通过微信公众号的渠道对捐赠人进行项目进展的反馈。

4. 扶贫基金会互联网公益模式分析

扶贫基金会是最早进行互联网转型的公募基金会之一，也是最善于使用互联网的机构之一。扶贫基金会在互联网公益使用方面有几个主要特点：

(1) 坚持“双轮驱动”，在使用第三方平台的基础上不放弃自(有) 平台建设

在扶贫基金会探索互联网公益的过程中，始终坚持双轮驱动的策略，一方面积极利用第三方平台，另一方面积极建设自平台/自有平台。扶贫基金会认为，自 (有) 平台的建设可以帮助沉淀自有资源，也能够使机构对于互联网公益的认识更深刻、思考更充分。

因此，在各个时期，扶贫基金会都坚定地推动着自（有）平台的建设。

在自（有）平台建设过程中，扶贫基金会在行业内做出了许多开创性的尝试，但也走过弯路，遇到了不少挫折。以 10699999 和“欢乐人生网”为代表产品的扶贫基金会的第一波自平台建设浪潮最终由于种种因素归于沉寂，但是基金会上下展现出的变革和创新的精神成为推动扶贫基金会进一步发展的宝贵财富。

在第一波自平台建设浪潮并没有达到预期效果的情况下，移动互联网时代，扶贫基金会仍然没有放弃自有平台建设的努力，开启了第二波自有平台建设的浪潮。在建设自有平台的过程中，扶贫基金会也吸取了之前平台建设的经验教训，一方面避免过重的模式，另一方面与微信等大型平台进行合作，用微信提供的平台来进行自有平台的建设，降低了成本，同时也提升了效率。

时至今日，“善品公社”电商平台、“加油一起成长”微信公众账号、“全民公益”微信公众账号等第二波自平台建设浪潮中新建的平台都已经颇具规模，成为基金会公益模式的重要组成部分。通过自（有）平台，基金会沉淀了更多资源，提升了捐赠人的公益体验。在基金会的不懈坚持之下，“双轮驱动”的策略已经颇见成效。

(2) 重视互联网公益的传播和倡导作用

扶贫基金会常务副秘书长陈红涛曾经指出，互联网公益不等于互联网筹款。互联网的作用不仅仅在于提升了机构的筹款能力，其对于公益活动的其他多个环节都有显著的提升，其中最重要的作用是公益信息的传播和公益理念的倡导。2014 年开展的“冰桶挑战”活动就是互联网协助公益信息传播、公益理念倡导的经典案例。“冰桶挑战”活动本身固然筹集了相当数目的捐款，但其更重要的作用是唤起了普罗大众对于“渐冻人”这一团体的关注，大大推动了社会资源向治疗“渐冻人症”、解决相关社会问题倾斜。

扶贫基金会的理念是“播善减贫”。社会问题的解决不是靠一家机构就能完成的，需要社会一起来努力，因此传播善行、传播公益的理念往往更为重要，而互联网传播在公益倡导中的作用很多时候是远超互联网公益筹款的。多年来，在实践互联网公益的道路上，扶贫基金会也一直致力于践行这个理念。

这个理念最典型的体现案例是扶贫基金会在手机 QQ 平台发起的“守护生命，抗击埃博拉，QQ 在行动”公益捐助活动。该项目在 2014 年 12 月 12 日连续 24 小时内，在不计重复捐款，单次捐赠金额大于或等于 1 元的规定下，通过腾讯 QQ 钱包为埃博拉疫区儿童捐款达 105 803 人次；总共获得公益捐款 1 218 489.30 元，所得款项均用于帮助非洲受埃博拉疫情影响的人民渡过难关。经吉尼斯世界纪录官方确认，此次的爱心捐赠荣获吉尼斯世界纪录“24 小时内单一网上平台最多次个人捐款”称号[14]。120 万元的筹款额相较其他大型项目并不算太多，但是扶贫基金会在这次公益活动中更加看重的是提升公众对于埃博拉疫情的认知。在扶贫基金会看来，这次活动对公众认识起到的作用是远远超出这 120 万元筹款所能衡量的。

从最早的搜狐网公益频道，到后来的 10699999 和“欢乐人生网”平台，再到如今的“加油一起成长”和“全民公益”微信公众平台，平台不仅仅有项目的筹款信息，也有对于项目效果的反馈，有受益人生活改变的消息，更有人人可公益的理念。扶贫基金会一直坚持筹款和播善并行的实践，始终致力于通过互联网传播现代公益的理念，这也成为扶贫基金会互联网公益模式中的一大重要特点。

(3) 重视捐赠人的体验，通过互联网对捐赠人进行信息反馈

扶贫基金会始终坚持自有平台建设的一个重要原因是在自有平台上能够更好地提升捐赠人体验。扶贫基金会重视“体验式公益”，希望公益参与人在参与公益活动后能得到好的体验，有获得感。其线下执行的“爱心包裹”等项目收集受捐人的感受卡寄回给捐赠人，使捐赠人能够和受捐人感同身受，有更强的获得感，非常完美地体现出了基金会重视捐赠人体验的特点。

在现阶段，线上的公益体验主要取决于项目执行和效果信息的反馈，因此进行点对点、定制化的捐赠人反馈是维护捐赠人体验的重要手段。而腾讯、阿里等第三方平台虽然连接的用户广、传播的面大，但是由于数据隐私等因素，基金会难以掌握捐赠人的具体信息，也就难以对捐赠人进行定制化的反馈，以更好地提升捐赠人体验。

正是出于提升公益参与体验的原因，扶贫基金会始终坚持不放弃自有平台的建设。通过自有的互联网平台，扶贫基金会始终坚持通过互联网进行定制化的捐赠人反馈，并提供个性化的后续捐赠人服务，使得捐赠人在参与公益活动后，能够有更强的参与感和获得感。通过定制化的互联网反馈，基金会和捐赠人建立起了一种更加深度的信任关系，也使得这些捐赠人增强了长期资助公益事业的意愿。

扶贫基金会还计划和腾讯公益等大型互联网第三方平台进行进一步合作，在和平台互惠共赢和保护用户隐私权的基础上，能够为捐赠人提供更加定制化、更加精细化的反馈，维护捐赠人关系，进一步提升用户参与公益的体验。扶贫基金会也在积极探索新技术在

公益中的应用，通过技术的升级换代进一步提升用户参与公益的体验。

新兴公募基金会：互联网时代异军突起的新兴力量

在《基金会管理条例》出台后，一批新兴的基金会如雨后春笋般涌现，成为公益行业中一股不可忽视的力量。近年来，随着国家法律、政策对于公募权的放开，一批新兴的基金会获得了公募资助。这类基金会往往没有官方背景，多由企业家或民间人士独立发起。由于缺少官方背景，许多新兴基金会缺少传统基金会稳定的筹款渠道和公益资源。也正是因为这种更加民间的背景，新兴基金会在互联网公益发展过程中有着独特的优势和特点。

新兴基金会往往秉持新型的公益理念，在管理和项目执行上对标国际机构，有些甚至有着比较强的商业管理色彩。不同于传统的公募基金会，新兴基金会自成立初始就有着比较现代的管理架构和治理思路，不需要走传统基金会去行政化转型的道路，内部的结构和管理更加灵活，面对新兴事物可以进行更快的调整。因此，在互联网的运用上，新兴基金会通常非常积极乃至比较激进。大多数新兴基金会都是互联网公益的坚定支持者。

新兴基金会非常注重利用互联网对自有项目进行筹款，这也是新兴基金会参与互联网公益的主要模式。很多新兴基金会在获得公募资质之前，就早早进驻各大互联网公益平台，与传统基金会开展联合劝募，使用互联网的方式对自有项目进行筹款。在获得公募资质后，新兴基金会不再依赖于与传统基金会联合劝募的模式，独立在公益平台上进行筹款。互联网募款已经成为新兴基金会互联网公益的主要模式。

同时，新兴公募基金会是联合劝募模式的重要参与者。新兴基金会大都在2010年后获得了公募资质，这也是互联网公益导致的公众捐赠大幅提升的时间段。新兴基金会在获得公募资质后，往往会在第一时间投入联合劝募的模式中，将自身的能力开放给草根和更加新兴的机构，帮助这些机构成长。新兴基金会的代表阿拉善SEE基金会、爱佑慈善基金会、中华少年儿童慈善救助基金会、上海真爱梦想公益基金会等新兴基金会均在每年“99公益日”期间通过联合劝募的模式资助多个草根NGO，帮助这些草根机构获得公众的捐款支持。

新兴基金会也推动了互联网公益模式的创新。新兴基金会的组织架构更加市场化，对新技术、新事物比较敏感，对采纳新的公益模式也更加大胆，因此往往也成为新型公益模式的探索者。例如，爱佑慈善基金会在2018年8月推出了公益区块链，将所有自有的儿童疾病类项目信息完全上链。每一笔资金从捐赠之初直到转到最终实施治疗的医院，中间每一个环节都实现了可追溯。这使得捐赠人能够完全了解资金的去向和使用。这种区块链的模式就解决了公益信息公开的问题，使得资金的使用一直处于公开、透明的状态下[15]。

虽然受限于成本等因素，爱佑的区块链模式不一定能够在每一家公益机构复制，但是这无疑是区块链公益在中国落地最早的实质性的尝试之一，对于区块链公益在中国的发展有着非常积极的意义。以爱佑慈善基金会为代表的新型基金会在近些年进行了大胆乃至非常超前的尝试，对于公益模式的创新起到了强有力的推动作用。

新兴基金会是互联网公益发展的推动者，无疑也是互联网公益的受益者。受惠于互联网公益的发展，近年来新兴基金会也取得了高速的成长。原因主要有两点。首先，互联网带来的公众筹款已经成为新兴基金会资金的重要来源。近年来，公募权的放开使新兴基金会陆续获得了公募资质，开始了公众募捐的工作。而由于互联网的影响，公众募捐在近年来快速增长，其份额已经开始逐渐接近大额捐赠。

由于许多新兴基金会缺少老牌基金会拥有的稳定的筹款渠道，它们也就更依赖于公众筹款的力量。对于不少新兴基金会而言，基于互联网的小额的公众资助已经占据了总筹款额的半壁江山乃至更高比例。随着全行业公众筹款额的节节升高，新兴基金会的筹款能力也稳步提升。互联网带来的公众捐赠无疑为新兴基金会的成长提供了空间。

其次，互联网为公众提供了更多感知、认识乃至深度了解新兴基金会的机会。不同于老牌的传统基金会，新兴基金会成立时间相对较短，掌握主流媒体资源也不多，在公众中的认知度普遍偏低。基于互联网的传播，新兴基金会获得了更多向公众宣传、展示的机会，也取得了更好的传播效果。比如通过支付宝“蚂蚁森林”，很多人了解、认识了阿拉善 SEE 生态协会和阿拉善 SEE 基金会；通过“爱佑天使”，认识了爱佑慈善基金会。在移动互联网时代，基于互联网的传播无疑是新兴基金会提高认知度的最佳手段。

与传统基金会一样，新兴基金会也要应对互联网日新月异发展带来的挑战。由于公众参与的提升和互联网带来的便捷性，公众对于公益信息公开的要求也越来越高。对于新兴基金会而言，也一样需要不断提升机构和项目的透明度，满足公众对于信息公开日益提升的需求。同时，随着公募权的放开，地方基金会和许多以前专注于项目执行的 NGO 也会转型成为公募基金会，这必然会带来更为激烈的竞争，对于新兴基金会的连接和服务小型 NGO 的能力也提出了更高的要求。

回望新兴基金会的发展史，互联网已经成为这类机构公益模式中不可或缺的组成部分。互联网公益与新兴基金会相互成就、相互促进，在过去的几年中都取得了显著的发展。展望未来，随着《慈善法》实施进入第三个年头，更多的基金将会获得公募资质，加入新兴公募基金会的行列。新兴公募基金会的群体将会更加发展壮大，在公益生态中起到更加重要的作用，为公益环境整体带来更强的活力。

案例

阿拉善 SEE 基金会——将环保带入大众视野和生活

1. 机构简介和发展历程

改革开放以来，我国的经济保持了平稳高速增长，人民生活得到了大幅改善。然而，粗放的经济增长模式对各地区生态环境产生了不同程度的损害。在有些地区，生态问题已经成为威胁居民健康的首要社会问题。近年来，随着民众环保意识的增强，越来越多的人意识到了环境保护的重要性。但是，如何将大众对于环保问题的关心转化为切实的行动，是一个摆在所有环保事业从业者面前的难题。

2001 年，中国企业家宋军先生在内蒙古阿拉善盟斥资 5 000 万元建成月亮湖生态旅游景区。之后三年多，这座沙漠生态景区吸引了近百位中国企业家陆续到访。茫茫沙漠中的亲身体验，使企业家们深深感到中国西北沙化的严重程度。

2003 年 10 月，北京首创集团总经理刘晓光与其他十几位企业家受中国企业家论坛邀请去那里参加会议。据描述，这位京城房地产大亨当时跪在沙地上，仰天慨叹“人类在创造财富的同时也在毁灭自身”。“能不能把中国的企业家们弄到一起治沙?”这个想法与宋军一拍即合，两人约定分头拉人。在两人的大力邀请下，许多杰出的企业家被召集加入了这项事业中。

2004 年 6 月 5 日，中国首家以社会责任（Society）为己任，以企业家（Entrepreneur）为主体，以保护生态（Ecology）为目标的社会团体——阿拉善 SEE 生态协会正式宣告成立。作为发起人的近百位企业家承诺：将连续十年，每年每人投资 10 万元人民币，以减缓阿拉善的沙尘暴为起点，致力于保护中国的生态环境，促进人与自然的和谐，促进人与社会的和谐，促进人与人的和谐。

协会最初希望通过努力，将荒漠变成绿洲。然而，一位和协会成员有很深渊源的治沙专家向协会建议，不应该把目标定为沙漠变绿洲，而应当定为荒漠化防治，即防止土地进一步荒漠化。生态环境是一个极为复杂的系统，荒漠本身就是生态环境的一种。人为地改造生态环境可能会对更大的环境带来其他影响。由此，协会将目标定为防止荒漠的蔓延，而不是对荒漠环境的改变。

由于环境保护工作并不是协会成员的专业，协会只能在有限的条件下进行各方面的探索。在协会成立之初，协会曾经把工作重点放在社区工作上，曾经和农牧民一起养牛、种菜，希望通过社区工作的方式来实现环境保护的目标。然而，由于缺乏项目执行经验、项目设计缺少科学性依据等一系列条件的制约，协会走过不少弯路，很多努力没有达到预期的效果。同时，协会也发现自身的力量终究是有限的，能够做的工作也是比较有限的，仅仅依靠自己一家机构很难推动环保事业的整体发展。想要推动环保事业的发展，需要更多的环保类 NGO 一同参与，需要一种更加完善的环保公益生态。最终，协会决定成立专业化运营的基金会，由基金会来负责环境项目的具体执行和环保公益生态的构建。

2008 年 12 月 23 日，阿拉善 SEE 生态协会正式发起成立了阿拉善 SEE 基金会，注册名为“北京市企业家环保基金会”，致力于资助和扶持中国民间环保 NGO 的成长，打造企业家、NGO、公众共同参与的社会化保护平台，共同推动生态保护和可持续发展。

基金会成立之初，虽然协会成员都是有着相当管理经验的成功企业家，但是由于对基金会运作了解不足，协会决定前往美国考察基金会管理，研究基金会的运营模式。协会考察团走访了近 10 家美国大型基金会，与相关负责人座谈研讨。这次考察使阿拉善 SEE 基金会充分了解了美国基金会管理、运营的先进理念，确立了专业化管理、精细化运营的模式。

随着移动互联网的发展，公众开始成为公益捐赠的主要力量。为了应对新趋势带来的机遇和挑战，2014 年 11 月 3 日，阿拉善 SEE 基金会由非公募基金会转型为公募基金会，除阿拉善 SEE 生态协会的捐赠外，也接受企业、大额捐赠人以及公众的捐赠。基金会也进一步明晰了环境议题，明确了荒漠化防治、生态保护和自然教育、污染防治三大业务方向，这三大议题与支持环保公益行业发展一同构成基金会的四大资助领域。

阿拉善 SEE 基金会最大的特点之一就是其对于科学性的重视。我们生存的生态环境极为复杂，一点点微小的改变都可能牵一发而动全身。从事环保类的公益活动不能仅仅依靠满腔的热忱，更要依靠严谨的学术研究和科学的项目计划。作为业内最大的环保类公益机构之一，阿拉善 SEE 基金会从创立之初就把科学性放在了非常重要的位置。无论是项目设计、项目执行，还是后期的项目评估，阿拉善 SEE 基金会都坚持以科学的方式来进行。

以“一亿棵梭梭”(见图 3－2) 为例，阿拉善 SEE 基金会从一开始就认识到荒漠化防治是一项非常复杂的工程，在荒漠地区植树需要考虑到树苗生存率、地下水储量、环境承受度等多方面的因素。如果树苗种得过快，可能会使得地下水消耗过量，导致树苗的存活率降低，降低了种植的效用，甚至会进一步破坏生态环境；而如果树苗种得过慢，则可能无法起到遏制荒漠扩张的作用，使项目达不到预期效果。因此，制定科学、合理的种植计划，并实时对各项环境指标进行检测，对于项目的成功实施是非常重要的。

图 3－2　一亿棵梭梭

阿拉善 SEE 基金会在项目开始之初就制定了十年的种植规划，并根据对地下水水位、周边的生态环境和已经种植的树木的长期检测结果调整种植计划。基金会通过检测地下水的水位、周边生态环境以及树苗的种植进度细化下一年的种植计划，并根据对于之前树木存活率的检测制定补种计划。在完成本年度的种植计划后，为了避免地下水的过度消耗和对周边生态环境带来不必要的影响，基金会不追求提前进度，而是专注于已种树木生存率的提升。

截至 2018 年 7 月，“一亿棵梭梭”项目已经实施了五年，项目进度已经过半，种植树木的成活率也不断提升[16]。在阿拉善 SEE 基金会和其他合作伙伴的共同努力下，阿拉善地区荒漠化治理已经初见成效。阿拉善 SEE 基金会在 2016 年还成立了以两院院士为主体的科学顾问委员会，将最前沿的科学研究引入环保项目的设计和执行中。

同时，由于环保项目持续时间长，效果短期难以衡量，阿拉善 SEE 基金会非常重视在项目设计时进行颗粒化，即把项目效果和用户的捐赠一一对应起来。仍然以“一亿棵梭梭”为例，阿拉善 SEE 基金会在进行筹款时将成本分摊至每一棵树，这使得用户可以清晰地看到大约需要多少资金才能种下一棵梭梭。当捐赠人对于自己投入的资金的使用效果有着更清晰的认识时，他们也会更愿意对项目进行长期资助。

然而，并不是每个项目都可以进行颗粒化的设计。一些生态保护类项目涉及的流程非常复杂，就难以进行颗粒化。当项目难以颗粒化，项目的效果难以通过投入来直观衡量时，项目进展的反馈就非常重要。

阿拉善 SEE 基金会对于项目进展的反馈也非常重视。随着互联网传播公益的兴起，阿拉善 SEE 基金会坚持通过各大平台和自有网站对捐赠人进行信息反馈，并且不断完善反馈的形式和内容，使得反馈更加个性化和精细化。阿拉善 SEE 基金会希望通过反馈，能够让更多的捐赠人在执行周期长、见效比较慢的项目中也得到获得感，最终成为环保类项目的长期支持者。

阿拉善 SEE 基金会不仅是国内最大的环保公益机构之一，其作为资助型的基金会，也是环保行业发展重要的推动者，在环保公益生态中起到枢纽的作用。多年来，阿拉善 SEE 基金会通过定向资助，帮助了许多 NGO 推进项目的执行。同时，阿拉善 SEE 基金会在很早的时候就意识到：很多草根的基金会更为缺少的是基础能力而不是用于项目执行的资金。因此，在 2012 年，阿拉善 SEE 基金会推出了“劲草同行”项目，为草根机构持续三年提供总额 30 万元非限定性的资助及劲草导师的陪伴，来帮助它们成长[17]。草根机构可以将这笔资金用于人才培养、组织建设、能力提升等各领域，对草根机构补齐短板起到了非常重要的作用。

阿拉善 SEE 基金会 2017 年接受捐赠收入近 2 亿元，相较 2016 年增长超过 1 亿元[18]。无论是从影响力还是从筹款规模上看，阿拉善 SEE 基金会都已经成为中国本土最重要的环境保护组织之一。

2. 阿拉善 SEE 基金会互联网公益主要模式

(1) 利用第三方公益平台进行筹款

作为一个新兴基金会，除了资助环保事业外，阿拉善 SEE 基金会自成立起就是一个项目导向的公益机构。而移动互联网对公益影响最大的环节在于筹款，其中又以第三方平台筹款最为突出。对于阿拉善 SEE 基金会而言，最主要的互联网公益模式也正是通过第三方平台进行募捐筹款。

数据显示，从阿拉善 SEE 基金会 2014 年获得公募资质至 2018 年 10 月，基金会在腾讯公益平台上共为 35 个由基金会运营的项目发起募捐，参与捐款总人次超过 294 万，筹款总额 1 亿元[19]。阿拉善 SEE 基金会旗下的重点项目“一亿棵梭梭”在上线三年多的时间里共筹集善款超过 2 400 万元，有超过 160 万人次参与捐款，成为腾讯公益平台史上最为成功的环保/动物保护类项目之一[20]。

阿拉善 SEE 基金会与蚂蚁金服公益合作开展的蚂蚁森林应用则更广为人知。蚂蚁森林是支付宝客户端为“碳账户”设计的一款公益行动：用户各种低碳的行为可以用来在支付宝里养一棵虚拟的树。这棵树长大后，蚂蚁金服将相应的资金转交给其合作伙伴，资助合作伙伴在现实某个地域种下一棵实体的树。

早期，阿拉善 SEE 基金会是蚂蚁森林的主要合作伙伴。通过蚂蚁森林种下的实体树木也均为阿拉善 SEE 基金会所种植的梭梭。在项目引入其他公益伙伴后，阿拉善 SEE 基金会仍然是蚂蚁森林最重要的合作方。而通过蚂蚁森林的活动，阿拉善 SEE 基金会不但在支付宝用户中积累了良好的口碑，而且筹集了相当数目的善款。截至 2018 年 10 月底，阿拉善 SEE 基金会通过蚂蚁森林的筹款，累计种成梭梭超过 1 035 万棵，覆盖面积超过 20.7 万亩[21]。

阿拉善 SEE 基金会也在淘宝公益平台上开通了官方公益店，为“一亿棵梭梭”等项目进行筹款。除了为公益项目进行募捐外，阿拉善 SEE 基金会在其淘宝官方公益店进行义卖，所有的义卖收入也都被用来支持基金会的环保事业。

与此同时，阿拉善 SEE 基金会也开通了新浪官方微博，并与其他大型互联网第三方平台保持了良好的合作关系。在移动互联网时代，在第三方平台拥有广泛连接的大背景下，阿拉善 SEE 基金会也取得了高速的成长，获得了公众广泛的认可。

(2) 开展联合劝募，赋能中小型 NGO

如前文所述，联合劝募的模式在现在的制度和行业背景下是非常具有合理性的一种制度安排，它既促进了公益机构间的分工，也提升了公益活动各个环节的效率，具有相当的合理性。中国少年儿童基金会、中国扶贫基金会等传统大型公募机构，在第三方平台兴起后纷纷采用了联合劝募的模式。而作为新兴基金会的代表，阿拉善 SEE 基金会在获得公募资质之后也迅速开展了联合劝募，与中小型的 NGO 分享公募权，为多个环保类项目进行信用背书，也为合作方提供能力培训，全面支持中小型环保机构的成长。

仅以腾讯公益平台数据为例，在 2014 年获得公募资质后，阿拉善 SEE 基金会就迅速开展了联合劝募的工作。2015 年，阿拉善 SEE 基金会在腾讯公益平台上与 13 家 NGO 开展联合劝募，筹集善款近 188 万元[22]。

在随后的几年中，阿拉善 SEE 基金会开展的联合劝募项目数量和筹款额均有明显提升。2017 年，阿拉善 SEE 基金会在腾讯公益平台上共开展 122 个联合劝募项目，筹集善款超过 1 828 万元，筹款总额相较 2014 年增长了 9.7 倍[23]，帮助了环保领域中小型机构的成长，推动了环保公益生态的建设。

(3) 通过公益创投资助、机构培训等手段提升环保公益圈信息化、数字化水平

阿拉善 SEE 基金会自成立伊始，就不仅仅定位于做单纯的项目执行者，而是致力于做促进中国环保公益生态发展的“资助型”基金会。数年来，阿拉善 SEE 基金会已经资助了 550 多家环保类的公益机构。阿拉善 SEE 基金会一个重要的资助方向是资助使用互联网

进行环保活动的机构，其中典型的代表是开发了“蔚蓝地图”的公众环境研究中心（IPE）（见图3-3）。

图3-3　公众环境研究中心（IPE）

公众环境研究中心是一家在北京注册的非营利环境机构。自2006年6月成立以来，公众环境研究中心致力于收集、整理和分析政府与企业公开的环境信息，搭建环境信息数据库和“污染地图”“蔚蓝地图”两个应用平台，整合环境数据，服务于绿色采购、绿色金融和政府环境决策，通过企业、政府、公益机构、研究机构等多方合力，撬动大批企业实现环保转型，促进环境信息公开和环境治理机制的完善。

“蔚蓝地图”则是公众环境研究中心开发的面向公众的手机应用程序。通过该APP，公众可以实时了解周边空气、水质、土壤污染状况，了解附近污染源状况。同时，“蔚蓝地图”还与生态环境部、水利部的举报平台相连接，用户可以直接在APP上举报污染源、参与环境的治理[24]。

除了对使用互联网进行公益环保活动的机构进行资助外，阿拉善SEE基金会还积极投身于合作伙伴的培训和经验分享，一方面提升合作伙伴的信息化、数字化水平，另一方面也让合作伙伴更加理解互联网和互联网的公益模式，使得合作方能够更好地使用互联网进行公益活动。每年“99 公益日”，阿拉善 SEE 基金会都会为合作伙伴进行大量的培训，使其了解平台的规则。由于其在环保公益生态中的枢纽地位，在近年来环保公益信息化提升的过程中，阿拉善 SEE 基金会起到了不可或缺的作用。

3. 阿拉善 SEE 基金会互联网公益模式分析

（1）重视与第三方互联网平台的合作

在移动互联网时代，公益机构与平台进行合作通常是机构最为重要的互联网公益模式。究其原因，是因为互联网公益平台掌握了最广泛的连接和最多的公众流量资源。无论是传统基金会还是新兴的基金会，都难以在用户资源方面和大型互联网公益平台相媲美。然而，互联网公益平台由于其平台特性，对于项目劝捐、管理和执行又不如公益机构专业。因此，平台与公益机构的合作不仅能够促进专业化分工，也能促进双方资源的共享，对平台和机构双方而言无疑是双赢的。机构会帮助平台积累声誉和口碑，帮助平台聚拢公益项目和用户；公益平台也会为机构插上用户流量的翅膀，帮助机构连接更多潜在的捐赠人，实现公众筹款跨越式的增长。

在这个时代，能否善用第三方平台提供的第三方工具在很大程度上决定了机构在公众筹款方面的增长水平。纵观阿拉善 SEE 基金会的发展史，与大型互联网平台的合作在其中扮演了相当重要的作用。阿拉善 SEE 基金会筹款总额从 2014 年的 4 299 万元增长至 2017 年的 1 亿 9 800 万元，上升了 360%[25]。而 2018 年 1—9 月，阿拉善 SEE 基金会在腾讯公益平台为其自运营项目的筹款就达到 2 765 万元，超过其 2014 年全年筹款额的 64%，显示了大型互联网平台对于基金会公众募款增长的巨大影响[26]。

在移动互联网时代，对于公益机构而言，掌握了头部平台资源在一定程度上就掌握了最广大的用户资源。通过第三方平台进行筹款是阿拉善 SEE 基金会互联网公益模式重要的组成部分，而正是因为基金会坚持以开放的姿态和互联网公益平台合作，坚持利用第三方平台进行互联网公开募捐，其公众捐款近年来一直得以持续保持高速的增长。

(2) 鼓励互联网公益模式的创新

阿拉善 SEE 基金会作为国内最大的环保类公益机构，一直以来鼓励行业内互联网公益模式的创新。阿拉善 SEE 基金会一方面身体力行地积极实践新型的公益模式，和蚂蚁金服平台合作打造了蚂蚁森林这样的公益爆款产品，吸纳了大量的用户参与到节能减排的事业中；另一方面也积极通过公益创投的形式，鼓励行业内的互联网公益模式创新。阿拉善 SEE 基金会在过去几年中资助了公众环境研究中心等多家以互联网公益为主要模式的合作伙伴，帮助合作伙伴推出了以“蔚蓝地图”为代表的创新型环保公益产品，促进了环保领域互联网公益创新的加快。

公益的发展离不开创新。阿拉善 SEE 基金会对于创新模式的重视为环保公益圈带来了积极的影响，而对创新的重视也成为阿拉善 SEE 基金会公益模式的重要组成部分。

(3) 重视通过互联网进行有关生态环境保护的科学知识普及

我们在前文中已经提到，环保行业是一个非常需要科学基础和深入研究的领域，仅凭一腔热情而不讲科学依据是不能完成好一项环保任务的。对于任何一个环保项目，哪怕要实现的仅仅是一个微小的目标，都需要完善的科学理论作指导、严谨的科学研究为依据。

然而在现实中，公众对于环保事业的认知和专业的从业人士有一定的落差，许多人对环保公益事业有热情，但是缺乏科学的了解，这就使公众参与环保事业产生了相当的障碍，有时候这种认识的落差还会造成不必要的误解。因此，要激励更多人参与到环保公益活动中来，需要把科学的环保知识传递给大众，让大众了解环保行动背后的科学依据，才能使大众更好地参与到环保事业中来。

生态保护和自然教育是阿拉善 SEE 基金会三大环境议题之一。阿拉善 SEE 基金会多年前就意识到了向公众传播、倡导科学环保公益理念的重要性，也深刻理解了互联网在连接用户和信息传播方面的优势。近年来，借助移动互联网的兴起，阿拉善 SEE 基金会一直致力于通过新兴的传播渠道，对公众进行倡导、普及工作。阿拉善 SEE 基金会先后开设了新浪微博官方账号、微信公众平台官方账号等新型媒体平台，并发表了多篇重磅公众倡导文章，为公众普及、传播了科学的公益环保知识，宣扬了科学的环保公益理念。

正如阿拉善 SEE 基金会秘书长张立指出的，互联网的传播能力是其与公益行业结合中最重要的特质。阿拉善 SEE 基金会作为新兴的公益机构，很好地理解了互联网传播的逻辑，并把互联网传播的手段运用到环保公益科学的传播和普及中来，使其互联网公益模式的内涵更加丰富、体系更为完善。

案例

上海真爱梦想公益基金会——用商业化思维做公益的践行者

1. 上海真爱梦想公益基金会简介和发展历程

上海真爱梦想公益基金会（以下简称真爱梦想基金会）是一家

由金融机构和上市公司的专业管理人员发起与运营的公益机构，2008 年 8 月 14 日在上海民政局注册成为地方性非公募基金会，并于 2014 年转型为公募基金会。

真爱梦想基金会的成立源自创始人潘江雪的“看见”。

潘江雪大学毕业后来到香港，勤奋工作，升至招商证券的董事，成为一位金融高管。随着财富的积累，潘江雪对于人生的意义有了更多的思索，也开始了回馈社会的公益之旅。自 2000 年左右始，潘江雪开始积极地去贫苦山区尤其是藏区参加志愿活动，并进行了一些一对一的捐赠活动，这也为真爱梦想基金会的成立埋下了一粒种子。

一次偶然的机会，潘江雪到川北藏区做了一次田野调查式的旅行。她发现了偏远地区教育中的一些问题。在阿坝藏族自治州的马尔康市，有一些学生放弃了上学的机会，其背后的主要原因并不仅仅是贫困，而是因为当地人认为上学学不到有用的东西，上不上学对孩子们生活的改变微乎其微。

每年国家和社会大众为教育事业投入很多资源，但仍然有许多学生没有从教育中受益，不能摆脱贫困的束缚。这些孩子的处境深深地触动了潘江雪。她毅然辞去了金融机构的工作，成立了真爱梦想基金会，开始全职投入公益事业中。她希望聚焦于乡村孩子的素养教育，用有趣的方法让孩子享受学习的乐趣、提升学生的素质、培养学生的关键能力，帮助孩子自信、从容、有尊严地成长。

“梦想中心”是真爱梦想基金会深入乡村孩子素养教育的切入点。基金会希望通过学校教室的改造，打造一个图书馆式的环境，来激发学生对学习的兴趣，培养学生阅读的习惯，提升学生综合的素养能力。在潘江雪和其他基金会创始人的推动下，“梦想中心”项目于2007年下半年启动，并于当年底在马尔康地区建成了第一家“梦想中心”(见图3-4)。

图3-4　梦想中心

然而，图书馆并不一定是素养教育最好的场所。此时的“梦想中心”虽然已经有着不错的硬件条件，但孩子们并未加以充分使用。受到华东师范大学课程与教学研究所所长崔允漷教授的启发，潘江雪和真爱梦想基金会意识到课堂才是培养孩子们素养和能力的最佳场所，而课程是教育价值观的载体。要提升贫困地区孩子们的素养，不仅仅需要一间好教室，更需要一个好的课程。

于是，在2008年底，真爱梦想基金会与崔教授的团队进行合作，设计了“梦想课程”，把一套专业、完整的课程体系引入各地已落地的“梦想中心”。基金会也开始和地方的教育部门与学校管理者合作，把“梦想课程”作为国家基础教育课程的结构化补充，帮助学生培养适应社会所必需的健全品格和关键能力，使学生成为“求真、有爱的追梦人”(见图3-5)。

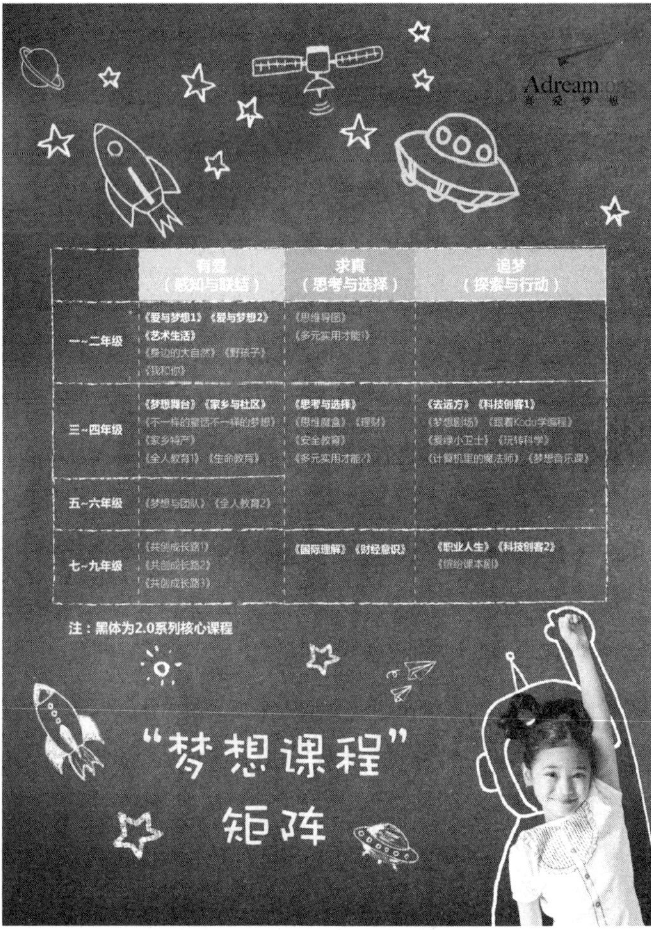

图 3-5　梦想课程矩阵

有了教室和课程，就需要老师来把课程的内容传授给孩子们。老师是课程内容的载体。唯有改变一线的教育工作者，才能改变他身后的每一个孩子。因此，以“梦想课程”的实践和推广为目的，基金会开展了培训一线教师、学校管理者和地方教育部门官员的“梦想领路人”计划，推动上百万乡村老师加入“梦想课程”的体系中，通过他们来帮助孩子们提升综合能力和素养水平。

“梦想中心”“梦想课程”“梦想领路人”三者构成了一个完整的闭环，在许多贫困地区大受好评，为上百万乡村地区的孩子带来了持续的、可观察的改变。截至 2018 年 8 月，真爱梦想基金会已经在全国建设了 3 135 间“梦想中心”，设计并引入了 40 门以上的“梦想课程”，近 150 万梦想教师参与培训，受益学生达到 320 万人[27]。

2. 透明、专业和商业思维在公益中的应用

真爱梦想基金会公众认知度最高的标签是透明。多年来，真爱梦想基金会一直在中基透明指数中排行榜首，也常年保持了福布斯及界面评选的最透明基金会排行榜第一的位置，同时真爱梦想基金会是国内首家也是目前唯一通过 SGS 认证的公益机构[28]，被誉为中国最透明的基金会[29]。

真爱梦想基金会能够持续在公开透明领域取得如此骄人的成绩，究其原因是基金会借鉴了商业思维，建立了一套专业化的管理和信息公开体系。从某种意义上讲，专业性是保障真爱梦想基金会高透明度的根本因素。

金融行业一直以来都是对信息透明需求最高的行业之一。上市公司有一整套完整的信息披露机制来保护投资人的利益，而这也是现阶段公益行业所欠缺的。在金融行业多年的从业经验让潘江雪对于信息披露有着非常深刻的认识，她一直以来也致力于把金融界的思维和模式带到公益机构的信息公开中。

潘江雪认为，公益机构的信息披露可以划分为 1.0～4.0 四个阶段。在信息披露 1.0 阶段，公益机构仅仅是对钱物信息和项目效果做大致信息披露；进入信息披露 2.0 阶段后，公益机构可以做结构化的信息披露，避免了报喜不报忧的现象；到了信息透明 3.0 阶段，公益机构不仅仅能够做到结果透明，而且可以做到过程透明；而公益透明的 4.0 阶段则对应着用区块链的思维改进机构的运行和信息反馈机制。

基于这样的理解，真爱梦想基金会从成立以来就在结果和过程两方面进行透明的努力。在结果透明方面，真爱梦想基金会借鉴了商业信息披露的模式，一直坚持参照上市公司财报披露的要求，对基金会的各项工作进行结构化的披露。基金会的人均效能、财务数据、筹资与行政费用比例、高管薪酬、营运能力、关联交易等都是结构性披露所涵盖的范畴。进行结构性的披露也使得基金会无法回避这些内容，避免了报喜不报忧情况的发生。

而在过程透明方面，真爱梦想基金会则是通过专业化的管理流程加以保障。从成立初期，真爱梦想基金会就根据企业管理的模式，设计并建立了全面预算管理体系。基金会从理事会到秘书处再到总监会议，每一个决策都是分层进行的；每一个项目的立项审批，也都有一套完整的流程。通过这样一个完整的流程，基金会可以做到把所有的工作都记录下来，不仅仅实现了结果透明，更保证了过程的公开透明。

结果和过程两方面的透明保证了真爱梦想基金会整体的透明水平。而在高透明度的背后，是对真爱梦想基金会专业的透明度认识、专业的信息披露准则和专业的管理模式。在一定程度上，透明度是专业性的副产品。在用专业的模式进行专业管理的同时，基金会在信息披露方面总体上达到了信息披露 3.0 的水平，也实现了高质量的信息披露。

真爱梦想基金会的专业性以及对商业思维的娴熟应用不仅仅体

现在透明度方面。在项目的设计和执行方面，基金会对于专业和商业思维的运用也贯穿始终。

以“梦想中心”为例。基金会成立之初，最早的几个“梦想中心”都是由潘江雪等早期基金会发起人一手搭建的。然而，在搭建的过程中，她也发现：由于地方差异性的问题，“梦想中心”在不同地区的复制是非常困难的。想要大规模地扩展，就只能引入商业思维，走一条专业化的道路。在几位零售行业的从业者加入基金会后，基金会确立了用“连锁”的思维做“梦想中心”的思路。“梦想中心”被设计成知识的连锁店，而连锁店是可以标准化和规模化的。

在这种理念指导下，“梦想中心”的建设被规划为 12 个标准化的步骤。选点、设计、采购、招标都是在基金会总部完成的。物资采购经过集中招投标及三方比价后，真爱梦想基金会会根据每个“梦想中心”的面积和覆盖学生数量的情况来配置物资，然后选取合适的物流供应商，把物资运到学校。在这个过程中，基金会也逐渐形成了一套比较完整的“梦想中心”供应链体系。

物资运到学校后，学校的老师和员工可以依照基金会提供的施工手册，在不依赖基金会提供任何施工帮助的情况下，独立完成“梦想中心”的搭建。2016 年，真爱梦想基金会在全国建设了 448 家“梦想中心”，平均每个“梦想中心”建设周期只有 27 天，而事实上基金会负责“梦想中心”建设的员工只有 4 位[30]。没有商业思维和专业化模式的支持，这样的项目建设效率是不可能实现的。

真爱梦想基金会的专业性也同样体现在“梦想课程”的设计上。“梦想课程”是由华东师范大学课程与教学研究所崔允漷教授团队，在吸收了大量国内外教育界先进研究成果后设计而成的。崔教授的团队也是基础教育课程标准的制定团队之一，这就保证了“梦想课程”的体系能够和国家基础教育课程完美衔接。

同时，真爱梦想基金会也意识到这是一个快速发展的时代。一成不变的课程体系不能够跟上时代发展的步伐，也不能帮助学生培养最需要的知识和能力。因此，基金会的课程研发团队和崔教授的团队也在持续不断地对课程进行着迭代和升级。每年，基金会都会根据最新的理论和教学情况推出一些新的课程，并做小范围的试点和科学的评估。只有通过科学测评的新课程，才能在更大范围内推广。而所有的梦想课程在开展后，还要进行后续的评估，如果评估效果不好，则可能会被替换掉。课程的设计、试点、展开和后续的评估，这其中的每一步都体现着基金会对专业性的要求和坚持。

对专业性的执着和对商业思维的娴熟运用无疑是真爱梦想基金会区别于绝大多数其他公益机构的最主要特征，而这种对专业性的执着也在不断推动着真爱梦想基金会的发展，助力基金会在乡村学生素养教育领域实现更大的价值。

3. 真爱梦想基金会互联网公益主要模式

作为一个成立不久的新锐基金会，真爱梦想基金会在专业性和运用商业思维方面无疑走在了全国公益机构的前列。而在互联网公益领域，真爱梦想基金会也不甘人后，早早开始了积极的实践和探索，并取得了非常突出的成效。

潘江雪和真爱梦想基金会很早就判断出了互联网给公益可能带来的巨大影响。早在 2009 年左右，真爱梦想基金会就和腾讯等知名的互联网企业开展合作，借助互联网公司的核心优势，共同推进项目在贫困地区的落地。同时，互联网的因子也在早期就渗入了真爱梦想基金会的各个主要项目中：基金会用互联网技术实现教师社群的在线互动和相互服务；所有的“梦想中心”都能够接入网络；“梦想中心”的项目服务、使用情况观测和“梦想课程”的评估主要是基于互联网开展的；“梦想领路人”也在一定程度上通过互联网所带来的远程培训手段得到实施。这其中，对基金会项目开展最为重要的是对“梦想中心”的使用情况观测和对“梦想课程”的评估。

由于“梦想中心”分布在全国各地的贫困地区，相互间距离遥远，也有着很大的差异性。如果没有互联网的帮助，服务每个梦想中心，对每个“梦想中心”的使用情况进行观测，了解并评估每个“梦想中心”的“梦想课程”实施情况是一个几乎不可能完成的任务。真爱梦想基金会提出的解决方案正是基于互联网手段的：对于“梦想中心”的使用和每门“梦想课程”的开展，结合负责项目运营的各省“大区经理”线下运营服务，基金会建立了服务于教师群体的 sns 平台“梦想盒子”，授课老师可以在“梦想盒子”上开设博客，并把课程计划、教学和讨论内容整理发布到博客上。这样基金会就可以通过博客了解项目运营服务的实时情况，实现对于“梦想课程”授课情况的评估，从而加强基金会为一线学校提供的项目服务。可以说，基金会在早期的项目执行中，互联网技术起到了极其重要的作用。而善用互联网技术和手段，也使得基金会在早期发展中克服了许多传统手段无法解决的困难和阻碍。

2014 年，在真爱梦想基金会获得公募资质、能够直接向公众进行筹款后，基金会与互联网公益的结合也更为紧密。在 2014 年当年，真爱梦想基金会就作为公募基金会进驻腾讯公益平台，为“梦想中心”等项目开展公众筹款。从 2015 年起，真爱梦想基金会更是参与了每一届的“99 公益日”的活动，并取得了飞速的成长。数据显示，2018 年的“99 公益日”，真爱梦想基金会共上线 132 个项目，有近 41 万人次用户参与真爱梦想基金会项目捐款，共筹集善款近 2 438 万元。真爱梦想基金会的“梦想儿童素养教育”项目上线后共筹集善款 5 639 万元，捐款总人数近 100 万，成为教育领域的明星项目[31]。

伴随着互联网募款的提升，真爱梦想基金会的总筹款额也在过去几年中节节攀升。2012 年，真爱梦想基金会全年筹款额为 4 587 万元。而到了 2017 年，基金会的筹款额已经增长到了 1 亿 4 145 万元[32]。基金会的筹款额在 5 年的时间里增长了 2 倍多，这一方面体现了近两年公众捐赠的爆发，另一方面也体现了真爱梦想基金会善用互联网，对于互联网公益的模式有着深刻的认知和理解。

在积极使用第三方平台进行筹款的同时，真爱梦想基金会也没有放弃自有互联网平台的建设，其中最为典型的是火堆公益平台（见图 3－6）。

图 3－6　火堆公益平台

火堆公益是真爱梦想基金会旗下的互联网公益服务平台，由真爱梦想公益基金会内部独立队伍创建并运营。火堆公益平台致力于为小微公益机构和公益理想者提供以公众筹款和管理咨询为主的公益服务，让有价值的公益理想成真。

火堆公益平台在设计和功能上有许多类似于腾讯公益平台等大型互联网募捐信息平台的地方。两者都是通过连接用户和公益机构，为平台上的公益项目进行筹款，都起到了类似于配对者(match maker)的作用。与腾讯公益类似，在火堆公益平台上通过平台审核的NGO可以对外发布公益项目信息；真爱梦想基金会则和NGO一起进行联合劝募，为项目筹集资金。然而，相似的外表下也有许多显著的不同。腾讯公益等互联网募捐信息平台的优势在于连接的广泛性，因此也侧重于促进捐赠人和公益机构的连接。真爱梦想基金会的优势在于专业，因而火堆公益也不只是一个互联网的筹款平台，其最大的特点在于平台对小微机构提供优质、多元的服务。

火堆公益平台除了为NGO提供与真爱梦想基金会进行联合劝募的机会外，也为NGO提供公益保险、信用评估、区块链技术支持、数据分析、线上咨询和线下工作坊等一系列附加服务。更重要的是，平台上项目的管理要参照真爱梦想基金会项目管理模式，进行专业化的执行和信息披露。通过这样的机制，火堆公益平台促使平台上的项目都要接近达到真爱梦想基金会自营项目的管理、执行水平。

正因为如此，火堆公益的范畴超越了互联网筹款。火堆公益平台不仅仅为中小型机构带来更多基于互联网的筹款，更重要的是通过对自身能力的开放，能够帮助这些小微NGO快速成长。这个特点也使得真爱梦想基金会将火堆公益平台定义为互联网服务平台而不是互联网筹款平台。

截至2018年9月初，火堆公益平台上有公益项目641个，总筹款金额约1 600万元[33]。虽然火堆公益与腾讯公益等大型互联网平台相比筹款能力有一定差距，但通过对真爱梦想能力的开放，火堆公益聚拢了一批志同道合的公益合作伙伴，也将真爱梦想基金会的管理模式和商业思维方式传播给了更多公益机构，对于公益生态的发展起到了积极的推动作用。

在过去几年中，无论是互联网筹款还是火堆公益平台，都已成为真爱梦想基金会公益模式中不可或缺的一部分。两者也都体现着真爱梦想基金会对于互联网公益的深刻理解。2018年，真爱梦想基金会定下了使“梦想课程”五年覆盖1 000万学生的目标，这也是仅仅使用传统手段所难以企及的一个数字。然而，在这个移动互联的时代，在互联网的助力下，达成这样的覆盖规模绝非不可能。真爱梦想基金会也已经开始积极探索新型的课程模式，希望在课程中加入更多科技因素。随着科技与公益融合的深入，未来真爱梦想基金会的“互联网＋公益”模式会有更加广阔的想象空间。

非公募机构：生态站位提升，活力不断增强

如果说公募机构起到了公益生态中的枢纽作用，那么非公募机构则是公益生态最主要的构成。即使在近年来公募权大幅放开的情况下，没有公募权机构的数量也大大超出了有公募资质的基金会。绝大多数公益项目的开展有赖于非公募的基金会和社会团体。互联

网的出现也为这两类机构带来了巨大的变化。

非公募基金会：互联网促进公益模式创新、支持行业健康发展

非公募基金会是指没有公募资质的基金会。同其他类型的机构一样，非公募基金会也是公益生态的重要组成部分。在现行公益体系下，非公募基金会承担着非常重要的功能。由于不进行公众筹款，非公募基金会在信息公开、公众信息反馈等方面的需求会略低于公募基金会，对于资源的使用也更为灵活，能够更直接地对出资人负责。非公募基金会在很大程度上填补了公募基金会和小型NGO之间的空白，使得公益生态整体更为饱满和健全。

非公募基金会的发展与政策的变化息息相关。《基金会管理条例》放开了基金会的注册，明确地规范了公募权，是非公募基金会发展的起点。在《基金会管理条例》颁布的2004年，公募基金会与非公募基金会的数量比为565∶180，非公募基金会的数量还不及公募基金会的1/3[34]。在当年，非公募基金会还比较弱小，并不是公益生态中的主要力量。

《基金会管理条例》出台后，随着公益生态的持续向好，再加上有越来越多的企业和商业人士投身于公益事业，非公募基金会呈现出高速发展的态势。近年来，非公募基金会数目呈现出了明显高于公募基金会的增长速度。数据显示，从2005年开始，非公募基金会的数量增速一直高于公募基金会。2010年，非公募基金会的数量第一次超过了公募基金会，而且随着时间的推移，这个差距还在不断拉大。2015年，全国在民政部门登记的基金会共有4 871家，其中3 324家为非公募基金会，占比已经达到全部基金会

数量的 68%（见图 3－7)。从数量上看，非公募基金会在公益生态中的地位愈发重要[35]。

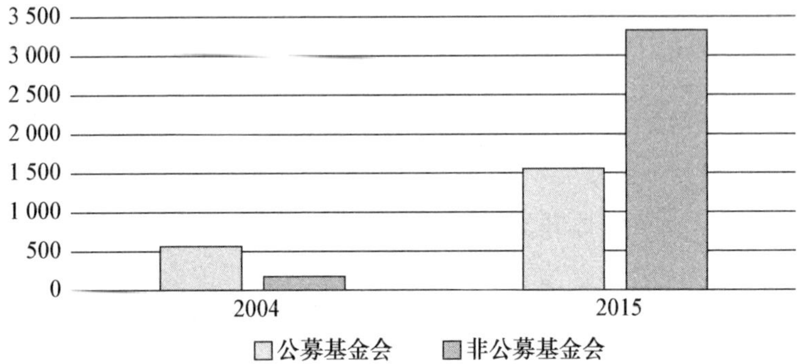

图 3－7　全国公募、非公募基金会数量

与非公募基金会的蓬勃发展形成一定反差的是非公募基金会在互联网公益发展的过程中没有占据中心的位置。在这一轮互联网公益的浪潮中，公众对非公募基金参与的感知度不强。其根本原因还是源于非公募基金会不具有公募资质，不直接面对公众进行筹款。

由于非公募基金会没有公募权，这类机构不能直接进行公众筹款，往往更加依赖其他线下的筹款渠道。而在所有公益环节中，互联网对于筹款环节的提升是最显著的，也是公众和行业感知度最高的。虽然互联网公益不等同于互联网筹款，但不能参与公众筹款也就导致了在这一轮互联网公益的浪潮中，非公募基金会的存在感相较其他类型的机构不强，没有通过互联网被大众所广泛知晓。

然而，不进行公众筹款并不代表互联网对于非公募基金会没有影响，更不代表非公募基金会没有主动地接触互联网、使用互联网、拥抱互联网。事实上，互联网的到来为非公募基金会带来了三方面的重要影响。

首先，对坚持做项目执行的基金会，互联网带来了项目管理、执行效率的提升，甚至激发了新型的公益项目。许多基于互联网的新型公益项目，大大突破了原有的项目设计思路，提升了项目执行的效率，为社会问题的解决提供了创新的方案。在许多创新的项目中，一个很具有代表性的典型是友成基金会的“双师教学”项目。我们将在之后的案例中对双师教学的模式进行详细的介绍。

其次，互联网提升了非公募基金会的传播能力，使其自身和旗下项目的品牌认知度有了很大的提升。对于一些把工作重心放在公众倡导上的非公募基金会，互联网尤其是移动互联网的出现为这些机构打开了一扇通往新世界的大门。通过互联网进行传播、倡导的效率大为提升，而公众对非公募基金会的认知度也在不断加强。

最后，对于资助型的基金会，互联网强化了基金会和草根 NGO 的连接，提升了基金会对 NGO 进行培训和能力建设指导的效率。通过视频通话、直播等信息化的模式，基金会可以对草根机构进行远程指导，帮助草根机构不断成长进步。同时，一些非公募机构还参与到了信息化平台的搭建工作中，使用数字化的手段，帮助草根 NGO 提升信息化水平。一些定位于推动行业整体发展的非公募基金会还投入了大量的资源和精力来打造行业的数字化基础设施，推动行业整体信息化水平的提升。

自《慈善法》颁布并实施以来，由于公募权的进一步放开，公益机构在登记满两年后可以申请获取公募权。传统的公募基金会与非公募基金会的边界开始模糊，非公募基金会在行业生态中的位置也受到其他公益机构的冲击。这就需要非公募机构更加明晰自身的定位，明确深耕的领域和发展的方向。无论是做项目执行还是做公众倡导或者是做行业资助，互联网都能帮助非公募的公益机构提升效率。

诚然，对于非公募基金会而言，由于其不直接参与公众筹款，在以筹款为主要模式的互联网公益浪潮中，非公募基金会的存在感无法和其他类型的机构相比。互联网可能暂时也没有像对公募机构那样，为非公募基金会带来显著的结构性的改变。但是，互联网对于公益行业的影响是全方位、全链条的。作为公益生态中重要一环的非公募基金会，它们不可避免地受到互联网所带来的影响和变化。这些变化已经促使非公募基金会开展新的探索。在可以预见的未来，随着更多结构性改变的发生，随着行业整体信息化水平的提升，随着新技术的大规模应用，非公募基金会和互联网公益的结合会更加紧密，非公募基金会将会在互联网公益的生态中扮演更加重要的角色。

案例

友成基金会——积极利用互联网创新公益模式

友成企业家扶贫基金会（以下简称友成基金会）是经国务院批准，在民政部注册的全国性非营利社会组织。友成基金会是国内首家由中国大陆、香港和台湾的著名企业家发起的创新型非公募基金会。友成基金会以推动社会公正和谐发展为目标，以发现和支持“新公益”领袖人才、建立跨界合作的社会创新网络支持平台为使命，通过研发、实验、倡导，打造新公益价值链，推动更公平、更有效和更可持续的社会生态系统的建立。

友成基金会创立于 2007 年，由现任理事长王平联合四位两岸三地的企业家黄志祥、陈东升、邓中翰和刘吉人共同发起。在十年发展历程中，友成基金会一直专注于扶贫和教育领域，通过公益创投、社会价值投资等形式资助了社会价值投资联盟（深圳）、友成志愿者驿站、友成小鹰计划、友成常青义教、公益路人甲等创新性平台项目 16 个，各类草根社会组织 171 个，受益人群覆盖全国 22 个省市[36]。

友成基金会也是互联网公益坚定的实践者和探索者。2014 年，友成开始研发以人为本的多维度的社会价值评价体系——三 A 三力投资标准与评价体系，并搭建线上平台。与此同时，友成基金会还积极利用互联网技术设计新型的公益项目，提升项目效果和执行效率，取得了非常显著的成果。而在所有的项目中，社会关注度较高、项目效果提升比较明显的是“双师教学”项目。

贫困地区的教育问题一直是友成基金会关注的重点领域之一。教育资源分配的不均衡一直以来困扰着教育界，而发达与欠发达地区的教育资源差距更是一个极为难解的老问题。造成贫困地区教育水平落后的一个重要原因就是贫困地区师资力量的薄弱。提升贫困地区的师资力量，使得教育资源的分布更加均衡，成为友成基金会努力的方向。

2011 年前后，友成基金会副理事长汤敏进行了一次有益的尝试。他通过基金会，把城市里的退休老师组织起来到贫困地区支教。这些有经验的老教师一边在当地进行支教，为学生传授知识，一边也对当地的教师进行教学培训。通过这些老教师对当地教师的悉心指导，当地教师的教学水平提升很快，项目的整体效果很好，达到甚至超出了项目当初的预期。

但一段时间以后，汤敏和友成基金会发现这种方式不具有可持续性，很难根治问题。汤敏曾经在一次访谈中提到：“与广大农村学校的需求相比，我们的支教活动还是杯水车薪，而且城里的老师也很难长期待在那里。”如何能够在更大范围内解决教育资源分配的问题？如何能够使贫困地区的孩子也能享受到发达地区优秀的教育资源？这是摆在汤敏和友成基金会面前的一个亟须解决的难题。

后来，神舟十号宇航员的一次太空授课给了汤敏启发。2013年6月，航天员王亚平在太空给孩子们上了一堂课，展示了单摆、陀螺，还用一个水球做出了一颗“红宝石”。受此启发，汤敏希望筹划一个新型远程网络教育项目。他想将全国最好学校的课程录成视频，通过互联网把这些课程送到那些条件最艰苦、教学资源最贫乏的乡村学校中去。

汤敏几次找到同是国务院参事的中国人民大学附属中学校长刘彭芝。最终，刘校长同意合作，开放人大附中的教学资源。两人共同商定，选择教材版本更通用、更容易讲解且提升较快的数学课堂作为试点。2013年8月，友成基金会开始和人大附中发起试点“双师教学”项目，在全国率先将城市的优质教育资源通过MOOC（慕课）的方式输送到乡村贫困地区中小学，尝试用远程的方式解决乡村学校师资不足、优质教学资源匮乏等问题，以此探索城市优质教学资源补充乡村的可行性（见图3-8）。

“双师教学”中的“双师”指的是有两个教师一起开展教学活动：一个是人大附中的老师，负责网络远程教学；另一个是试点学校的老师，负责在远程主讲结束后组织本班学生讨论、重难点总结、答疑、批改作业等。“双师教学”实践起来并不复杂：友成基金会每天录制人大附中老师讲课内容并远程传送到乡村学校，当天晚上乡村教师对视频教学内容进行必要的剪裁，第二天在课堂上播放。在教学过程中，乡村教师并非只是“录像放映员”，

图 3－8　友成双师课堂：内蒙古清水河二中

当视频中的老师提问人大附中的学生时，乡村老师会把视频暂停，让当地学生来回答问题，并根据学生回答情况进行有针对性的讲解。

根据中央财经大学李海峥教授的独立第三方评估，“双师教学”项目显著提升了参与学校的教育质量和中考升学率，提高了学生接受高等教育的可能，有望帮助该地区的青少年通过受教育的方式实现脱贫，阻止贫困的代际传递[37]。而“双师教学”在使乡村学生受益的同时，也使广大乡村老师受益。通过反复观摩人大附中顶尖教师的课堂教学，参与“双师教学”的乡村教师的教学水平也有了很大提升。

“双师教学”目前已经在更大范围内推广，重庆彭水、贵州威宁、湖北咸宁、广东东莞等地都开始采用该模式，把本省、本市、本县优秀教师的课“拍下来、送下去”。在“双师教学”实践中，部分贫困县因为缺少稳定的网络，优质的课程和持续的教育信息化师资培训难以落实。在此背景下，友成基金会与爱学堂联手打造的

“乡村教育创新计划”应运而生。未来，这一计划将为乡村学校的老师们带去更好的教育信息化培训，为学生们带去更好的互联网教育体验。

案例

南都公益基金会——支持民间公益转型与创新

1. 南都公益基金会发展历程简介

如果说友成企业家扶贫基金会一直同时扮演着项目执行者和机构资助者的角色，那么南都公益基金会（以下简称南都基金会）则是更加纯粹的资助型基金会。多年来，南都基金会开展的活动一直是以行业支持为主，很少参与到具体公益项目的执行中。互联网公益似乎离南都基金会这样的机构比较遥远，然而事实证明互联网所带来的影响绝非仅仅限于公募机构，南都基金会这样的以“支持民间公益发展”为目标的非公募机构也在互联网时代迎来了新的机遇和挑战。

南都基金会成立于 2007 年 5 月 11 日，是一家经民政部批准成立的全国性非公募基金会。南都基金会的主要出资方是上海南都集团有限公司，其原始基金 1 亿元人民币全部来源于南都集团的捐赠。

南都基金会是一家典型的资助型基金会，基金会成立以来便始终坚持“支持民间公益发展”的目标（见图 3－9）。南都基金会成立时的初心源于两位核心发起人周庆治和徐永光的探讨和思索。

在 2006 年的时候，基金会的两位主要创始人有过几次比较深入的探讨。他们在探讨中达成了一个共识：中国社会正处于一个快速转型的阶段，中国社会的成功转型依赖于第一、第二、第三部门

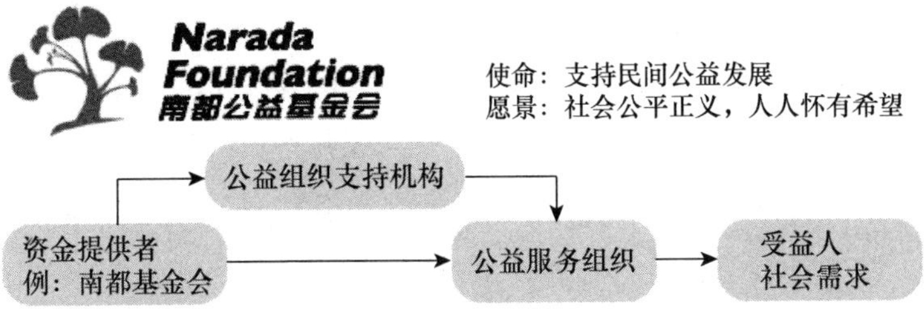

图 3－9　南都公益基金会的使命、远景与运作理念

这三者的协调配合。传统上，我国的第一部门即政府比较强大，掌握了大量的资源；第二部门在改革开放之后，也一直保持着高速的成长；而第三部门则相对比较弱小，起到的作用也比较有限。转型中的很多社会问题非常复杂，仅仅依靠第一部门或者第二部门是难以解决的，需要第三部门的积极参与，更需要三个部门的共同配合。而第三部门在我国的发展还跟不上第一、第二部门发展的步伐，达不到满足解决社会问题需求的程度。因此，推动第三部门进步，支持民间公益发展，也成为南都基金会的首要目标。

南都基金会自 2007 年成立以来，“支持民间公益发展”的使命从未改变。基金会的主要活动都是围绕着这一核心理念开展的。南都基金会希望通过自身基础设施建设类项目和对其他机构的资助来解决一些比如人才缺失、机构缺乏成长动力等制约行业发展的根本性问题。

南都基金会也围绕着实现这个目标开展了一系列的项目：从投资于项目的“新公民计划”，到投资于人的“银杏伙伴计划”，再到投资于机构影响力提升的“景行计划”，直至投资于优秀公益产品规模化、与十几家行业领军机构联合共建“中国好公益平台”。在南都基金会迭代发展的背后，是对于“支持民间公益发展”理念的坚守和实践。

南都基金会成立以来，一直坚持资助型非公募基金会的定位。不少资助型的基金会在对其他项目机构进行资助的同时，仍然会保留自有的公益项目，亲力亲为进行公益项目的执行。而南都基金会则更多地把资源和精力投入到了对于其他机构乃至行业发展的资助中，更加聚焦于支持行业发展的理念。《慈善法》颁布并实施后，有许多非公募的基金会已经转型成为公募基金会。而南都基金会仍然坚持自身原有定位，坚持发挥自身在公益基础设施建设、行业支持、公益组织能力建设等方面的优势，来帮助其他机构发展、成长。在成立十年后，南都基金会已经牵头发起并运营了多个支持行业发展的平台性项目，成为资助型基金会标杆。通过其不懈的努力，基金会已经在践行“支持民间公益发展”的道路上取得了显著的成绩。

2. 南都基金会互联网公益模式和特点

南都基金会一直重视互联网给公益带来的改变。南都基金会的主要创始人之一、现任理事长徐永光先生很早就意识到了互联网对于公益发展的促进、推动乃至颠覆性作用。早在 1999 年，徐永光就曾撰文指出，互联网将从选择性、便捷性和透明度三个方面深刻改变公益的模式[38]。

在移动互联网兴起后，我们发现徐永光当初的预言在很大程度上已经变成了现实，这无疑印证了徐永光对于互联网变革作用的前瞻性的预判。而在过去的几年中，在移动互联网浪潮开始席卷整个公益行业之时，徐永光先生也多次为互联网公益发声，倡导机构利用互联网开展公益活动，提升自身组织、管理水平[39]。可以说，徐永光先生是互联网公益最早的倡导者之一，也是互联网公益发展重要的推动者之一。

然而由于资助型非公募基金会的定位，南都基金会并不直接面对公众进行筹款。因此，南都基金会并没有直接参与到公众参与、感知度最高，效果也最明显的互联网筹款中。在这一轮的互联网公益浪潮中，南都基金会的互联网公益模式仍然是紧紧围绕着“支持民间公益发展”这一大目标而展开的。南都基金会的互联网公益模式主要聚焦于资助使用互联网的手段支持民间公益发展的项目，并积极利用互联网技术打造民间公益发展的平台，其中最典型的项目是“基金会中心网”。

3. 基金会中心网

基金会作为一种组织实体，在社会发展中的角色越来越重要。截至2018年10月初，全国的基金会总数已达到6 877家，平均年增长率超过两位数。2016年末，全国基金会的总资产达1 385亿元，年度捐赠总收入和年度总支出都接近500亿元，占据了公益行业的近半壁江山[40]。

然而，随着中国公益慈善事业的整体快速发展，社会大众对于基金会行业的透明度和公信力也提出了很多的质疑。2011年，中国公益慈善事业遭遇了严重的信任危机。面对这种困境，提高中国公益慈善事业的整体透明度，推动公益行业自身的透明及廉洁建设，尤其是处在金字塔顶端的基金会的透明度建设，已经成为行业的当务之急。这不但有利于中国公益慈善事业的可持续发展，而且对于促进中国的社会和谐与稳定，同样具有战略意义。

在这种大背景下，基金会中心网应运而生。基金会中心网是由国内35家知名基金会联合发起，于2010年7月8日正式上线的信息汇总、公开平台。基金会中心网希望通过数据汇总、处理、分析和公开来促进行业透明化发展。南都基金会是基金会中心网35家原始发起机构之一，在基金会中心网发起、筹备和发展的过程中，南都基金会和徐永光都起到了非常重要的作用。

基金会中心网的筹备缘起于徐永光参加的一次赴美考察。徐永光所在的代表团考察了美国的基金会中心，并与美方的负责人进行了深入的交流。对公益机构透明度建设一向非常重视的徐永光意识到这是一种非常优秀的模式，应当引入中国，来促进中国公益行业的公开化、透明化发展。

赴美归来以后，徐永光和南都基金会就希望能够参照美国的模式，筹办中国版本的基金会中心。为了实现这个目标，徐永光亲自担任筹备小组组长，并拜访了多家基金会来推动基金会中心网的筹备。

在徐永光、南都基金会和合作伙伴的不懈努力下，最终35家国内知名基金会共同联合发起成立了基金会中心网（见图3－10）。徐永光担任基金会中心网的首任理事长，而南都基金会也成为牵头的发起机构和最重要的资助者之一。多年来，南都基金会一直持续对基金会中心网提供资金资助，资助的总金额超过400万元[41]。

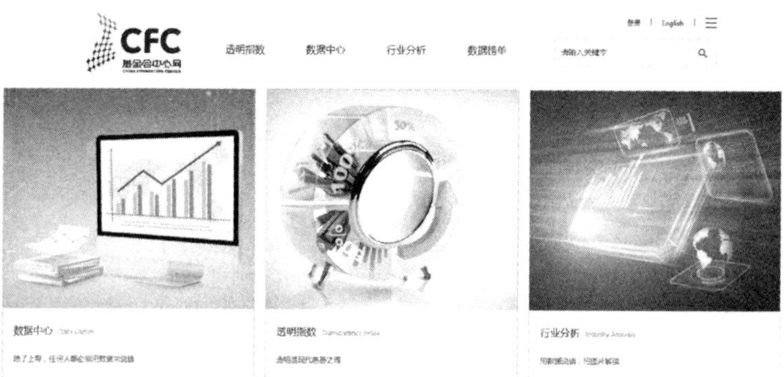

图3－10　基金会中心网

基金会中心网在成立后已经围绕“建立基金会行业信息披露平台，提供行业发展所需的能力建设服务，促进行业自律机制形成和公信力提升，培育良性、透明的公益文化”的目标，做了大量的数据收集、整理、汇聚工作，并利用互联网对收集、汇总的信息进行公开，方便公众和捐赠人查询、监督，也促进基金会更多地公开自身信息。同时，基金会推出了一系列的产品，其中最受业界认可、关注的是基金会中心网“中基透明指数”(FTI)。

中基透明指数是一套综合指标、权重、信息披露渠道、完整度等参数，以排行榜单为呈现形式的基金会透明标准评价系统（见图3－11)。基金会中心网同清华大学廉政与治理研究中心联合开发编制了指数，保证了指数设计的科学性和严谨性。

图3－11 中基透明指数（FTI)

排行榜按照基金会最新透明分数每月更新一次，排名越靠前，代表基金会透明度越高。中基透明指数主要有两方面的用途：一方面，基金会可以通过中基透明指数了解自身透明程度在全国范围的位置，并根据各项标准得分状况找出短板，提升自身透明度；另一方面，公众也可以把透明指数作为捐赠参考，促进行业良性竞争，推动慈善行业透明度的增加和公信力的增强。

中基透明指数是国内最具影响力的机构透明度指标，具有标杆意义。同时，基金会中心网善用互联网则大大推动了中基透明指数的传播。

基金会中心网推出中基透明指数之时，正是互联网以及移动互联网高速发展的阶段，而互联网对于中基透明指数的传播和发展无疑起到了重要的作用。在互联网出现前，类似的指数往往被编纂成集收藏在图书馆中，用户在搜寻的过程中面临着很高的信息成本，而发掘指数的价值的门槛也很高。

而互联网的出现则大大改变了这一局面。基金会中心网在指数推出之时就把所有的信息都公布在官方网站上，使得用户可以不受时间、地理限制对基金会的透明状况进行查询。同时，基金会中心网还通过互联网，将指数的展示细化，使得用户不仅仅可以得知基金会在总指数方面的得分，也可以查询单个数据指标的得分以及计算指数所需的原始数据，丰富了指数使用的广度和深度。通过互联网对指数进行展示、传播，中基透明指数的传播覆盖范围大大扩展，指数使用的门槛也大大降低，使得中基透明指数得到了更广泛的应用。

中基透明指数推出以来，受到了业界、学界和公众的广泛认可。许多政府部门、大型机构和捐赠人已经把中基透明指数作为与基金会合作的重要参照指标。指数的推出也促进了一些此前较少进行信息公开的基金会积极进行信息披露。基金会中心网还根据中基透明指数和相关数据，编写了多部基金会分类数据分析报告，及时分析中国基金会的发展趋势，其中一些已经被翻译成英文，成为海外了解中国基金会发展的重要窗口。基金会中心网的数据分析报告也正在逐步成为业界、学者、公众、媒体了解基金会发展的主要依据之一。

南都基金会由于其资助型非公募基金会的定位，与典型的互联网公益模式产生的交集较少。在互联网筹款进行得如火如荼的当下，南都基金会仍然把主要的精力和资源放在以线下为主的培育民间公益力量壮大的方向上，深藏功与名，在远离喧嚣的世界默默耕耘着。但是，远离喧嚣并不意味着远离现实。在移动互联网时代，所有的公益模式都会或多或少地受到互联网的影响。尤其是互联网在传播上的优势，可以帮助机构更好地达成目标，提升工作效率。随着互联网技术的进一步发展，互联网与公益的融合更加深入，在“支持民间公益发展”的道路上，也会有更多“科技＋公益”的创新模式涌现。

民办非企业单位和社会团体：互联网公益浪潮下的公益生态中坚力量

互联网公益的影响

民办非企业单位（以下简称民非）和社会团体（以下简称社团）是非公募 NGO 的主体，也是公益活动开展的主要载体。根据《慈善蓝皮书：中国慈善发展报告（2018）》的数据，截至 2017 年底，两者在所有非公募机构中的占比达到了 99.4%。

互联网的出现为民非和社团带来了前所未有的机遇。传统上，民非和社团由于缺少公募权，在资金方面非常依赖于与公募基金会的合作。在公募权放开前，公募基金会数量较少，各自有深耕的公益领域，公募基金会之间又缺乏有效的竞争。在此情况下，除了有稳定定向捐赠来源的非公募机构，很多其他公益机构极度依赖于大型基金会或者是企业不稳定的资助。

互联网的普及和渗透扭转了这一局面，为民非和社团这两类机构的发展注入了强劲的动力。

互联网对于公益行业最直接的改变是公众筹款的大幅提升。公众筹款的提升以及公募权的放开直接导致了联合劝募模式的兴起。而通过和公募基金会进行联合劝募，许多民非和社团的资金状况得到了大幅改善。虽然民非和社团筹集资金的能力仍然无法与公募机构相提并论，但是互联网带来的募捐模式的改变使得许多民非和社团直接摆脱了之前一直在生存线边缘挣扎的状况，获得了更多的资源和更大的发展空间。

《慈善蓝皮书：中国慈善发展报告（2018）》的数据显示，截至 2017 年底，全国共有注册的社会团体 373 194 个，而民办非企业单位的总数达到 421 567 个。两者年复合增速均超过两位数，并且增速呈现持续走高的态势。社会团体和民办非企业单位的高速增长与互联网的快速发展是高度重合的。

在互联网公益生态中，非公募 NGO 的发展也呈现出同样的态势。腾讯公益平台的数据显示，自 2015 年开始，非公募机构逐渐开始成为公益生态中的核心力量，无论是发起项目数、募集款额还是参与人数都占据主要地位。公募基金会与个人发起的项目也在显著增长，但增长幅度明显不及非公募机构。图 3－12 显示了近几年来不同发起方发起项目数的增速。从 2014 年到 2016 年的两年间，发起项目的公募基金会总数增加了 200%，而非公募机构则增加了 23 倍，从 112 个增长到了 2 730 个[42]。不难看出，在互联网时代，非基金会类的机构取得了非常高速的成长，在互联网公益生态中的地位不断上升，在筹款、执行、用户沟通等方面都发挥着重要的作用。

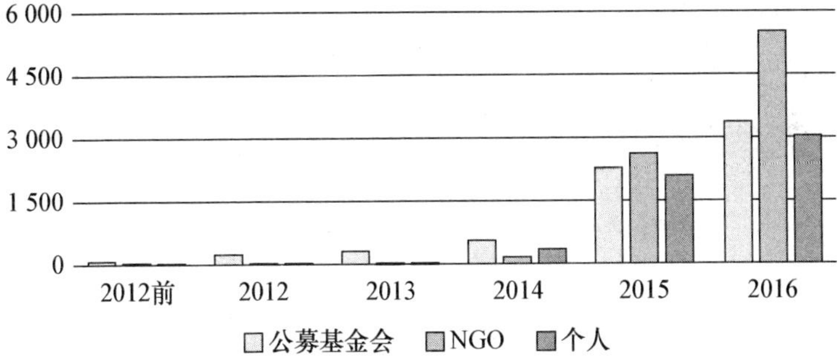

图 3-12 腾讯公益平台上项目发起方统计

互联网时代，增长的不仅仅是非公募机构的数量，其各方面的能力以及在公益生态中的相对位置也有着明显的提升。筹款能力、相对地位的提升带来的结果是非公募机构在公益活动中日益扮演着更加重要的作用。在联合劝募项目中，非公募的公益机构越来越多地承担起劝募的责任，承担起联系用户、为用户传递信息的责任。同时，随着更多的大型公募基金会转型从事项目资助的活动，项目执行的重任更多地落到非公募的公益机构手中。近年来，如“小朋友画廊”“蒲公英儿童图书馆”等一系列有重大社会影响的公益项目都是由没有公募权的机构组织和执行的。而随着公益行业信息公开的重点逐步转向项目透明，非公募机构也越来越多地承担起了进行公益项目信息披露的工作。

借助于互联网的传播，公众对于民非和社团的认知度也有显著的提升。在20世纪末和21世纪最初几年，公众对于公益机构和公益项目的认知度普遍偏低，大家对公益行业的了解也比较少。被公众广泛认知的往往是由有官方背景的大型公募机构推出的全国性项目，比如希望工程、春蕾计划等。这些大型的公益项目在过去很长一段时间内确实承载了国人的善行善心，对公益事业的发展起到了极大的推动作用。但由于传播资源的稀缺，媒体对于行业、对于公益项目和机构的传播也多局限于这些大型的项目。草根机构和它们的工作难以被公众所了解。

在互联网尤其是移动互联网的时代，传播渠道迅速增加，传播覆盖范围大幅扩大，使民非和社团被公众了解、认知成为可能。微博、微信公众号、信息流等新型传播媒介的兴起使得缺少媒体资源的民非和社团也有自己的传播渠道。而自媒体的兴起则使得民非和社团有了更多被公众所认知的机会。近年来，随着公众公益意识的不断增强，公益热点事件也层出不穷，更是提升了公益机构在公众中的曝光度。近年来，以WABC无障碍艺途、NGO 2.0为代表的一批优秀的民非和社团通过互联网的传播手段提升了公众认知度，积累了美誉度，成为公众熟知、认可的公益机构。

总体上，互联网时代民非和社团的生存状况得到了很大的改善，尤其是筹款能力有了明显的提升。公众对于民非和社团的认知度也有了很大的提高。但是，许多民非和社团在能力建设方面仍然存在短板。一方面，民非和社团总体信息化水平还不足。很多机构的内部信息化建设相对滞后，这导致了机构管理和项目执行中信息不能留存，执行效率比较低，项目反馈也不到位。

随着近年来大型机构纷纷加强信息化建设，民非和社团与大型机构在信息化能力方面的差距有被拉大的趋势。同时，一些草根机构对于项目反馈的重视程度还不够。重视信息反馈的机构，也往往由于信息化能力或者是成本的制约，项目反馈时效性差、精细化程度低，与公众对于信息公开的要求还有一定的差距。

另一方面，民非和社团项目执行能力还有待进一步提升。在公众募捐成为主流筹款资金来源前，民非和社团发展最大的制约因素是其筹款能力。一个机构的筹款能力决定了机构能否按计划开展项目，甚至决定了机构本身的生死存亡。在互联网出现前，许多机构建设是以筹款为导向的，在一定程度上忽略了项目执行能力的建设。

而互联网公益模式兴起后，民非和社团的筹款能力有了大幅提升。对于很多机构而言，筹集资金已经不是制约其发展的唯一因素。执行能力的短板则被凸显出来。如果一个民非或社团机构不能很好地推进项目执行，不能把筹集的资金转化为公益成果，那么即使这个机构现在在公益平台上有着很强的筹款能力，未来也会失去捐赠人的认同，最终被竞争所淘汰。因此，在机构筹款能力有着大幅提升的今天，项目执行能力对于民非和社团的重要性正日益凸显。执行能力的欠缺成为制约许多民非和社团成长的主要因素。

同时，非公募的公益机构之间的分化也更加明显。互联网促进了公益机构之间的竞争，在强烈的竞争压力之下，由于能力或者资源方面的差异，分化成为几乎不可避免的现象。有些公益机构善于利用互联网工具，能够最大化利用平台和公募基金会提供的优质资源及公益产品，通过优质的公益项目得到了大量的关注，吸纳了大多数的善款。而在这几方面资源或是能力有所欠缺的公益机构则可能在互联网筹款中颗粒无收，只能目睹自己与其他机构的差距越拉越大。如何在未来帮助这类 NGO 提升运用互联网工具的能力，帮助它们融入互联网公益的时代，也是公益行业在未来需要探索和努力的课题。

互联网公益模式的异同

如前文所述，非基金会的 NGO 主要由社会团体和民办非企业单位两大类组成。根据《慈善蓝皮书：中国慈善发展报告（2018）》的数据，2017 年底两类机构的数量比大约为 1∶1.13。两类机构在总量上大致相当。

从法律意义上讲，民办非企业单位与社会团体主要有以下几点区别：

第一，社会团体可以举办民办非企业单位；而民办非企业单位则不能举办社会团体。

第二，社会团体可以设立分支机构；而民办非企业单位则不得设立分支机构。

第三，社会团体是由公民自愿组成的会员制组织；而民办非企业单位是企业事业单位、社会团体和其他社会力量以及公民个人利用非国有资产举办的，从事非营利性社会服务活动的社会组织[43]。

从这些不同可以看出：社会团体更多是以自愿为基础，是目的更加宽泛、管理和架构相对更加松散的组织，有着更加强烈的志愿色彩；而民办非企业单位则属于企事业单位，其目的性一般要强于社会团体，志愿色彩不及团体类的机构，多数有着长期投入的专业领域，管理和内部组织也更加结构化。

如前文所述，对于非公募机构而言，互联网所带来的最重要的影响是公众参与以及公众筹款的提升。这给需要依赖公众资金生存、发展的民非和社团，都带来同样的积极影响。然而，社会团体和民办非企业单位的组织和功能区别也导致两者在运用互联网做公益的模式上会有所不同。

对于一些协会性质的社会团体而言，由于组织结构松散，其公益模式和项目并不一定有很强的专业性，对于资金的需求也较小，但是对于信息互通、共享的需求更大。这种情况下，互联网筹款的作用就不明显，而其信息打通、信息共享和信息管理的作用则可能更为突出。互联网可以有效地帮助这些协会类的团体更好地进行管理和协调的工作。当然，对于管理和组织不成为其活动的痛点，而活动资金是制约机构发展重要因素的社会团体，互联网所带来的主要影响仍然会集中在筹款和公众参与的领域。这类机构也更倾向于利用互联网和公募机构开展联合劝募，为机构项目筹集资金。

对于民办非企业单位而言，由于其事业单位的体制，机构管理和信息的共通共享一般不会成为严重的问题，公益项目的资金以及项目的执行能力更可能成为制约机构发展的瓶颈因素。因此，对于一般民办非企业单位而言，公众筹款上升是互联网所带来的最主要的影响。同时，对于在某些领域做执行的机构而言，互联网可能能够提升项目的执行和管理效率，甚至创新项目的开展模式。这类机构也更乐于探索创新执行模式，使用互联网更高效地推进项目执行。

从分析中可以看出，对于社团和民非这两类机构，机构的性质在一定程度上会影响机构如何使用互联网以及互联网会给机构带来什么样的影响。我们在社会团体和民办非企业单位中分别选取了两个典型案例，其中上海市志愿者协会和中国小动物保护协会是社会团体，NGO 2.0 和 WABC 无障碍艺途是民办非企业单位。从这四个典型案例中，我们能够看到在移动互联网时代，社团和民非运用互联网做公益既有共通之处，也有差异化的地方。但是，无论是哪种类型的机构，互联网都能够帮助机构消除痛点、提升机构运转效率，为机构未来的发展奠定更坚实的基础。

案例

上海市志愿者协会

1. 机构简介和发展历程

上海市志愿者协会成立于1997年7月27日，是上海市最大的志愿者组织，也是指导协调全市志愿者活动的管理协调机构。上海市志愿者协会是由上海志愿者自愿组成的联合性的非营利性社会团体法人，其业务主管单位是上海市文明办。

上海市的志愿活动有着优良的传统。早在改革开放前中期，上海市就产生了许多以支援活动为目的的社会团体，这些社团组织积极参与在上海举办的各项重大活动，为上海市的公共服务事业做出了巨大的贡献。在这些志愿活动中，也涌现了一批优秀的志愿者，他们成为现在上海市志愿活动的核心骨干。

然而在这个阶段，志愿者团体处于信息孤岛的状态，各个团体间缺乏有效的协调、沟通渠道，信息不通、不畅，导致志愿活动没有形成合力，很大程度上处于一种各自为战的状态。同时，由于志愿组织、志愿者的信息没有相互打通，志愿活动的管理也稍显混乱。

为了改善这种状况，上海市的志愿者团体自愿组成了上海市志愿者协会，来更好地协调志愿活动。上海市志愿者协会的成立，标志着市级层面统筹协调志愿服务事业，各单位、各部门、各行业积极开展志愿者活动的开端。

上海市志愿者协会自成立后就踊跃参与上海承办、举行的重大事件、重大活动。1997 年 10 月，在全国范围内，协会率先在第八届全国运动会组委会设立志愿者部，开启了志愿者服务大型赛会的先河。之后的 2001 年 APEC 会议、2011 年上海世界游泳锦标赛等历次重大赛会，2003 年抗击“非典”、2008 年抗震救灾等重大活动，志愿者都踊跃参与；尤其是 2010 年上海世博会，8 万名园区志愿者、10 万名城市站点志愿者、近 200 万城市文明志愿者成为迎接国内外游客的第一张笑脸，成为解读中国的真正名片[44]。

上海市志愿者协会自成立以来便一直着力于社会志愿服务体系的建设，进一步促进志愿者团体间的统筹协调，提升志愿信息的公开和共享。经过多年的努力，到 2014 年，上海市志愿者协会经常性开展的项目已经达到 7 000 多个，形成 20 大类，基本涵盖了公共服务、市民需求的众多领域，并通过协会的信息系统实现了信息共享[45]。同时，上海市志愿者协会于 2011 年推出具有跨组织、跨地区综合服务记录和保险双重功能的《上海志愿者证》，一方面维护志愿者的权益，为持证志愿者提供最高 20 万元的人身意外伤害保险额度；另一方面也跨机构联通了志愿者信息，为志愿者和志愿服务活动管理提供了便利。

在信息联通、共享方面，上海市志愿者协会在 2005 年就建立了上海志愿者网，陆续推出志愿者招募、项目发布、志愿者项目地图等功能，并利用微博发布志愿信息。2013 年，上海市志愿者协会探索推出“智慧公益”手机 APP 平台，目标是更好地服务广大志愿者。2017 年，上海市志愿者协会注册了微信公众账号“上海志愿者”，并完成了机构认证，通过微信公众平台为上海广大志愿者提供服务，成为移动互联时代探索“互联网 + 志愿活动”的先行者。

截至2014年，上海市志愿者协会共有注册志愿者1 446 593人，开展常态化志愿服务项目7 000多个，志愿服务组织14 323个，市志愿者协会直属总队76支，市级志愿者服务基地83个[46]。

2. 上海市志愿者协会互联网公益主要模式和特点分析

上海市志愿者协会的“互联网+志愿服务”探索主要依托于其自建平台“上海志愿者网”、“上海志愿者”APP以及微信公众平台的“上海志愿者”公众号。在PC互联网时代，上海志愿者网作为志愿者平台，承担起了连接志愿团体、志愿者、志愿项目、企业以及公众的任务，提升了上海市志愿服务的信息化程度，提高了志愿服务开展的效率，是PC时代“互联网+志愿服务”的有益探索(见图3-13)。

图3-13 上海志愿者网

上海志愿者网在上线不久就推出了志愿团体注册以及志愿者注

册的功能，打破了信息孤岛，实现了志愿机构、志愿者信息的汇总，提升了志愿活动管理的效率。同时，网站也上线了志愿项目共享、志愿信息发布的功能，使得志愿信息能够跨机构进行传递，降低了志愿活动信息的传播成本。志愿者也能够更快地找到符合自身意愿的志愿活动，大大提升了志愿者和志愿项目的配对效率。随后，上海志愿者网又进一步推出了志愿地图功能，使得所有人都能够通过地图寻找到附近的志愿机构和机构的基本信息，为广大民众了解志愿机构、接受志愿服务提供了方便。

在移动互联网浪潮来袭后，传统的 PC 端网页受到了很大的冲击，许多 PC 平台的流量大幅下滑，更多的人倾向于使用手机来进行各项工作。PC 互联网时代的志愿活动组织、管理方式也受到了冲击。许多志愿者网页的访问量由于移动互联网的兴起不断下降，导致许多前期开发的功能不能得到充分使用，网页上的信息也不能得到充分传播。然而，移动互联网的兴起更多地为“互联网＋志愿服务”带来了机会。通过移动互联网的手段，志愿服务平台可以更加高效地连接志愿者、志愿机构和公众。

上海市志愿者协会就快速抓住了移动互联网为志愿服务活动带来的机遇，推出了“上海志愿者”APP，把上海志愿者网的全部功能由 PC 端转向了移动端，通过移动互联网的手段进一步提升了志愿活动的信息化水平，提高了志愿活动的管理效率。在运营一段时间后，上海市志愿者协会意识到在移动互联网时代，志愿项目的管理正在朝更加轻量化、便捷化的方向发展，流量也在向头部汇聚。

面对外部条件的变化，上海市志愿者协会再次做出调整，在 2017 年上线了“上海志愿者”微信公众号，并通过了机构认证，开始为广大上海志愿组织、志愿者和一般市民提供服务。“上海志愿者”微信公众号不仅提供直通上海志愿者网的链接，能够在手机端实现所有上海志愿者网提供的功能，还对功能做了一系列的升级。

在活动组织者端，“上海志愿者”微信公众号为志愿活动组织者提供了考勤计时、志愿者保险等一系列管理功能，组织者在管理志愿活动时不需要再依赖于第三方工具，使得志愿活动的管理更加轻量化、高效化；而在志愿者端，“上海志愿者”微信公众号在以往志愿地图的基础上提供了周边项目查询的功能，把 LBS 信息和志愿项目信息结合得更为紧密，方便了志愿者寻找周边合适的志愿项目。同时，公众号还为团体、企业、志愿者分别提供了详细的使用指南，可以使所有类型的参与者都能够无门槛使用微信公众号，享受到信息化所带来的便捷。

从 PC 端网页到手机 APP 再到微信公众平台，上海市志愿者协会一直在努力探索“互联网 + 志愿活动”的道路。也正是因为上海市志愿者协会的不懈努力，上海市的志愿服务活动数字化水平有了显著的提升，绝大部分的机构和志愿者实现了信息的互通和共享，志愿项目信息得到有效的传播，志愿活动管理效率也不断提升。

上海市志愿者协会在“互联网 + 志愿活动”道路上的探索并不是一帆风顺的，也做出过不少改变和调整。但正是由于上海市志愿者协会的不懈坚持，最终信息化方面取得了突破，志愿活动水平整体也有了提升。上海市志愿者协会对“互联网 + 志愿服务”的探索在广大的志愿者团体中并非孤例。现在已经有一大批志愿团体开通了官方网站，上线了微信公众平台，使用数字化的手段来进行管理。随着志愿服务在我国持续蓬勃地发展，未来“互联网 + 志愿活动”还会有更多创新涌现，互联网所代表的科技力量会进一步推动我国的志愿服务水平向更高的台阶迈进。

案例

中国小动物保护协会

1. 机构概况和发展历程

中国小动物保护协会是国家一级专业性社会团体。协会于 1992 年 9 月，经农业部批准正式成立；同年 12 月，协会经民政部注册登记，具有独立法人资格。中国小动物保护协会以珍爱生命、倡导精神文明和发扬人道主义精神为思想基础，以保护动物、维护动物的生存权利和不受虐待的权利，以及改善和提高小动物的生活条件、饲养水平为宗旨，反对虐待、残害动物的行为和思想。

中国小动物保护协会总部在北京，设有组织、宣传、研究、联络、开发、救护收容、医疗保健等部和办公室。20 多年来，协会在组织、宣传和救护动物等方面做了大量的工作，是国内动物保护领域影响力较大的公益机构。

协会早期工作主要集中在政策和公众倡导领域。在协会成立初期，由于客观条件的限制，协会更多是希望通过影响政府的决策和公众来践行动物保护的宗旨。1993 年，中国小动物保护协会就参与到了北京市犬类管理的立法和实践工作中。1995 年，在北京市限养法规草案讨论期间，协会曾多次召开各种类型的座谈会，就征收养犬费用、禁养品种以及遛犬时间规定等一系列问题提出意见和建议。1996 年 11 月，限养法规实施一周年之际，协会又召开各界人士座谈会，就科学管理等问题交流了意见，受到立法、执法部门的关注。同时，为了消除人们对狂犬病的恐惧心理，协会于 1996 年 2 月举办了狂犬病国际学术研讨会，邀请国内外的专家作专题报告，向公众普及狂犬病相关知识。

1996 年 10 月 4 日，中国小动物保护协会在中国农业大学成功举办了首届世界动物日纪念周，希望能加强公众对于动物的了解和认知，唤醒一般市民动物保护的意识。然而，协会在工作中意识到倡导和政策工作的局限性。虽然协会之前的工作取得了一定的成果，扭转了一些人的偏见，但是政策和倡导的机制能够在长期发挥作用，却无法使正在发生的问题立即得到改善，仍然有许多动物处境艰难，甚至处在生存与死亡线的边缘。因此，协会不仅需要对长效机制进行持续的投入，也需要对动物保护的工作进行更加直接的投入。

由此，中国小动物保护协会走上了一条自建动物保护中心的道路。在各方的帮助下，协会于 1998 年终于建立了救护收容小动物的基地——爱心教育基地，使流离失所的小动物们有了一座避难所。1999 年，在会员的帮助下，协会对基地进行了扩建和改造，改善了动物的生活条件。在基地建设的同期，协会还在多地建立了小动物防疫、保健、治疗中心，为居民解决了宠物的保健、医疗问题。这两个实体，为协会的进一步发展创造了良好的条件。

经历了多年的发展后，在全国各地动物保护人士的帮助和支持下，中国小动物保护协会组织不断发展壮大。现在，除总部北京市外，上海、天津、江苏、浙江、广东、广西、四川、安徽、黑龙江等省份也有很多爱心人士加入会员的行列。这些新加入的会员通过种种方式，参与到动物保护的事业中，为协会的发展提供了有力的支持。

2. 中国小动物保护协会互联网公益模式和特点分析

对于生命的尊重和关爱是人的根本属性之一，也是“公益”二字的应有之义。这种对于生命的尊重和关爱不应当仅仅止于我们的同类，对小动物的关爱也是人类人性和公益性的体现。近年来，随着民众动物保护意识的不断增强，动物保护工作各方面的水平都有了一定的提升。总体来看，小动物保护是一项人人可以参与、贡献的公益活动，公众参与小动物保护事业的门槛相对较低。近年来，互联网所带来的公众参与的提升更能惠及公众参与门槛相对较低的领域，而动物保护也在这一轮互联网公益的浪潮中获得了更多的关注（见图3－14）。

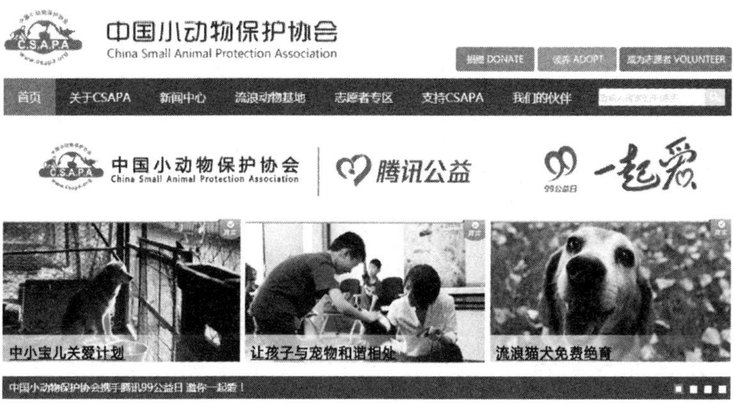

图3－14 中国小动物保护协会官网

中国小动物保护协会抓住了互联网所带来的公众参与提升的机遇，积极与大型公益平台合作，使用互联网的方法进行筹款和项目反馈，取得了显著的效果。与大型互联网公益平台的合作，一方面提升了协会项目的传播水平和公众认知度，另一方面也使协会的项目获得了更多的公众资金支持，为协会的长期发展打下了更加坚实的基础。中国小动物保护协会和多家平台机构进行了合作，其中最为典型的是其与淘宝公益和腾讯公益的合作。

中国小动物保护协会多年前就上线了淘宝官方公益店，通过网店的形式为动物保护基地的疫苗免疫、绝育手术、医疗救助、爱心口粮等筹集资金。淘宝官方公益店所带来的资金支持只是一方面的收获。通过在淘宝公益平台上的公益销售和口碑积累，会有更多的爱心网友通过更加深入地了解中国小动物保护协会和协会正在从事的动物保护工作，助力协会的长远发展。

与腾讯公益的合作则为中国小动物保护协会带来了更多的公众资金和关注。中国小动物保护协会与中华社会救助基金会展开联合劝募，在腾讯公益平台上发起了“关爱生命 同爱同行”“流浪猫犬免费绝育”“中小宝儿关爱计划”共三个有关动物保护的公益项目。截至 2018 年 10 月，这三个项目在腾讯公益平台上共筹款 69.8 万元，参与捐赠总人次超过 2.1 万[47]。

与腾讯公益的合作无疑大大提升了中国小动物保护协会的公众筹款能力，使得中国小动物保护协会享受到了公众公益参与提升所带来的红利。同时，腾讯公益“99 公益日”的准入和透明机制也为协会提供了加强自身能力建设、提升数字化和透明度水平的动力。

中国小动物保护协会是一家非常典型的社会团体。虽然在发展中曾遇到过困难，但是协会的管理者和会员一直秉持初心，持续在动物保护领域进行投入，最终在动物保护领域积累了口碑。同时，协会也积极利用互联网，与互联网公益平台展开合作，积极开展互联网筹款，探索新型公益模式，在资金募集和口碑积累两方面都得到了很大的提升。互联网公益无疑助力了中国小动物保护协会这类机构的成长与发展。

然而，需要注意的是，虽然中国小动物保护协会是国家一级社会团体，但是总体来看，相较许多大型的公募基金会，协会仍然相对比较缺乏资金等各项资源，在互联网公益方面也是如此。由于缺乏资金和流量，协会需要依靠第三方的产品和平台来开展筹款和其他公益活动。同时，受限于活动的类型，互联网的信息联通、共享作用也对协会的发展作用有限。虽然互联网公益为协会带来了更多的资金和关注，但这些增长仍然未必一定能满足协会的项目和长期成长需求。

事实上，这种现象在中小型的社会团体中是非常普遍的。甚至对于一些更小的机构而言，与公募基金会在互联网平台进行联合劝募都是一种可遇而不可求的机遇；全国 80 万个公益机构，真正能够登录互联网公益平台，享受到互联网红利的毕竟只是少数。而即使小型的 NGO 能够登录平台，但由于注意力分配机制仍然大致符合二八法则，这些小型机构可能也较难得到关注和公众筹款。

在移动互联网时代，虽然互联网公益带来了公众参与的爆发，带来了用户关注的提升，但是资金和流量资源总量毕竟是有限的，在各项资源提升的同时，也会导致更多的机构参与到竞争中来，最终导致机构间更大的分化。在互联网时代，如何更好地解决机构间资源分化的问题，如何更好地根据机构的能力匹配相应的资源，也是新兴的互联网公益模式为我们提出的值得进一步深入探讨的问题。

案例

NGO 2.0

1. 机构简介和发展历程

NGO 2.0 是一家以行业支持、提升草根公益机构传播能力为目标的新型非公募机构。NGO 2.0 成立于 2009 年 5 月，是由麻省理工学院新媒体行动实验室和中国科学技术大学知识管理研究所共同发起的。机构的主体是 2014 年在深圳成立的民办非企业单位——深圳市图鸥公益事业发展中心。

NGO 2.0 自成立以来一直秉承“新媒体新公益”的理念，运用互联网工具和社会化媒体，提升公益机构的传播能力。它倡导“互联网+公益”，开发了公益地图平台，兴建新媒体工作坊，编辑 2.0 公益工具箱，发起中国公益机构互联网使用与传播能力系列调研；同时举办公益创客团，提供众筹指导服务，开设网络公开课，服务公益人和社会组织。

NGO 2.0 的出发点来自创始人王瑾教授对全球化弊端的批判，与全球“知识共享”协议（Creative Commons，以下简称“CC 协议”）有关。

CC 协议于 2001 年由“知识共享组织”自美国发起。与传统的著作权保护不同，作为一种更为灵活的针对网民自创的内容进行保护和再使用的方法，网络精英可以通过 6 种形式的核心授权条款选择性地发布 CC 协议，从而在保留某些权利的情况下，其作品在特定条件下可以被自由复制或修改，从而解决互联网时代知识产权的保护与利用问题。

2006 年，CC 协议进入中国。王瑾担任中国知识共享国际顾问委员会主席，帮助 CC 协议在国内进行推广。然而，这项协议固然是针对传统著作权弊端的一种创新，在全球推行过程中还是产生了诸多问题。在全球化背景下思考，王瑾始终觉得 CC 协议反映的是发达国家的需求，这个模式的全球化视角有一个盲点，就是不太关注发展中国家以及这些国家中弱势人群的需求，没有把解决数字鸿沟的问题纳入视野。换言之，CC 协议对于发展中国家来说，是一个伪命题。

“Web 2.0 是穷人的传播工具。中国公益 2.0 项目的搭建，是要提醒 CC 这个模式的盲点。与其介绍这套协议，不如引进 Web 2.0 文化的基石。而如果要在中国或者印度这样的国家找到一个引入 2.0 的切入点，那一定是 NGO。”王瑾说，分享资源与知识的文化是 NGO 与 CC 都具有的共性。NGO 帮助弱势群体赋权和发展的努力，与王瑾审视互联网、CC 协议以及对全球化的批判思维相吻合。她希望帮助欠发达地区的 NGO 理解并掌握 Web 2.0 的基本精神，在全球化背景下获得更多的知识和资源，以缩小数字鸿沟。

2009 年，新浪微博尚未兴起，“社会化媒体”一词还未闯入大众视野，作为“批判学院精英主义的基点”，王瑾完成了从美国学院精英到中国草根田野的跨越，首次系统化地把 Web 2.0 思维和实践带入了公益领域。机构的创始人在探索新媒体传播与科技领域的前瞻思维之余，也关心数字鸿沟给社会带来的影响。本着教育家播种新知的理念，王瑾亲自组建了一支教师队伍，向公益行业普及社会化媒体的应用，通过在全国各地举办线下培训，提升公益机构的新媒体使用能力和素养。

2009 年 7 月，NGO 2.0 举办了第一次公益新媒体培训活动，并将对机构新媒体使用的培训延续至今。在机构发展历程中，针对公益机构的新媒体培训活动始终是机构的核心产品。在 2010 年与 2013 年，机构分别推出了公益地图与公益创客团，标志着机构由单纯的新媒体服务走向更广阔的行业支持领域。2014 年，机构的法人主体——深圳市图鸥公益事业发展中心（“图鸥”二字取自英语“2.0”的谐音）在深圳注册成立，由此 NGO 2.0 正式成为一家民营非企业单位，机构的运营和发展进入了一个新的阶段。

截至 2018 年 8 月，NGO 2.0 已为全国超过 1 000 家公益机构提供了新媒体培训，提升了公益机构运用新媒体进行传播的能力[48]；开展了多次互联网调研，评估并推动中国公益机构的互联网使用与传播能力，为公益行业提供参考数据，为参与组织提供传播建议；建成了公益工具箱、公益地图等多个行业数字基础设施，支持行业整体健康发展。NGO 2.0 成立以来，不仅实现了提升机构数字化传播能力的目标，也为推动我国草根公益机构的成长贡献了一份力量。

2. NGO 2.0 互联网公益主要模式和特点分析

NGO 2.0 秉承“新媒体新公益”的理念，倡导“互联网 + 公益”，运用互联网工具和社会化媒体，来助力公益机构的发展。NGO 2.0 旗下的公益项目都是围绕公益机构的传播需求、资源需求和技术需求而展开的，最终的目的都是希望能够提升公益机构的能力。

NGO 2.0 本身就是创新的产物。NGO 2.0 所有的公益项目都是创新型的，也大都和互联网息息相关，其中最主要的包括新媒体工作坊、针对在互联网平台上进行筹款的项目进行项目和传播优化、公益工具箱、公益地图和公益创客团。

新媒体工作坊是 NGO 2.0 的旗舰项目，旨在帮助国内的公益机构，利用互联网工具，提升传播能力和资源获取能力。NGO 2.0 已经累计在全国培训服务了超过 1 000 家公益机构，参与新媒体培训的机构的传播能力、筹款能力和工具应用能力得到了显著提升。NGO 2.0 也正在策划培训师项目，通过为行业培育 Web 2.0 培训师，实现公益新媒体工作坊的规模化运营。

对在互联网平台上筹款的项目进行项目和传播优化，是 NGO 2.0 的主要工作方向之一。NGO 2.0 很早就开始了这项工作。NGO 2.0 是最早为腾讯乐捐提供众筹服务的机构之一，为有众筹需求的组织提供一对一的项目优化和传播定位服务。项目优化方面，为组织的众筹项目，提供从目标聚焦、计划调整、预算细化、公募基金会对接到平台审核上线等一揽子服务。传播定位方面，从新媒体传播策略出发，帮助组织和项目进行受众细分、文案策划与包装（文字、图片、视频），提供传播渠道、社群运营和捐赠人服务建议等。

腾讯乐捐上的多个公益项目，是由 NGO 2.0 进行招募的，并提供了文案策划、计划调整、预算细化、公募基金会对接到平台审核上线等一揽子服务。NGO 2.0 的流程化服务为腾讯随后推出伙伴计划提供了有力支持。数据显示，2015 年 NGO 2.0 为 80 家机构的 101 个项目提供了优化服务，涉及的项目在腾讯公益平台上筹款达到 4 463 735.1 元，参与捐赠人次则达到 111 437。到 2017 年，NGO 2.0 提供优化服务的机构和项目数分别达到了 142 和 179，项目筹款金额更是达到了 11 391 124.03 元，参与总人次也上升至 183 480[49]。

公益工具箱和公益地图是两个工具类的产品。公益工具箱对于市面上主流的数字化公益工具和案例进行汇总、分类和展示，目的是为公益机构推荐好用的互联网工具，为公益行业编辑各类互联网工具的公益应用场景，与工具供应方搭建合作关系。目前，公益工具箱已包含 281 条工具和 28 个案例[50]，降低了公益机构采用新工具的信息成本，方便了公益机构挑选合适的公益工具，在公益机构中受到了广泛的好评（见图 3－15）。

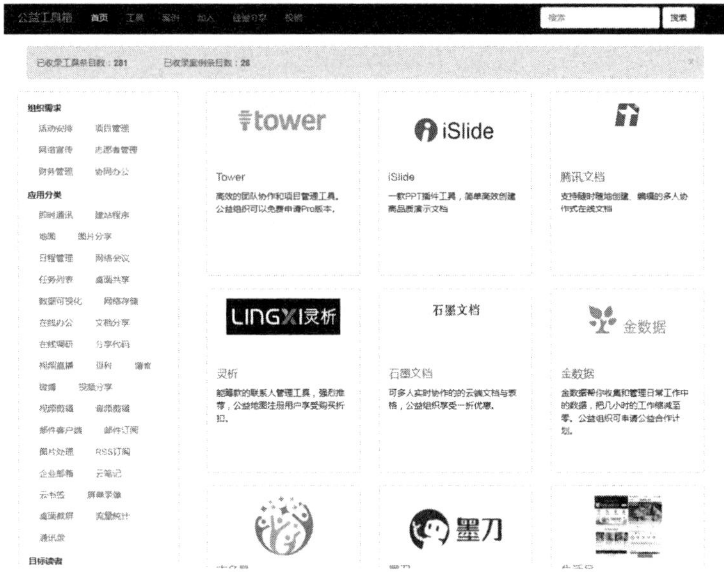

图 3 - 15　公益工具箱

公益地图是一个众包的公益机构数据库，是 NGO 2.0 着力打造的公益行业的基础设施建设之一。目前，公益地图汇集了全国 31 个省（自治区、直辖市）近 25 000 家公益机构的基本信息和数据（见图 3 - 16）[51]。公益机构可以登录平台，并在平台上录入旗下公益项目的有关信息。而平台则会把公益机构和公益项目的信息同 LBS 地理位置信息相匹配，进行地图展示，方便民众、企业和公益从业者在周边寻找公益机构和公益项目，大大降低了公益活动参与者和项目之间的匹配成本。与此同时，NGO 2.0 还与合作伙伴在公益地图上搭建了评级数据库，通过评级数据库来降低匹配成本，帮助公益机构和企业社会责任部门、公众进行信息和资源对接。

与工具类的项目不同，公益创客团项目聚焦于人，聚焦于公益机构能力的提升。公益创客团项目直接对接公益机构和技术团队，

图 3-16　公益地图

以技术沙龙和 hackathon 的形式，提升公益机构的问题意识，推广协同设计理念和实践，已在北京、上海、广州、深圳、成都等地举办 17 场活动，超过 600 多人参加，产出多个新型公益方案原型[52]。

NGO 2.0 生于批判，兴于创新，在互联网公益的探索中走出了一条与多数 NGO 机构不同的道路。也正是因为有着像 NGO 2.0 这样的机构不断倡导“互联网 + 公益”的模式和理念，互联网公益才有了今天蓬勃发展的局面。随着依靠互联网开展的公益模式逐渐成为主流，NGO 2.0 这样以提升公益机构互联网能力为己任的行业支持型 NGO 还会迎来更广阔的发展空间，在推动公益行业进步的过程中起到更为重要的作用。

案例

WABC无障碍艺途

1. 机构简介和发展历程

在“楔子”中我们介绍了“小朋友画廊”这个公益爆款项目。“小朋友画廊”在短短的一天时间内创造了多项中国公益史上的纪录，成为中国互联网公益发展史上一个标志性的事件。虽然“小朋友画廊”的流行有一定偶然的因素，但其成功也有一定的必然性。项目的发起和执行方WABC无障碍艺途[53]在这个领域多年的坚持和积累，以及该机构对于创意和互联网传播的重视，是“小朋友画廊”能够成为公益爆款的决定因素之一（见图3-17）。

图3-17　WABC无障碍艺途

WABC无障碍艺途是一家在上海注册的民办非营利性公益机构，主要为精神及智力障碍特殊人士提供免费的艺术疗愈课程。机构的成立和发展，离不开创始人苗世明的坚持和努力。

通过一次偶然的机会，苗世明走进了“特殊需要人群”（特指精神及智力障碍特殊人群）的生活，他们的现实状况深深地震撼了他。结合自己以往艺术培训和教学的经验，苗世明尝试以艺术的方式和他们交朋友，走进他们的心灵深处。在教学过程中，苗世明发现他们中的很多人有艺术天赋，而且艺术实践也的确在一定程度上改善了他们的心理状态和情绪。

虽然“特殊需要人群”和常人有一些不同，但是和其他所有人一样，他们享有融入社会、参与社会交往、通过艺术表达自我的权利。后来，苗世明得知国外有专门从事“特殊需要人群”服务的机构和组织，而中国也需要有类似的机构来帮助这些“特殊需要人群”。苗世明觉得这是一项值得为之奋斗的事业，虽然困难重重，但意义非凡。随后，苗世明决定投身公益行业，创立了 WABC 无障碍艺途。

WABC 无障碍艺途旨在以文化艺术为媒介去改善和提升残障人士的精神生活品质，希望能够超越简单的物质帮扶形式；在此过程中，探索艺术作为一种辅助治疗的手段，在中国当下的社会环境中对于残障尤其是“特殊需要人群”的疗愈可能性。WABC 无障碍艺途希望能够为脑部残障人士搭建一个展示自己、与社会交流的舞台，从而逐步消除社会对于这个群体的偏见，使之逐步融入社会。

2. “小朋友画廊”项目的成功和 WABC 在互联网公益上的探索

多年的业内积累让苗世明和 WABC 无障碍艺途在业界取得了一定的影响力，而 2017 年刷爆朋友圈的“小朋友画廊”项目则真正使该机构走进了大众的视野。“小朋友画廊”是 WABC 参与 2017 年腾讯“99 公益日”的重点项目，然而由于宣传 H5 的刷屏，在 8 月 29 日短短的一天时间内，“小朋友画廊”项目就筹集了善款 1 500 万元，超过 580 万人次参与捐款，成为移动互联网时代当之无愧的“公益爆款”。“小朋友画廊”的成功也把 WABC 无障碍艺途推到了聚光灯下，使之成为公众关心的焦点。许多人因为“小朋友画廊”项目认识了解到了 WABC 无障碍艺途这个公益机构，也开始了了解精智障碍群体的社会融合工作。在一些人眼中，“小朋友画廊”项目的成功是一系列偶然因素的聚合导致的，运气在其中起到了很大的作用。

事实上，“小朋友画廊”能够刷屏朋友圈、受到公众如此关注，确实具有一定的偶然性。作为 WABC 创始人，苗世明在事前也没有预料到“小朋友画廊”能够成为如此成功的公益爆款。在 2017 年 7 月腾讯将“小朋友画廊”选为 2017 年“99 公益日”7 个重点合作项目之一后，苗世明又做了大量的工作来策划项目的传播。项目传播的方式不仅仅有后来刷爆朋友圈的 H5，也有线上的公众号推送、创意视频展示以及线下的画展和地铁广告。苗世明希望通过多渠道的联动来对“小朋友画廊”项目进行最广泛的传播，最终实现一早制定的筹款目标。而在当时，在所有传播途径中，H5 是比较轻量的。对于 H5 能带来的效果，WABC 起初没有特别高的期待（见图 3－18）。

然而，正是这个比较轻量的 H5 最后造就了“小朋友画廊”的成功。而且，这个刷爆朋友圈的 H5 还是在苗世明和 WABC 不知情的情况下由供应商提前释出的。H5 被释出一天内就筹集到了目标善款 1 500 万元，也导致了“小朋友画廊”这个项目无法参加后续的“99 公益日”活动。当初策划的一系列线上、线下的传播、筹

图 3-18　“小朋友画廊”作品

款活动也失去了最初的意义。由于不能参加“99 公益日”的后续活动，苗世明甚至在“99 公益日”当天给机构的员工放了假。

然而，偶然之中也蕴含着必然。WABC 无障碍艺途已经在这个领域里深耕了多年，在公益的传播和实践中有了很深的积累。

公益、艺术、互联网是苗世明为 WABC 无障碍艺途确立的三个关键词。公益是初心，艺术是形式，而互联网则是助推器。WABC 无障碍艺途自创始之初就重视创意，而互联网是创意最好的放大器。一个好的想法、好的设计能够通过互联网发挥出其最佳的效果。

苗世明认为，“认知 + 行动 = 改变”，认识又是行动的基础。苗世明很早就意识到，互联网不仅仅有着超强的传播能力，其改变人的认识的能力在某些层面更为重要。而对于 WABC 无障碍艺途所在的精障、智障人士服务领域，公众的认知和理解有些时候往往比捐款更重要。公众的捐款可以扩大项目的服务范围、改善项目的执行效果，但是真正让特殊需要人士能够融入社会需要公众对他们认知和理解的改变。因此，WABC 从很早就开始利用互联网开展倡导和宣传的工作，目的不仅仅在于为机构的项目筹集更多的捐赠，更在于为特殊需要人士“筹集”公众的认知。

早在 2013 年，苗世明和 WABC 无障碍艺途就开始了线上的公益传播以及线上、线下公益活动结合的探索。2013 年，WABC 无障碍艺途在上海联合策划了大黄鸭的线下活动，在线上和线下均掀起了一阵热潮。同一年，WABC 无障碍艺途也成为最早一批入驻微信公众平台的公益机构。WABC 无障碍艺途也很早就开设了官方微博。可以说，WABC 无障碍艺途在新媒体传播领域有着非常丰富的经验。

如前文所述，在 2017 年“小朋友画廊”项目成为重点合作推广的公益项目之一后，WABC 无障碍艺途团队做了大量的工作来推动“小朋友画廊”项目的传播。从 H5 的设计到画展的布置，从宣传片的拍摄到地铁广告的推广，无一不体现了 WABC 团队对于互联网传播和公众心理的精准把握。

在所有的积累和准备都就绪后，再加上供应商提前将 H5 释出这点点机缘巧合，“小朋友画廊”创造了一天时间筹集善款 1 500 万元的筹款纪录。这个惊人的成绩是互联网公益巨大力量的直接体现、机构善用互联网传播手段的直接回馈，也是公益行业正在悄然发生变化的一次展示。在互联网时代，非公募的机构只要有好的项目，只要能善用网络的手段，一样能创造出公益的爆款，也能取得巨大的成功和长足的发展。

筹款的结束仅仅是公益项目的开始，真正重头的工作在于如何合理、高效地使用善款，如何利用公众善款产生最大的公益价值。对于“小朋友画廊”这个公众无比瞩目的项目而言更是如此。在“小朋友画廊”项目筹款结束后，苗世明及其团队就投入到了项目落地的工作中。2017 年，WABC 在全国 10 个城市有自己的工作室或者是服务中心，为特殊需要人士服务。而在 2018 年全年，这个数字已经翻了一倍[54]。WABC 无障碍艺途在每个城市都大约服务 3 000 名孩子[55]，落地城市数量的翻倍也意味着服务人群数量的翻倍。同时，团队还计划在 2019 年在全国更多地方开设工作室，把艺术疗愈服务带给更多二、三线城市的特殊需要人士。

“小朋友画廊”项目的成功看似有很多偶然因素，但是绝对离不开 WABC 无障碍艺途这家机构几年如一日在这个领域的辛勤耕耘和付出，离不开 WABC 对于互联网公益尤其是互联网公益传播的深刻理解。H5 的刷屏固然有运气的成分，但是机会不会给无准备之人，“小朋友画廊”的成功在偶然的背后有其必然性。

但是，我们也注意到，随着“小朋友画廊”的成功，有一些围绕项目的不负责任的负面传言开始出现，虽然腾讯公益、爱佑慈善基金会和 WABC 无障碍艺途都进行了辟谣，但谣言对公众的信心仍然可能会产生负面影响。这也对作为项目执行方的 WABC 无障碍艺途提出了更高的要求。

互联网已经在一定程度上改善了中小型机构的筹款问题，在很多议题上也提升了公众的认知。但是，对于机构而言，项目的执行和后期的反馈也需要大步跟上，否则，执行和反馈可能会成为制约机构发展的短板。公众筹款倒逼机构能力提升，这也是互联网所带来的重要改变。只有不断提升自身能力，机构才能够不断积累捐赠人的口碑，获得更高的公众认知度，在公益的领域不断发展前行，为公共事业做出更多的贡献。

第四章　企业与公众的被“激活”

企业：公益融入企业经营

企业是互联网公益生态重要的组成部分。在欧美发达国家，企业以及企业家从事公益活动有着十分浓厚的传统。西方的传统认为，企业的成功源自社会的支持。回馈社会是成功企业应当承担的责任。尤其是第二次世界大战后，随着西方主流社会对于资本主义的反思，企业被认为不仅不应当沦为不顾及社会利益而只为攫取私利的工具，也应当承担更多的社会责任。在欧美发达国家，大多数成功企业都有独立的企业社会责任部门，成功企业家也大都积极投身于公益事业，为社会问题的解决积极贡献力量。

自新世纪以来，随着人民生活水平的日益提升，现代的公益慈善理念也开始在民众中普及；随着改革开放的不断深入，跨国企业也纷纷进入中国市场并带来新的企业社会责任理念，也深刻影响了我国企业和企业家对于企业社会责任的认知。许多大中型企业纷纷成立独立的企业社会责任部门，通过自己的努力回馈社会。一些成功企业家，如马云、牛根生、陈一丹等，也纷纷以个人或家族名义建立公益基金会，以支持公益事业的发展。

企业社会责任是一个相对笼统的概念。企业有多种实现企业社会责任的渠道，而其中最为重要的参与方式就是企业直接参与到公益慈善活动中来。

然而，在互联网出现以前，企业直接参与公益有两个明显的痛点。一是企业参与公益的方式单一，非常依赖直接捐赠或者是营销公益的模式。由于企业不是公益机构，在项目设计、执行等方面并不比公益机构更加专业，所以由企业自己亲力亲为来做项目很多时候效果并不好。因此，很多企业参与公益都依赖于与公益机构的合作。然而，这种模式一方面导致企业对于公益活动的控制力比较弱，另一方面也使得企业参与公益的模式比较单一。

二是企业在公益活动中的参与感比较弱，社会的感知度也较低。一个企业参加的公益活动，很多时候自家的员工也不是十分了解，毋宁说社会上的普罗大众。企业传统的公益活动很难使企业获得相应的品牌认知度，甚至难以凝聚起企业员工的认同感，自然也就难以得到企业的长期支持。

在互联网时代，这两个痛点都随着互联网公益模式的兴起而得到不同程度的解决。

一方面，互联网公益模式的一大特征就是参与公益的模式多样。在互联网的驱动下，公益人的创造力和想象力被充分地发挥出来，新型的参与公益模式层出不穷，这就使得企业参与公益活动有了诸多可以选择的模式。以腾讯公益推出的“运动捐步”活动为例：企业可以资助一个或多个运动捐步的项目；当用户捐赠出日常积累的步数时，企业会对特定的公益项目进行定向捐赠，这使得企业的公益行为与用户的日常活动联系起来。这种用户开放数据、企业配捐步数的新型参与公益的模式在互联网出现前是难以想象的。

另一方面，互联网公益平台的出现使得企业有了连接更多捐赠人、志愿者乃至自己员工的机会，企业参与公益活动的感知度有了明显的提升。互联网广泛连接的特性可以使企业的公益行为被更多互联网的用户所感知，企业参与公益的参与感有着明显的提升。

再以“运动捐步”为例。每当一个用户捐赠出步数的时候，界面会显示是由哪个企业为用户的步数进行了配捐，使得用户在捐步的同时自然而然地了解到了企业的公益行为。而一个企业除了通过配捐以外，还可以通过组队的方式参与“运动捐步”，以部门或者团队为单元进行捐步竞赛，以鼓励自己的员工参与进来。通过捐步竞赛，员工的公益热情被激发，使更多的企业员工能够了解企业的公益努力，增强企业自身的凝聚力。通过参与“运动捐步”这一项活动，企业内外对于企业参与公益活动的感知度都有着明显的提升。

在这一波互联网公益的浪潮中，有许多热衷于公益事业的传统企业已经开始积极拥抱互联网，使用互联网平台的资源和产品，与企业自身的特点和优势相结合，创造出了更加新颖和个性化的企业参与公益形式，大大扩展了企业公益的范畴。而互联网对于传播效果的提升则使得这些传统企业的公益更多地被企业内外所感知：员工因为参与了公益活动而提升了对企业文化的认同感，企业在社会上也会获得相应的社会责任品牌认可度。在率先使用互联网做公益的企业中，顺丰和百胜中国是比较有代表性的两个案例。

案例

顺丰——以互联网推进人人公益的企业社会责任理念

1. 顺丰公益发展历程简介

顺丰集团自成立以来一直秉持回馈社会的初心，希望能为更多的乡村孩子提供公平的受教育机会，给予其成长中的支持和陪伴；希望能挽救更多孤贫先天性心脏病患儿的生命，给予他们生命的机会和尊严。因此，顺丰集团一直积极参与公益活动。

顺丰在公益方面的投入最早起步于上世纪 90 年代。在集团发展早期，各种资源还不丰裕的情况下，顺丰主要是通过直接捐赠的方式参与到公益活动中。集团通过对希望工程等公益活动、凤霞中学助学等项目的捐赠活动，帮助了许多偏远地区和饱受先天性疾病困扰的孩子。2008 年汶川地震发生后，顺丰全网自发发起捐赠活动，为灾区筹集了 1 000 万元的善款[1]。

2009 年，顺丰在广东省民政厅注册了广东省顺丰慈善基金会，设专职机构，注入专项资金，从事慈善公益活动。2012 年，顺丰集团母公司深圳明德控股发展有限公司及顺丰速运有限公司下属 6 个子公司共同发起并在民政部注册了顺丰公益基金会，进一步扩展顺丰公益的业务范围及区域辐射范围，标志着顺丰在公益领域的探索进入了一个新的阶段。截至 2018 年 9 月，基金会累计资助贫困高中生 14 263 人、大学生 989 人、特困教师 420 人，捐建顺丰莲花小学 10 所，捐赠课桌椅 19 376 套；救助患病儿童 6 637 人。近年来，顺丰先后参与雅安、岷县、鲁甸地震赈灾，为社会各界赈灾物资免除运费 2 700 万元，还通过专机支援玉树、尼泊尔地震灾区抗震救灾。

除了更加积极、主动地参与公益活动外，顺丰也更加注重公益的倡导工作，注重吸纳更多人参与到公益事业中。顺丰在设计每一个项目的时候，都加入了志愿者可参与的环节。顺丰希望这样的设计理念能够使得每一个公益项目都能可持续发展，促进更多人关注、参与公益事业。

截至目前，顺丰志愿者管理系统中注册参与公益项目的志愿者已有 20 812 名，还有更多没有在系统中注册的顺丰志愿者在积极从事着公益活动。据统计，2017 年顺丰公益 17 家志愿者协会共发起公益活动 104 场，将近 8 万人次参与了这些公益活动[2]。可以说，公益的理念已经融入了顺丰的企业文化之中，成为顺丰员工企业生活的重要组成部分。

在顺丰集团高层和顺丰公益基金会的不懈努力下，顺丰长期在公益领域进行持续的投入，并结合企业自身优势，在扶贫、救灾等领域推出了“顺丰莲花助学”“顺丰儿童医疗救助”等一系列有影响力的项目，取得了令公益界瞩目的成绩。而顺丰对于“人人公益”的企业社会责任理念的打造更是企业公益领域重要的突破，对于推动企业参与公益活动有着积极的示范作用。

2. 顺丰公益基金会简介

顺丰公益基金会是由深圳明德控股发展有限公司［原顺丰速运(集团) 有限公司］等企业发起的一家慈善组织，于 2012 年经国家民政部批准成立。基金会主要致力于资助边远贫困地区教育发展、儿童医疗救助等公益领域，同时依靠顺丰物流优势，积极参与灾害救助，并在扶贫济困、生态环保等公益领域进行积极的尝试与探索。

顺丰公益基金会倡导人人公益，期望通过降低公益门槛，在公益项目执行环节引进志愿者，鼓励并引导志愿者参与公益、传播公益，推动公益成为一种生活习惯。基于此，互联网公益方式很快成为他们的重要选择。

3. 顺丰公益基金会互联网公益主要模式

在移动互联网时代到来之时，顺丰就意识到了互联网能为公益界提供更好的公益产品，让更多人了解并参与活动。因此，顺丰公益基金会也积极开展了在互联网公益领域的探索。

顺丰公益基金会采取的互联网公益模式主要是以与第三方平台合作为主，充分发挥关联企业网络优势和特点，通过互联网公益模式应用降低公益参与门槛，集聚公益人气，植入基金会宣传语，让更多员工参与其中，进而推动让公益成为一种生活习惯的公益理念落地。

（1）人人都是益行家，公益项目挂钩员工健康步行

2015 年开始，顺丰公益基金会基于腾讯益行家公益平台进行策划，由基金会主导，倡导顺丰全网员工参与，并由员工影响到客户及亲友，加入顺丰的公益活动中。

顺丰和益行家在模式上有着天然的契合。顺丰是一家劳动力比较密集的企业，加之物流行业的特殊性，顺丰公司每天都有大量的员工在外奔走，为客户传递着信件和包裹。在传递信件和包裹的过程中，顺丰的员工会积累大量的步数，可以由运动捐步转化为对公益项目的捐赠。通过运动捐步这种活动，快递员会在捐步以后得到更多的获得感，提升员工对于工作的认可度；而益行家所推出的团体捐活动则更进一步激发了团队成员的责任感和荣誉感，使更多员工积极参与到运动捐步的活动中。运动捐步不仅仅是一种公益活动，它在推动更多的人进行公益活动的同时，也在不断塑造着企业的文化和企业员工对于企业的认知。

由于顺丰主营业务和益行家模式的天然契合，顺丰公益基金会成为益行家最早的合作伙伴之一。自益行家上线以来，顺丰公益基金会结合自身公益项目的推动，陆续在平台上发起捐步活动，在顺丰全网进行公益竞赛，鼓励员工积极参与捐步活动，传播人人公益理念。

经历了 2015 年、2016 年的尝试和探索，2017 年，顺丰公益基金会与腾讯公益合作开展顺丰“阳光善行”益行家企业版活动，在顺丰内部设立了 5 大区 80 余支战队，开展了为期半年的线上线下活动。项目原本预计参与人数是 2017 年顺丰员工总数的 50%，即 20 万人。但项目的受欢迎程度远远超出了最初的预想，许多员工不仅亲自参与运动捐步的活动，还带动身边的亲朋好友和客户参与到了“阳光善行”的活动中来（见图 4－1）。

图 4－1　顺丰“阳光善行”

最终项目的参与人数远远超出了顺丰的员工总数。据统计，在半年的时间内共计有 281 万人参与顺丰“阳光善行”的活动[3]。

2018 年，顺丰继续参与腾讯公益主推的“行为公益季”，再次在顺丰全网掀起了行走就是做公益的热潮。截至 2018 年 9 月 2 日，顺丰公益基金会共携手 7 509 万“益行家”，捐出近 1 亿 1 120 万元，在所有企业及企业基金会中排名第二[4]。

(2) 发行顺丰爱心文件封，助推人人公益

顺丰公益基金会通过互联网开展公益活动的另一个重要形式是发行顺丰爱心文件封，以此助推人人公益理念的传播。2016 年的“99 公益日”，顺丰与腾讯公益合作，在 2016 年的 9 月发出 999 万个顺丰爱心文件封，通过文件的递送进行爱的传递[5]。2017 年的“99 公益日”，顺丰再次与腾讯合作，在北京、天津、上海、深圳、杭州、常州等城市撒下 2 000 万份“爱心机会”，共计 450 万个顺丰文件封、1 550 万个顺丰胶袋上藏有“爱心秘密”[6]。

爱心快递封面上印有“指尖公益、爱无处不在”的图案。而收到爱心信封的幸运用户，则将拥有一份爱心特权：只需扫描图案右上方的二维码，按照流程捐款，就能够在 10 秒钟内为遥远山区品学兼优的贫困女童带来温暖。顺丰公益通过爱心信封的方式，把自身的商业模式和公益结合起来，倡导更多人参与到公益活动中，提升用户的公益感知度。

同时，在“99 公益日”期间，顺丰还为“一人一书桌”“乡村支教、美丽中国”“给乡村小学送体育包”等项目进行了配捐，以激发用户更多地参与到捐赠中来。据统计，2017 年的“99 公益日”期间，由顺丰提供支持的 7 个公益项目，有接近 300 万人次用户参与捐赠，项目公众筹款总额接近 2 500 万元[7]。

与互联网公益平台、非企业的公益机构相比，顺丰的互联网公益模式并不复杂，但是顺丰在使用互联网做公益的过程中，始终坚

持和企业核心资源和战略相结合，发挥企业做公益的优势和特点，利用互联网的手段充分调动了员工参与的积极性。虽然互联网相关的项目在顺丰公益基金会每年的公益支出中占比很小，但是通过互联网获得的关注和参与度则是难以用金钱来衡量的。作为劳动密集型企业的代表，顺丰在互联网公益的道路上走出了一条通过公益凝聚人心的道路，值得后来者学习、借鉴。

案例

百胜中国——“捐一元”项目打通线上与线下界限，实现随手公益

肯德基、必胜客所属百胜餐饮集团是国际知名的老牌餐饮企业。在进入中国以后，百胜餐饮一直积极参与公益活动，通过企业的公益行为回馈社会。

早在2008年，百胜中国就联合中国扶贫基金会共同发起“捐一元·献爱心·送营养”全国劝募活动，倡议全社会一人捐一元钱，用于为贫困山区儿童提供为时一年的营养补助，让更多贫困儿童受益。“捐一元”项目筹集的资金被用于每天为贫困地区学生提供一份营养加餐，包括一盒牛奶（200ml学生奶）和一个卤鸡蛋（真空包装），并为贫困地区学校捐赠包括炉灶、蒸饭车、消毒柜、冰柜、操作台和排风扇等在内的标准“爱心厨房”设备，同时开展营养知识宣传项目。

在项目确立之时，百胜中国用近半年的时间对公司财务系统以及收银系统进行了全面改造，为“捐一元”项目设置了专门按键。当消费者捐款时，餐厅工作人员只需按“捐一元”按键，系统就会自动记录捐款金额，并统计到捐款数额中，保证捐款与企业营业额

分离，确保活动期间全国每一家餐厅的收银机系统能够清楚地记录每家餐厅的每一笔捐款，并借助强大的财务系统快速、准确地统计善款，统一汇至中国扶贫基金会。

“捐一元”项目开展 10 年来，累计筹款超过 1.7 亿元，吸引超过 1.1 亿人次参与。截至 2017 年底，“捐一元”项目已为四川、云南、贵州、湖北、广西、湖南、福建、河北、黑龙江以及新疆 10 省（自治区）34 个市（州）60 个县（区）约 54.7 万人次小学生，提供了超过 3 740 万份营养加餐，并为 860 所贫困山区学校提供包括电炉灶、蒸饭车、消毒柜、操作台和排风扇在内的标准“爱心厨房”设备[8]。

如果说在移动互联网普及前，“捐一元”项目充分调动线下资源，宣传“人人可公益”的理念，取得了相当的成功，那么移动互联网的普及以及互联网公益平台的兴起则为“捐一元”项目提供了更多的助力。2015 年“99 公益日”，肯德基与中国扶贫基金会合作“捐一元”项目登录腾讯公益平台，邀请肯德基的用户为“捐一元”项目一起捐。当用户走进肯德基的门店时，在店门口或者门店内都可以看到“捐一元”的“一起捐”页面入口。用户扫描即可进入腾讯公益平台的“一起捐”页面，进行捐款（见图 4－2）。

“捐一元”项目的上线，把线下的捐赠活动和线上打通起来。之前的“捐一元”都是通过线下门店进行的，是标准的线下捐赠行为。而 2015 年之后，“捐一元”的捐赠被转移到了线上。这样一方面方便用户查阅、了解项目信息，使用户在做捐赠决定时能够对项目有更多了解；另一方面，腾讯公益微信公众号推送的消息也能使用户及时了解项目进展，改变了以前捐款以后毫无反馈的局面；同时，线上的捐赠，捐款直接打入中国扶贫基金会的账户，而不是通过百胜餐饮的门店进行周转，降低了资金周转的成本，也降低了门

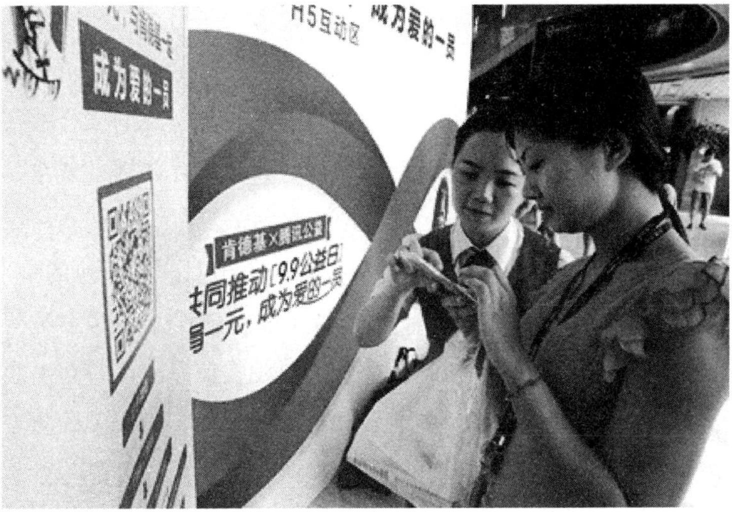

图 4-2　肯德基门店“捐一元”项目

店支持活动的成本。

线下筹款与线上捐赠的结合，一方面降低了门店和公益机构负担的成本，另一方面也促使用户更加了解项目本身的信息，提升了项目的参与度。经过几年的摸索和实践，百胜集团打通线上线下的“捐一元”项目的筹款额累创新高。

顺丰和百胜中国都是劳动密集型企业，所处的行业也都是传统行业。虽然它们都在各自的行业中以创新而著称，在公益领域也都在不断进行新的探索，但它们的公益模式仍然主要是围绕着企业自身的核心优势开展的，本质上仍然是以线下活动为主。互联网为传统的企业公益带来了优质的公益项目、无与伦比的传播能力以及活跃的创造力，很大程度上解决了企业参与公益的痛点，取得了很好的效果。但互联网对于传统企业的公益模式影响总体是比较温和的，互联网在其中主要起到的是催化和改善的作用。

而在移动互联网时代，市场不断孕育着新兴的互联网企业。这些企业自创生初始就具有普惠的属性，天然带有一定的“公益”色彩。而这些新兴的互联网企业也很快意识到了“互联网+公益”的巨大潜力，以更加互联网化、更加创新的方式开展公益活动，在某些意义上也在重新定义企业公益的概念。由于互联网企业的特性，这些企业走出了一条完全不同于传统企业的企业公益路径，不断丰富着互联网公益的范畴，推动着公益边界的发展。在这些新兴的互联网企业中，快手公司非常具有典型性和代表性。而快手的公益部门也在以新兴的方式诠释着移动互联网时代企业公益的新内涵。

案例

快手——普惠公益价值观与短视频公益之路

1. 快手行动——快手科技企业社会责任部门发展历程简介

快手做公益的初心来自创始人和管理层的理想主义。快手的联合创始人、CEO 宿华虽然是清华大学的高才生，但从小在乡村生活的经历使他对于偏远地区贫苦群众的生活有着极为清晰的认识。在公司创立、发展、壮大的过程中，宿华以及其他联合创始人一直期望能够通过快手的产品来回馈社会，为在困难地区生活的人们做一点事情。

宿华说：“快手价值观中很重要的一条，就是我们希望普惠。生活没有高低，人人都值得被记录，人人都值得被记住。我没有那么在乎当下的得失，我更在乎长期的价值。”[9] 因为这样的理念，快手形成了与其他竞品都不太相同的产品逻辑。快手始终坚持普惠的设计理念和流量分发逻辑，不做任何流量的头部倾斜。快手希望能够通过短视频的产品，链接过去难以链接到的个体，能够让他们通过快手看到外面的世界，也把他们的声音传递给其他人。

随着快手作为短视频产品的流行，快手公司的实力也在不断壮大。宿华和公司高层决定成立企业社会责任部门，来调动全公司的资源，力度更大地投入到公益事业中。

在决定成立独立部门负责公益活动后，公司就开始了全业务线的调研，希望了解已经存在的产品业态和公益活动、公益行业的连接。在近 10 个月的调研后，快手公司的企业社会责任部门——快手行动于 2017 年 6 月 17 日正式成立，承担起了快手公司绝大多数公益活动的组织、协调工作，也标志着快手的公益之路走上了一个更加专业化的新台阶。

快手行动成立以来，参与了四川茂县泥石流灾害的救援和灾后重建等一系列的工作，并和中国扶贫基金会、中国青少年发展基金会、壹基金等机构开展合作，推动快手公益活动的开展。截至 2018 年 8 月，快手行动已经有 9 位正式员工[10]，规模在互联网独角兽中首屈一指，远超互联网公司的平均水平，体现了快手在公益领域投入的决心和力度。

2. 快手互联网公益主要模式和特点分析

快手公司的公益活动主要有幸福成长、幸福乡村和幸福伙伴三大方向。这三大方向都与快手的核心业务模式相关，都是基于快手作为直播/短视频产品的核心资源和优势，也都有着强烈的互联网属性和创新色彩。

幸福成长聚焦于未成年人成长和保护。众所周知，互联网使用者中有很多青少年用户，而青少年用户的自控力较弱，相较成年人更容易沉迷于网络世界，也更有可能被网络上的不良信息所影响。

快手作为一个直播/短视频平台，不可能完全控制平台上的内容，也不可能完全控制青少年的使用。因此，如何引导、教育青少年合理利用网络，发挥互联网积极、正向的作用，是摆在快手面前的一个重要课题。

在这个领域，快手进行了多方面的尝试，第一是加强对青少年的教育。快手联合中国青少年发展基金会以及多个头部创作者进行了一系列的青少年网络使用教育的努力，希望通过这些头部创作者来引导青少年树立正确的网络使用意识。第二，快手建立了严格的青少年保护体系，出台了家长控制模式。在该模式下，未成年人使用快手 APP 时将仅呈现适合其年龄段观看的内容，并且无法开启直播，也无法进行打赏、充值、提现等行为。同时，为了防止未成年人沉迷于直播视频中无法自拔，忘却时间，快手还增加了“防沉迷提示”功能，在“连续”使用快手达到 60 分钟时，将弹出提示框，防止沉溺网络现象的发生。快手也在内部上线了未成年人自动识别机制，在未成年人进行直播、打赏等行为时，会进行反复的确认和核实。第三，快手正在联合社科院以及有关部门，推动短视频内容的分级，希望从源头上推动解决青少年沉迷网络的问题。

幸福乡村致力于乡村振兴和精准扶贫，希望通过快手在短视频和流量分发方面的优势，帮助贫困地区的快手用户找到脱贫致富的长效手段，助力乡村的良治和善治。

常言道：授人以鱼不如授人以渔。对于贫困地区的群众而言，使他们陷入贫苦的根本原因是没有可持续的致富手段。快手希望结合自身的优势，为贫困地区的群众开辟新的收入来源，从根本上解决这个问题。

幸福乡村有三个主要的工作方向。第一个方向是带头人项目。

快手通过直播和短视频来寻找地方经营比较好的个人或者是在过去成功脱贫致富的个体，对他们给予一定的培训，使他们成为带头人；通过带头人的辐射作用，带领周边地区居民实现脱贫。

第二个方向是家乡好货。在中国广袤的土地上，遍布着大大小小的乡村，由于信息渠道不通畅，很多“乡村好货”往往不为外界所知，比如许多优质食材和手工艺产品，很难直接变成收入。家乡好货均为扶贫助农产品，它们或来自贫困地区，或直接带动产源地的贫困农户就业及增收。用户通过直播和短视频销售家乡的产品，凭借自身的粉丝效应和对家乡物产的了解和热情，介绍家乡特色农产品，不仅具有流量效应，还具备可靠的信誉度。快手也会用自身的流量和品牌优势，为特色农产品提供多样化的展示和介绍。借助快手的平台，让这些产品被更多人了解，走进更大的市场，帮助贫困地区实现增收致富。

除了自身“家乡好货”计划的推进外，快手还与传统的公益机构开展合作，通过自身优势，帮助机构的扶贫落地。快手和中国扶贫基金会长期以来保持了合作的关系，并于 2018 年初成为中国扶贫基金会“深度优鲜”电商扶贫计划的战略合作伙伴之一，帮助中国扶贫基金会“深度优鲜”项目在贫困地区落地。许多来自贫困地区的用户已经借助快手这一上升通道，实现脱贫致富。

幸福乡村的最后一个方向是非遗保护与文化旅游。直播、短视频与文化传播有着天然的契合，相比图片和文字提供了更加身临其境的体验。乡村地区有许多美丽的风景和宝贵的非物质文化遗产，快手上也有许多用户在持续发布与民俗、节日、传统工艺等相关的内容，通过短视频和直播带红了自己的家乡，让家乡的文化、非遗受到更多的关注，有些城市还因此有了新的城市名片。快手正是看到了振兴乡村文化旅游与自身业务与核心能力的契合，希望借助平台的生态，促进文化旅游行业的发展。

幸福伙伴则着力于利用快手的社区优势和流量资源，联合专业的公益组织，基于快手独特的社区生态做公众倡导活动。在重要的公益性节日，快手公司也会与公益组织探索利用创新的短视频形式传播公益理念，并对平台上优质的公益主题内容做资源倾斜，从而让公益倡导触达更多人群。例如：2018 年 3 月 21 日的世界睡眠日，快手联合明日醒醒发起“我请你睡觉”活动，邀请快手网友发布各类睡姿征集视频，呼吁大家一起提升对发作性睡病这一罕见病的认知，消除误解。2018 年 5 月 12 日是国家防灾减灾日暨汶川地震十周年，快手行动联合壹基金发起＃自救神器了解一下＃短视频大赛，在线下线上共同发动人们使用身边普通的生活小物件制作紧急情况下的自救神器，从而提醒公众重视安全，养成防灾减灾意识，掌握自救和呼救技能（见图 4－3）。

图 4－3　快手平台上的公益主题短视频专区

基于魔法表情的倡导活动则是幸福伙伴计划的另外一个重要的组成部分。魔法表情是快手的一个功能，把图像识别、图像合成和AR技术结合起来，能够根据用户的选择改变视频呈现的效果，上线以后广受用户的好评。正是因为魔法表情的高流行度，它也成为进行公益倡导的重要载体。

2018年的“99公益日”，快手上线了一个倡导关注视障人士的魔法表情。用户在选择这个魔法表情后，屏幕就会呈现视障人群视觉体验，拍出的视频和照片也会模拟视障人士的视觉效果。这为不了解视障人群的一般用户提供了直观感知视障人群世界的机会，对参与者是一次极为难得的公益体验。

2018年4月，快手加入了腾讯公益所举办的“行为公益季”活动。作为联动活动之一，快手上线了一款为“行为公益季”定制的魔法表情。在“行为公益季”期间，只要用户选择了该魔法表情并在屏幕前做出“6”的手势，就会有小企鹅从屏幕的一端跑到另一端。快手希望通过这种方式进行“行为公益”的倡导，让更多人了解到“走路也是做公益”的理念，参与到运动捐步的活动中来。

除了三大幸福战略外，快手还建立了幸福实验室机制，通过这种机制来进行更多公益领域的创新。快手的幸福实验室已经开始探索建立用户公益账户，把用户的行为和公益积分联系起来，用公益积分来兑换公益产品的模式。同时，快手也在探索把新兴的图像/视频识别技术运用在动植物保护领域，希望能够依靠快手在直播、短视频和图像识别领域技术的优势，在植物、动物保护领域有所突破和创新。

快手是一家非常典型的新生代的互联网企业。同样地，快手的价值观也是“互联网原住民”所秉持的价值观。互联网本身就带有普惠乃至公益色彩。互联网拉近了人与人的距离，使每个人都有机会看、有机会听，也有机会表达。快手在产品中就持续践行这种理念，而这种对互联网普惠性质的坚持也让快手走上了一条持续投入的公益道路。

作为一家互联网公司，快手的公益模式有着天然的互联网属性，所有的公益产品无不基于快手的直播/短视频的业务模式。以快手为代表的新一代互联网企业的公益模式与传统企业的模式有着显著的区别。对于传统企业而言，互联网是工具，基于互联网的公益模式是传统公益的有效补充，驱动企业公益的仍然是传统的公益思维。然而，对于新兴的互联网企业而言，驱动商业和公益的是同一套模式，是同一种思维，这也是互联网企业做公益和传统企业做公益根本不同的地方。

除快手以外，已经有越来越多的新兴互联网企业追随着先行者的脚步，走上了互联网公益的道路。随着更多的互联网企业参与到公益活动中，互联网公益与互联网商业的边界是否会逐渐消融？互联网是否就是公益本身？我们是否会遇到一个公益、普惠属性也会越来越强的赛博空间（cyber space）？这些问题，有待于时间来给我们解答。

公众：公益融入个人生活

在中国，互联网尤其是移动互联网已经成为人们生活中一个重要的组成部分。移动互联网对于中国人生活方式的塑造作用异常强大，凡事“拿出手机点一点”已成为很多国人生活的日常。而对于中国公益事业来说，互联网和移动互联网同样扮演着非常重要的角色。正是得益于其“去中心化”、拉平世界、有效弥合信息不对称的特质，中国公益慈善事业才得以汇聚海量的捐助者，演绎出足够多样化的公益开展方式，呈现出百花齐放、万众参与的繁荣局面。

全民公益进行时

互联网公益真正连接了中国的广大公众，推动了全民公益的蓬勃发展。过去，中国公益的参与主体主要是政府、企业和小部分富人群体，互联网公益则有效发动了广大公众的力量，使得不同年龄层次、收入水平的大众群体都能够方便地参与到公益事业中来，将公众推到了公益的主体地位。

这一变化，可以通过对比中国慈善联合会和腾讯“99 公益日”的数据明显看出。从中国慈善联合会的数据看，2017 年全国慈善捐赠中仅 21%来自个人，企业捐赠占 65%，仍然是主体[11]；但腾讯“99 公益日”的数据与之相比则有明显的反差，2017 年整体捐赠中个人以 63.5%的占比位居主体，可见公众捐赠成为互联网公益的核心力量。

在互联网的推动下，中国的全民公益呈现出草根化、年轻化、常态化三个主要特征。

草根化：小额捐的规模效应

中国全民公益的实现，根本在于借助互联网，发动了捐赠额不高但基数巨大的草根群体。以腾讯公益平台数据为例，小额捐款成为主流，这表明有大量普通网民的参与。一方面，单次捐款在 20 元以下的人群行为一直是主体，占比在七成以上；另一方面，单次捐赠在 20～100 元的人群行为占比持续提升，同时 20 元以下的持续下降，这表明很多小额捐赠者被有效带动提高了慷慨程度（见图 4-4）[12]。实际上在腾讯公益平台上，用户依照自己的能力参与募捐，无论有怎样的经济背景，用户都能够参与到腾讯公益平台的公益活动中，体现出了“人人公益”的特征。

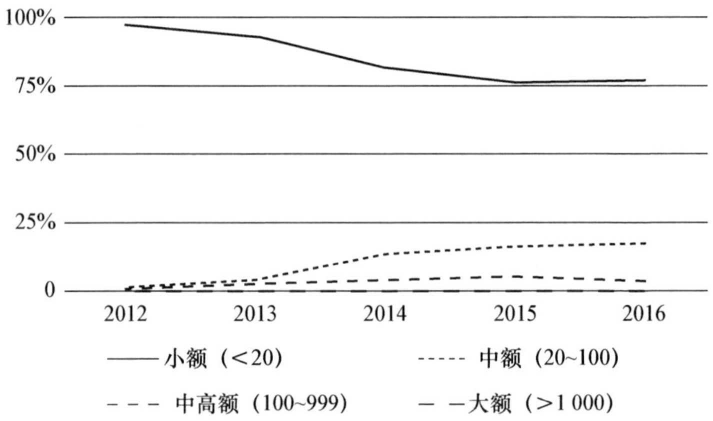

图 4-4　腾讯公益捐赠额度人数占比（2012—2016）

年轻化：80/90/00 后成主力军

互联网对全民公益的积极作用，还体现在成功发动了年轻群体的力量。根据腾讯公益平台对捐赠人数的年龄段统计，80 后是目前捐赠的主力军，占整体捐赠人数的 40%左右；90 后和 00 后共占比约 40%，且近年来 00 后的占比在逐渐提升（见图 4-5）。年轻群体的有效发动，将有利于公益习惯的培养和传承，对中国公益未来的长期健康发展意义重大。

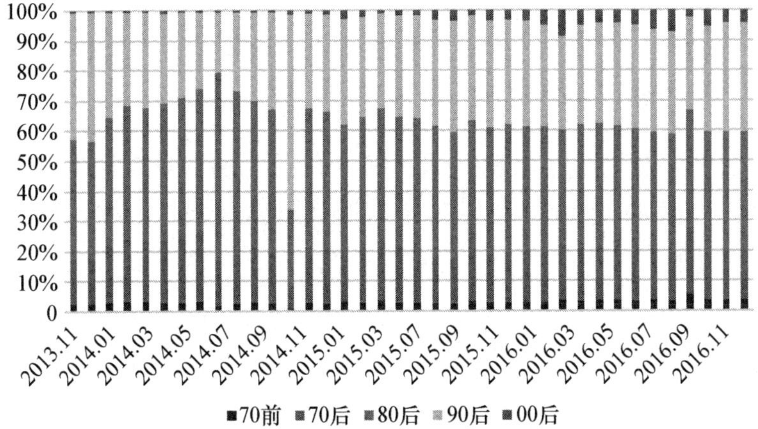

图 4－5　腾讯公益捐赠人年龄段占比（2013—2016）

常态化：深入与持续参与公益

互联网公益的线上连接性，让捐赠方、实施方甚至受赠方的长期连接和互动成为可能。过去，捐赠者大多“捐完即走”，对公益项目本身参与很少，往往捐完之后就流失了。现在，借助互联网，大家可以方便且全面地参与公益项目的捐赠、传播、监督甚至执行等各环节。捐赠者在线上发现公益项目后，通过移动支付快速完成捐赠，并可以通过社交媒体渠道将项目传播出去而形成“劝捐”的效果；之后，如果捐赠者对项目有疑问，能通过公益平台查询项目募捐的实时情况，以及定期的捐款去向信息，成为该项目的“社会舆论监督”中的一员；倘若捐赠者还想了解项目的具体实施情况，还可通过平台联系机构，根据情况可以到现场参与项目的实施。由此，捐赠者可以深度参与到公益项目中，能有效增强捐赠者对公益项目和组织的信任，成为长期的“公益人”。以腾讯公益平台的数据为例，2016 年全平台用户的复捐率平均在 20％以上，说明常态化公益人群体正在形成。

一切皆可公益

互联网为什么能发动大众加入公益活动？最重要的原因，在于互联网极大地丰富了公益的形式和内容，让公益不再仅是传统意义上的捐钱捐物，而与大众的日常生活衔接在了一起。在互联网数字化的支持下，用户可以捐步数、捐声音、捐时间、捐消费量……用户生活中任何可数字化的行为，理论上都可以成为捐赠的内容，这就有效地将公益与用户生活结合了起来，让用户的公益活动更加有趣而多元，从而有效激励了用户公益参与的活跃度。

这种对大众而言“一切皆可公益”的模式，其实体现了互联网的本质：“羊毛出在猪身上”。对C端的大众而言，并没有捐赠任何的财物，从这个角度看参与公益的成本为零，即我们熟知的“免费”模式，能够极大地激励大众，尤其是那些还没有公益习惯的人参与。真正实施财物捐赠的，是B端为用户提供业务的企业。而企业之所以愿意如此，则在于既可以获取用户流量并激励用户的业务使用，又能够通过公益活动体现企业的社会责任，达到一举两得的效果。

目前市场上出现的新型参与公益的方式五花八门，按从线上到线下的侧重程度，主要可以归纳为三类：业务行为、消费行为和生活行为（见图4-6）。

业务行为可公益

业务行为可公益，就是用户可以将对互联网业务的使用情况，按照业务提供者的换算方式转变为公益捐赠的权益。对于企业而

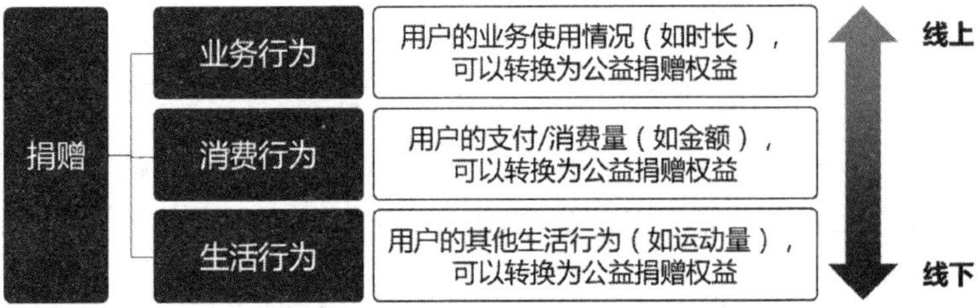

图 4-6 公益参与的三类新方式

言，这种行为与业务强相关，且可与企业社会责任挂钩，推行的投入产出比较高，因此很多企业尤其是新进入互联网公益行业的企业，都愿意从“业务+公益”的结合开始尝试。而对于用户而言，本来就要使用业务，现在使用业务还多了一份公益权益，何乐而不为？当然，由于用户不需要直接投入成本，因此，用户对公益的认知、参与可能都比较浅。如何以丰富、有趣的方式吸引用户更多地参与，对这类公益玩法就显得尤为重要。

目前业务行为的公益权益换算，核心方式是围绕业务使用量。有的是对整体业务使用量的换算，适用于那些吸引运营用户注意力的业务，比如新闻类；有的是对核心功能使用量的换算，工具类业务比较乐于采用；还有的是对衍生业务使用量的换算，这对于那些平台型、入口型的综合业务很适用，可以促进衍生业务使用，提升整个业务平台的黏性。

案例

看新闻做公益

2017 年 9 月，“今日头条”上线了“一分钟、一份爱”公益项目。用户只要积累每日阅读时间，在兑换公益金后，就可以选择参与不同的公益项目。首批上线了包括救助唇腭裂儿童的“母亲微笑行动”在内的8个项目。

“捐时间”能让用户轻松参与到公益活动中。典型如一名“今日头条”的深度用户（也是一名网络工程师），虽然平时很关注公益，但工作繁忙，很难真正参与；而他通过这个项目，每天在APP上的阅读时间往往超过半个小时，短短几日就为唇腭裂儿童救助项目捐献了一件手术衣和一卷绷带（见图4－7）。

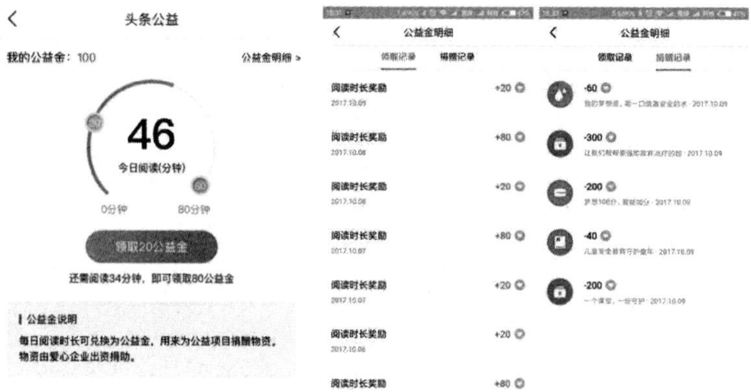

图4－7　头条公益阅读兑换机制

这其实是将线上“虚”的信息消费转化为线下“实”的捐赠财物的过程。新闻业务平台在用户、公益机构、企业和救助对象四者间建立了关联关系。用户捐赠的“公益金”可直接转化为救助物资，而物资由项目参与企业认领，最后由公益机构将物资送到救助对象手中，形成良性循环。

这个良性循环加速和放大了公益效果。上线3天，用户捐赠时间已接近5500万分钟，总参与人次达93.9万。其中，致力于救助贫困地区罹患眼病儿童的“我想看清这个世界”项目已募集完成1200万元公益金，捐赠人次超过10万[13]。

案例

清理垃圾做公益

2015 年 12 月开始，腾讯电脑管家、手机管家联合腾讯公益共同发起“清理＋”行动[14]，在安全软件行业率先将产品的清理功能和公益相结合（见图 4－8）。网友每清除一次电脑或手机里的垃圾，就会折算成善款给到公益机构，用于清理青海三江源地区 5 万平方公里的线下垃圾。

图 4－8　腾讯手机管家“清理＋”行动

此次公益活动为方便全民参与，摒弃了传统公益活动使用募捐或者到现场参与活动等形式，网友只需线上动动手指捐赠“爱心扫帚”就能完成一次善举。用户捐赠成功后，通过“活动详情”可了解“清理＋”行动的更多信息，比如个人累计捐赠的“爱心扫帚”数量、全国的捐赠情况等；同时还设置了不同级别的公益勋章，用户捐赠的次数越多，获得勋章的级别就越高，以激励用户参与。此外，用户还可以通过微信邀请更多好友贡献力量，让善举影响更多的人。

根据项目设想，若有 1 000 万人次参与清理手机垃圾，并捐献清理中获得的“爱心扫帚”，腾讯基金会就会提供资金支持，定向用于三江源地区的水源地垃圾清理项目。而实际上项目共吸引超过 2 000 万网友关注并参与，效果明显[15]。

半年后的 2016 年 5 月，腾讯手机管家更进一步在全国八大城市推出“垃圾清理大行动”，推动用户变身“环保卫士”，身体力行，深度加入公益活动中，体现出了从线上走向线下、逐渐培养公众公益习惯的努力。

案例

玩游戏做公益

“蚂蚁庄园”是支付宝在 2017 年 8 月 6 日上线的一个网上公益活动，通过支付宝上专门的入口进入，网友可以使用支付宝付款来领取鸡饲料，使用鸡饲料喂鸡之后，可以获得鸡蛋，并通过集齐 5 个鸡蛋来进行爱心捐赠（见图 4－9）。

“蚂蚁庄园”的吸引力主要在于用游戏化的形式和碎片化的时间，来引导支付宝用户参与到公益项目中。用户的业务活跃使用行为，可以通过游戏的方式转化为公益权益，增强了用户的娱乐性。此外，用户和用户的小鸡之间还会互相“偷食”，且用户捐赠爱心鸡蛋的情况还会进入好友排行榜。这种社交互动功能，也能在一定程度上增强公益的黏性，且有助于支付宝整体社交属性的建立。

对于很多娱乐性不强的互联网业务而言，增加一个可兑换公益权益的游戏，可能是一个既能激励用户使用业务，也能带动公益参与的好办法。

图 4－9　蚂蚁庄园

消费行为可公益

消费行为可公益，就是用户可以将消费的金额，通过消费平台的换算方式转变为公益捐赠的权益。这种方式其实起源较早，多年前很多企业在线下销售商品的时候就采用了，属于公益营销中的一种常见方式。即消费者每买一份商品，企业就将其中一部分收入做公益捐赠。比如早年农夫山泉的“喝一瓶水捐一分钱”公益活动，就取得了很好的传播和营销效果。

到了互联网公益时代，这种方式被搬到了线上并多样化。一是商家从传统的大企业扩展到了广大的中小企业，甚至贫困乡村，比如淘宝的“公益宝贝”、京东的“电商扶贫馆”、唯品会的“唯爱工坊”等；二是消费者从过去买即捐的被动方式，变成了可以买完再捐赠消费额的主动方式，比如腾讯的“公益币”、支付宝的“蚂蚁森林”等。这就使得离“钱”最近的消费行为可以更大范围、更主动地进行二次公益利用，从而激发各方公益参与的热情。

案例

买东西做公益

近年随着国家扶贫战略的推进，各电商平台纷纷投身公益领域，开展了各种电商公益、电商扶贫的活动，鼓励消费者在购买东西的同时做公益。其中唯品会在 2017 年 5 月 27 日推出的“唯爱工坊”，是比较有特色的一个平台（见图 4 - 10）。

唯品会发布唯爱工坊电商扶贫平台，启动青海唯爱妈妈制造合作社

图 4 - 10　唯爱工坊

与大部分电商公益平台聚焦区域特色农副产品售卖不同，“唯爱工坊”聚焦的是地方手工艺制品。这些制品融入了地方的民俗文化特色，更能获得市场的价值增益并扩大产地和扶贫对象的影响力。唯品会在前期投入经费帮助贫困地区群众组织生产，并免费提供设计、包装、运营、物流等支持，然后在“唯爱工坊”对产品进行零利润售卖，专场销售所得用于帮扶相关的弱势群体。

唯品会组织过的三期“唯爱专场”专门售卖相关的扶贫产品，包括白族和彝族阿妈的扎染、土族阿妈的盘绣潮牌、自闭症小朋友的画作等，每场商品都在上线当天销售一空。对于参加专场的消费者来说，之所以如此积极参与，对这些弱势群体的关心是一个原因，还有一个重要的原因在于这些手工制品有独特的艺术和文化价值，消费者能够通过参与获得独特价值的反馈。

案例

支付额做公益

除了在买东西消费的同时能做公益外，支付宝、微信支付等支付工具还从促进业务使用的角度出发，将支付额设计为可换算公益权益的方式。支付宝的“蚂蚁森林”、微信支付的“公益币”等，都进行了这样的尝试。

以微信支付的“公益币”为例，它是2017年8月9日至2017年9月9日“99公益日”前后，微信支付和腾讯公益合作举办的一次公益创新活动。用户在中国境内参加活动的门店进行消费支付，每笔交易完成均可获得“公益币”。用户所得的“公益币”，可以捐赠支持特定的公益项目（见图4-11）。实际则由腾讯基金会按用户“公益币”捐赠情况，出资给项目以实现其公益目标。

图4-11　微信支付“公益币”

“公益币”有效利用了用户已经形成的线上支付习惯，无缝对接到公益项目捐赠上，是以零成本方式培养用户线上主动捐赠习惯的有益尝试。

生活行为可公益

生活行为可公益，是指用户日常的线下活动通过连接互联网进行数字化，并按一定的换算方式转变为公益捐赠的权益。相比前两类，此类离用户的生活更近，更有利于在各种场景中培养用户参与公益的习惯。

当然，不是用户的所有生活行为都适合用来进行公益兑换。在设计的时候，有几个考虑的维度：一是这种行为应该门槛低，是大部分人能够很容易做的事情，比如说话；二是这种行为应该对捐赠人有益，是对大部分人有正向价值的事情，比如跑步；三是这种行为应该尽量与公益活动相关，最好能够顺带着做公益，比如旅行。从目前行业发展的情况看，就出现了捐声音、捐步、捐精力背东西等有代表性的方式，成功激发了大众的公益参与热情。

对于为什么要借助互联网实现“生活＋公益”，路人甲创始人兼 CEO 韩靖在一次采访中说出了其中的道理：“我们老提公益生活化，凭什么生活化？恰恰是今天买壶茶可以参与公益，明天喝杯咖啡可以参与公益，后天唱卡拉 OK 也可以参与公益，这样才有助于一个人公益习惯的形成。当有一天，一个捐款人，他过了三年这样的生活，你不再给他优惠券，他也照做公益不误，因为已经形成习惯了。”[16]

案例

捐步做公益

捐步这个事情其实是有公益传统的，国内外很早就有了各种公益跑赛事。不过，在过去线下的方式下，公益赛事的时间、参与者等都比较有限，影响范围通常也不大。

智能终端和互联网的普及，真正让“捐步”走入大众的日常生活中。比如腾讯公益慈善基金会 2014 年开始发起的“益行家”项目：用户通过每天最简单的走路，达到一定数量就可以将步数捐出；而背后是由合作企业根据用户捐赠的步数，折算成实际的款项捐赠给用户捐步的公益项目（见图 4－12）。

图 4－12 腾讯公益“益行家”

这个活动最初从高校的运动筹款比赛开始，最终扩展为全平台用户参与，获得了海量用户的支持，成为一项全民愿意长期参与的公益生活行动。

案例

捐声音做公益

中国有超过千万的盲人，他们对世界的了解没法靠看，只能靠听和摸。同时，中国有超过 13 亿的人口，普通话普及率超过 73%，即共有 9 亿多国人使用普通话[17]。说话是人们日常最普遍的社会行为之一，那么互联网能不能发动这 9 亿多人群体的力量，用说话为盲人同胞做一些事情?

微信在 2014 年想到了这种可能，发起了创意公益项目“为盲胞读书”，并在 2015 年发布了“团队领读”活动。用户只要进入“为盲胞读书”[18] 的微信账号，就可以朗读系统推送的一段文字；或者随手拿起手边的书，为盲胞朗读自己喜欢的段落。后台收集语音文件，制成有声书，最后提供给盲胞收听（见图 4－13)。

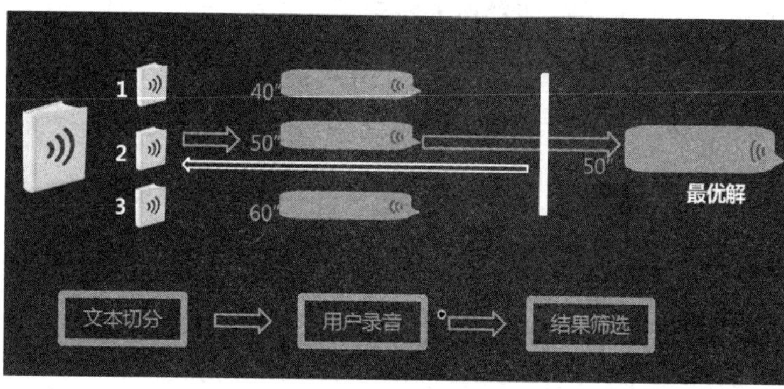

图 4－13　微信为盲胞读书

当然，项目过程中也出现了一些质疑，比如最主要的便是录音人员的不专业或许会影响有声书的最终质量。为此，微信团队通过自有的语音识别技术，以及一个人工智能驱动的大数据运营系统，实现对语音的自动筛选、整合和优化的闭环。即将一本读物按照段落分发给不同的用户，再把语音一个个收上来，回收的过程中将语音与通过人工智能的语音识别技术建立的基于人类声音的标准模型加以对比，把最好的语音留下来，集合到语音库里，最终组合并优化成有声书。虽然质量还不能与专业录音媲美，但众包速度快，且通过后期优化已比较接近。

这项活动在当时激起了社会各界的关注，易中天、徐静蕾、汪涵等名人也纷纷发起倡议并加入活动当中。截至 2015 年 5 月，“为盲胞读书”微信公众平台关注人数超过 130 万，收到超过 130 万条声音捐献[19]，形成超过 100 本有声读物；累计 300 万视障人士收听到项目输出的有声读物，全国 100 所盲校、1 万名视障儿童收到项目捐献的“悦读盒子”[20]。

案例

背东西做公益

利用互联网发起和号召大众志愿者参与“行为公益”，成功的案例其实早在十多年前的桌面互联网时代就出现了。2004 年，网名“安猪”的余志海在旅游中发现：云南的一个偏远山村，100 多户人家能上初中的女孩只有 2 人。于是，他在网上发起了一个“多背一公斤”的公益计划，鼓励每个人在乡村旅行的时候背上图书和文具，带给沿途的乡村学校，同时通过与当地儿童面对面地交流，传播知识，开阔孩子们的视野，并在旅行结束后将当地学校的信息在互联网上分享。

经过几次活动组织之后，“安猪”发现这样结合互联网的方式效果不错，越来越多的网友被号召了起来，于是决定将其作为一个长期项目，建立了网站 1KG. org，收集和提供学校的信息和需求，作为旅游者出行前的参考。在最初不到一年的时间里，广州、上海、北京的旅行者已经自行组织了 20 多次活动，参与人数超过 200 人，活动遍及湖南、广西、贵州、云南等地，捐助文具超过 10 000 份，书籍超过 3 000 本[21]。

对于如何利用互联网做公益，他们在博客中曾总结为三个核心步骤：首先是传递，通过网络号召网友出行时多背一公斤，为乡村学校带去需要的物资；其次是交流，在学校中与孩子们共同游戏和活动，传播知识、分享快乐并记录内容；最后是分享，归来后在网站分享信息，方便更多人了解和参与（见图 4－14）。秉承这样的认知，在之后的发展过程中，“多背一公斤”不仅依靠自身网站，更通过豆瓣、人人、开心网等当时主流的社区和社交网站来深度运营活动和管理志愿者，可谓开创了“社交＋公益”之先河与榜样。

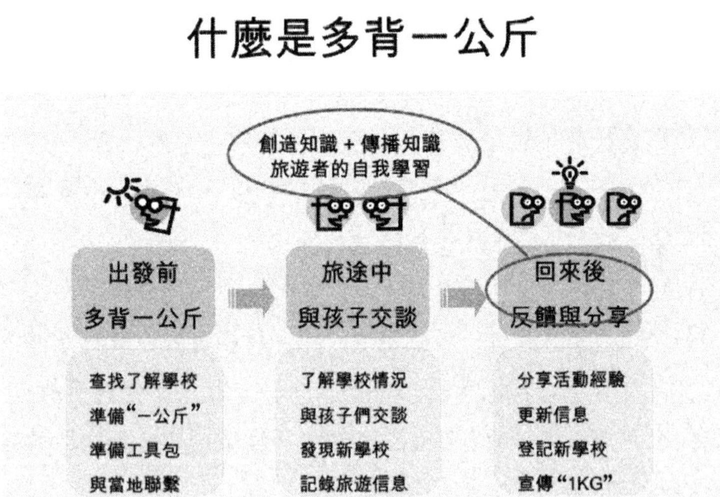

图 4－14 “多背一公斤”

因为抓住了互联网的关键要素，“多背一公斤”成功运营了近十年，多次荣获国内外公益大奖，如 2008 年奥地利电子艺术节金奖（数码社区类别），这在草根组织发起的公益活动中极为罕见。“安猪”在后来的总结中也说到“多背一公斤”与传统 NGO 的最大差异：“‘多背一公斤’不代替志愿者用户工作，而是引导，搭建平台、流程和信息的结构，因此不断了解学校需求，进行分类，不断在社区上完善学校信息的呈现和公益流程的管理。”用互联网搭建平台来对外赋能，以此构建公益生态，形成规模效应，十几年前的草根组织就在这么做了；十几年后的今天，这成为互联网公益平台成功的不二法则。

那些被互联网公益连接的人们

互联网的确改变了中国公益行业的面貌，大量的公众被吸引到了公益活动之中，成为推动中国公益发展的重要力量。过去线下方式难以普遍解决的社会问题，在互联网技术的支持下得以大规模、高效率地解决。无论是捐赠人、志愿者还是受助人，很多人的生活都因为互联网公益而发生了改变：有的借此重见亲人，恢复了血缘的纽带；有的借此成为公益志愿者，强化了社会的纽带；有的借此关注起生存和生活环境，构建了与自然的纽带。

血缘连接：“大 V”民警的网络公益寻人之路

近年来，在西安流传着这么一句话——“丢人找曹警官，找曹警官不丢人”。这位曹警官本名曹金生，是西安市莲湖区公安局政工科的一名宣传干事。本来并不专职于寻人工作的他，因为 6 年前偶然通过网络手段帮助一名河南的“失忆少女”找到了分别五年的家人，开启了网络公益寻人的“大 V”之路。

2013年1月12日下午，一位女孩来到西安市公安局莲湖分局求助，称不知道自己叫什么、来自哪里，现在只想回家。曹金生和同事们在其随身携带的包里没有找到任何有价值的线索，万般无奈之下只能先将其送到救助管理站。谁知女孩从救助管理站溜了出来，在附近的麦当劳待了一天一夜，第三天早上又回到莲湖分局。曹金生他们只能暂时先将女孩安顿在民警宿舍，并尝试通过公安网的人口信息比对为其找到家人。然而，系统里并未能查到与女孩相符的信息，民警们一时陷入了没办法的僵局。

万般无奈之下，曹金生想到了网络，尝试用自己新浪和腾讯微博的实名账号编发了一条寻人启事（见图4－15）。没想到这个帖子在网络上快速传播了出去，不到一周就被转发5万余次、阅读人数高达8 000万余人次[22]。河南商丘的老赵一家人从网上看到失忆女孩的照片后，确认她就是只身去青岛打工、五年杳无音信的女儿。老赵一家人连夜坐车赶往西安认亲，最终一家人得以团聚。

图4－15　曹警官帮助“失忆女孩”网络寻亲

此后，曹金生充分认识到网络寻人的巨大威力，空余时间便开始研究微博、微信；平时的工作也与网络串联起来，一有寻人信息就更新到网络上。一是随着微信社交平台的繁荣，曹金生建立了数百人的“曹警官公益寻人群”，将熟悉的媒体、爱心人士和曾经帮助过的人士沉淀下来，作为公益寻人的核心力量；二是主动联系各新媒体平台，建立信息共享渠道，争取更多平台的信息传播力量；三是注意吸引其他“大V”的关注和转发，让文化、演艺等知名人士参与，扩大影响力。

在这样积极有效利用互联网的情况下，6年多来，曹金生热情为群众解疑释惑15 000余人次，发布安全防范信息6 000余条，寻找走失老人、小孩600余名，平均3天1名，不可谓不高效[23]。有记者问曹金生：网络寻人不是你的本职工作，又没有经济效益，为什么能坚持做这么多年。曹金生回答说：一方面，自己作为公安人员有优势，可以快速准确地核实信息；另一方面是面对群众的信任，自己有责任坚持做下去，帮助他人，收获快乐。而现在手机成为大家获取信息的首选方式，老办法发广告寻人已经不适用了，需要与时俱进地利用微信、微博这些新平台。“动动手指，既快捷又方便，还能让更多的人参与一起转发，增加寻人成功率。”

社会连接：网聚众力保护与活化中国乡村

我国是农业大国，乡村是重要的社会组成。然而，伴随着经济发展和城镇化步伐的加快，大批的乡村尤其是古村在持续凋敝甚至消失。根据有关数据统计，自2000年至2010年，我国自然村由363万个锐减至271万个，10年间减少了90多万个，平均每天消失80～100个[24]。随着这些村落的消失，其中所蕴含的大量文化信息、形态也在随之消亡，造成无法挽回的社会损失。

2013 年被调到杭州市萧山区河上镇的周寅，在走访下属凤坞村的时候就有这样的感触。这个村是当时抗战时期萧山县政府驻地，留下了很多的旧址和遗迹，但很多已经残破不堪。比如当年县政府的旧址，有一百多年历史的老房子面临着倒塌和拆除的危险。还有另一座破败的老房子，是美国飞虎队员当年使用过的。周寅当时就想将两座老房改成博物馆，可惜村镇缺乏经费支持。思来想去，周寅最后想到用民间众筹的方式，就联合浙江大爱慈善基金会搭建了一个公益众筹平台。最终通过线上线下一系列宣传和活动，把一些学校师生、抗战老兵、社会知名人士，甚至本地村民的积极性都调动了起来，2015—2017 年先后筹得共百万元善款，建成“萧山抗战纪念馆”“中美合作抗战纪念馆”两座博物馆（见图 4－16）。

图 4－16　河上镇众筹的中美合作抗战纪念馆

这中间有一个颇有趣的变化：建第一座馆的时候，没有一个本地村民来捐款；第一座馆开放后，通过媒体传播等吸引来了很多人参观。看到所有捐款人的名字都写到了馆内墙上，大家都觉得这是一件很光荣的事情，于是到第二座馆建设的时候，很多村民都特别主动地来捐款，最后筹得的 30 万元中的五六万都来自村民[25]。可见一个人心涣散、日趋凋敝的村子，在有责任心、有能力的“新乡贤”引领下，通过众筹建馆激起社会关注，就能实现重新聚拢村民人心、共建乡村的效果，这为我们指出了我国乡村重建的一条可行道路。

环境连接：互联网＋环保，构建公众-政府-企业共治关系

随着经济的发展，我国的自然生态环境近些年在不断恶化。雾霾、黑臭水、土壤污染等问题频出，对国民生活健康的威胁越来越大。然而，虽然环境问题逐渐进入了公众视野，大家也切身体会到环境污染对自己的影响，但除了响应专家和媒体人的呼吁之外，真正能接触到污染数据、参与到环境治理和保护中的公众不多，因为缺乏有效的渠道和工具。这使得在很长时间内，对于我国的环保工作，社会认知少，推进不易。

长期从事水资源研究和保护的马军很早就意识到了这点，于 2006 年 6 月发起成立了公众环境研究中心（IPE），致力于推动环境信息公开和污染防治。为促进公众对环保的认识和参与，中心上线了首个“中国水污染地图”公益数据库，收集整合全国水质信息、排污信息和环境违法企业信息，向公众开放使用。之后，随着互联网飞速发展，为了让更多公众能方便、实时地看到这些环境数据，IPE 从 2013 年起开始筹备开发手机端的污染地图 APP，并于 2014 年正式上线，2015 年升级为如今的“蔚蓝地图”

(见图 4-17)[26]。

图 4-17 “蔚蓝地图”的主要功能

“蔚蓝地图”APP 广受好评，推出当年下载量就累计超过了 300 万，这在环保类应用中很少见。2015 年，“蔚蓝地球”就已能监测全国 9 000 多家企业的排污情况。到 2016 年末，年度污染源监管信息录入量达 7 万余条，累计录入总量突破 30 万条[27]。马军也因此在 2015 年和 2017 年，先后荣获英国斯科尔社会企业家奖、荷兰克劳斯亲王最高荣誉奖两个全球知名的社会活动奖项。“蔚蓝地图”的成功，在于以“互联网+环保”的方式，形成公众、政府与企业的连接及良性互动，从而促使环保问题得以有效解决。具体而言，体现在三个方面：

首先是依靠具备足够公信力的数据。从 2006 年一开始，IPE 就以政府的公开环境数据为主，结合企业自身公开的排放等数据进行收集、整理和展示。这样的数据比较容易让各方信服，减少中间由于数据质疑引起的各种矛盾和纠纷，让大家将精力集中到问题整改本身。在环境监测的过程中，也会发现某些数据与现实情况存在明显偏差。这时候，也能够通过 IPE 的分析研究，明确数据失真的原因，屏蔽并反馈给环保部门进行处理，从而确保数据的准确和权威性。

其次是利用移动互联网鼓励公众参与。“蔚蓝地图”APP 提供了随手拍举报功能，使得公众可以便利地参与到环保监督中，利用社会舆论力量有效提高污染治理的效率和效果。很多产业污染都出现在能源和原材料生产过程中，但它们在供应链上游不容易触及。比如山东某钢铁厂，排放超标达到十倍。IPE 作为环保组织去交涉，钢铁厂说，作为上市公司，环保这个事情不太重要，后来其在线数据超标问题实时呈现在“蔚蓝地图”上，当地的居民在手机上一次次分享这些超标记录，而且@当地的环保部门，形成一种“微举报”。最终，当地环保部门回应公众诉求，要求这家企业整改落实，可见公众力量在环保中的重要作用。

最后是促进企业整改落实。IPE 为了推动排污超标企业真正落实整改，还充分考虑了市场的撬动力量，深入到企业整个供应链中，以上下游企业的社会责任连带性来督促整改。2007 年，IPE 开始提倡一种叫作“绿色选择”的工作方式：当找污染企业没用的时候，就去找它的买家。将掌握的数据推送给相关的大企业、品牌商，它们从社会责任和公众舆论的角度出发，往往会更积极地推动污染企业整改。目前已经形成绿色采购的检索、确认和披露流程，以及细化评价的绿色供应链 CITI 指数。苹果、阿迪达斯、戴尔和华为等超过 40 个大型国际国内品牌，定期使用“蔚蓝地图”数据库对其在华供应商进行管理。十年时间，绿色供应链成功推动近 2 000 家供应商企业改善其环境表现，近 1 000 家供应商披露环境排放数据[28]。

第五章　政府的支持与规范

随着我国社会的发展成熟，政府对慈善公益也日益重视。2016年3月16日，十二届全国人民代表大会第四次会议以2 636张赞成票、131张反对票、83张弃权票，通过了《中华人民共和国慈善法》（以下简称《慈善法》），并明确自2016年9月1日起施行[1]。至此，历经十年有余的慈善立法之路几经曲折，终获圆满结果。我国慈善公益事业进入了有法可依、有法必依的新阶段。

作为我国首部《慈善法》，该法对慈善活动进行了广义界定，超出了我国传统扶贫救助的“小慈善”范畴，将教育、文化、环保等国际共识的公益活动纳入其中，建立了“大慈善”的概念和内涵，指引并保障我国公益事业向多元化发展；同时，在规范慈善组织设立运营、慈善财产来源和使用、开展慈善服务、促进慈善事业发展等各方面，也做出了更明确的规定。对于处于发展期、存在各种乱象的我国慈善公益来说，这将有力推动整个行业的健康发展。

该法与时俱进，重点考虑了近年来蓬勃发展的互联网公益的影响，对互联网募捐资格，尤其是慈善信息平台的要求进行了规范。由于互联网公益与传统公益相比的特殊性，比如天然跨地域性等特点，制定相关条款的过程几经反复，最终明确慈善信息平台由国务院民政部门统一或指定，既实现了对平台的必要监管，又照顾了平台对集中简化管理的诉求，实现了规范监管和鼓励发展的平衡。

慈善立法的慢与快

漫长的十年酝酿：2005—2015 年

在中国文化里，“十年”是一个特别重要的概念。孔子的名言“三十而立，四十而不惑”相信很多人耳熟能详，其中所蕴含的就是：十年意味着从量到质的状态跨越。

我国《慈善法》的酝酿，从 2005 年发起研究到 2015 年启动审议，刚好也经历了十年之久。2005 年，中国社科院社会政策中心等机构就开始了慈善领域的立法研究工作；很快，当年 9 月，民政部正式向全国人大和国务院提出起草慈善事业促进法的建议，标志着慈善立法工作的开启。然而，直到 3 年之后的 2008 年，慈善法相关法律才终于经民政部审议通过，并列入十一届全国人大常委会立法规划第一类项目；接着，2009 年，民政部向国务院法制办提交了立法草案，《慈善法》就此进入立法程序；次年的 2010 年，国务院法制办有关负责人表示，《慈善法》草案已初步成型，似乎离出台不远了。可惜之后又等了 4 年，直到 2014 年全国人大内务司法委员会才召开慈善立法领导小组第一次全体会议，研究了立法时间表和法律案框架，并确立了“开门立法”的总基调；终于在 2015 年 10 月，《慈善法》草案完成，首次提请全国人大常委会审议，才正式进入最终的“人大立法周期”。

慈善立法为什么这么“慢”？一方面是受到牵头机关的级别和

权威性影响。《慈善法》一开始由民政部牵头，其相对其他部委比较弱势。而国务院如果有一部法律要通过，都需要听取各部委的意见，民政部比较难平衡各部委的不同利益诉求，因此影响了立法推进速度。直到 2013 年 11 月，《慈善法》被列入十二届全国人大常委会立法规划，并最终确定由全国人大内务司法委员会牵头起草。随着牵头机关级别的提升，部委之间的纷争才比较容易消除，后面的立法过程才得以进入“快车道”。另一方面是因为立法本身需要进行大量的调查、研究、讨论，以充分考虑社会各界的意见。而我国自古以来民间慈善主要是社会救济，现代公益在新中国发展的历史又较短，因此对此认识上存在各种模糊和差异不难理解。这些差异很难短时间统一。比如，2009 年，时任社会福利与慈善促进司司长的王振耀对外透露，当时《慈善法》草案已经递交国务院审议，但由于社会各界分歧较大，最终未能顺利提交全国人大常委会审议[2]。

分歧的统一往往需要时机，体现为特殊事件的发生。在《慈善法》的成型过程中，有两类事件起到了决定性的助推作用。其一是重大社会事件。2008 年的汶川地震就是典型，其“震动”了我国整个公益行业。全国各地的捐款如潮水般汇聚，使得当年民政部和社会组织接受的社会捐款总额扩大为上一年的 5.6 倍[3]。社会爱心被普遍激活的同时，围绕善款管理和后续处理的种种问题也随之暴露。如财经网的报道指出，在汶川地震的 652 亿元捐款中，仅有约 151 亿元公布了使用明细，占总额的 23.16%。其余 501 亿元，至今没有在公开数据中明确显示详细去向，甚至连捐款来源也无从查证[4]。极速膨胀的捐款规模和由此引发的乱象，引起了从政府到社会各界的重视，从而促成《慈善法》在汶川地震发生当年进入人大立法规划第一类项目，并在次年正式进入立法程序。其二是技术应用革新事件。2015 年前后，以腾讯“99 公益日”为代表的互联网公益创新涌现，其快速传播、跨地域、游戏化等特点，普遍激发了个人网民的捐赠积极性，第三方线上筹款额快速激增，达到上一年的 3 倍[5]。当然，互联网的“放大器”作用也带来了新的问题，如郭美美事件引发的网络舆论风暴对红十字会产生了巨大的负面影响。如何使公益尤其是互联网公益规范发展，成为监管者需要解决的紧迫问题。因此，《慈善法》草案得以在 2015 年完成，并纳入了互联网公益的相关条文，进入最终的人大审议阶段。

光速的 139 天审议出台

相比之前十年酝酿的曲折，2015 年进入“人大立法周期”后，《慈善法》的审议仅用了不到半年的 139 天。这在近年提请人代会审议的法案中都实属罕见，媒体甚至称之为“超级速度”，由此足见国家对《慈善法》的重视以及需求的迫切。

作为法制工作委员会牵头负责人的阚珂，在其著作《人民代表大会那些事》中，以“慈善立法日志”的方式详细记录了这 139 天的工作历程。从一开始打破常规进行社会公开意见征求，到持续与学界、各类慈善组织、各相关部委、信托机构、企业公益负责人等各方开展了多次高频度的研讨和座谈，中间穿插着多次对代表性机构的调研和工作组内部研讨修订工作，直至提请前一天奋战了一个通宵完成最终修改稿。提请 4 天之后，2016 年 3 月 16 日，《慈善法》以 92.2%的赞成率终获人大表决通过，并于同年 9 月 1 日开始正式施行[6]。

由此可见，广泛、充分的沟通是《慈善法》顺利快速出台的关键。在十二届全国人大第四次会议期间，对《慈善法》草案作审议发言的代表共计 1 231 人次，提出修改意见建议近 4 000 条，实际修改了 110 处[7]。

《慈善法》的成功出台，对我国慈善活动的定义、慈善组织及行为、监督管理要求等进行了规范，结束了我国自改革开放以来慈善领域监管依据欠缺、较难实施的混乱局面，将有效强化规范化管理，促进我国慈善公益事业健康有序发展。

关于互联网公益重要条文的“五变”

《慈善法》中对互联网公益影响最大的，是第二十三条关于慈善信息平台的规定。该条文决定了谁有权作为主体开展网络募捐，以及通过什么平台进行。正因如此重要，立法参与各方对监管的松紧程度有不同的判断，使得该条文历经五次变动、几经反复。从一审稿写入、二审稿删除、二审修改稿重新写入类似规定、草案稿略作修正，到草案修改稿将平台指定工作完全交由国务院民政部，最终形成建议表决稿，直至表决稿最终通过，方尘埃落定。虽然过程比较曲折，但也充分体现出《慈善法》制定充分吸收和权衡多方意见的民主性，从而最终获得了多方认可的可行结果。

一审稿写入：分级监管

一审稿出台的前一年，正是互联网公益开始进入高速发展的时期。《2014 年度中国网络捐赠第三方平台研究报告》统计数据显示，当年各类网络捐赠第三方平台募集的善款总额达到了 4.36 亿元，捐赠人次达到了 11.18 亿。

行业高速发展的同时，也出现了一些诸如网络骗捐之类的乱象。比如2015年8月，一名95后女孩微博骗捐被刑拘的事件。这个网名“我的心属于拜仁慕尼黑always”的女孩，在微博发帖谎称父亲在天津港爆炸中死亡，以骗取网友“打赏”。虽然被细心网友及时拆穿，但据不完全统计，已有共3 700多名网民对其进行了打赏，涉及金额9万多元[8]。

在这种背景下，一审稿制定者对互联网募捐采取了比较谨慎的态度。主要体现在：一是分级管理，规定“在省级以上民政部门登记的慈善组织可以通过其网站或者其他网站开展募捐。在设区的市和县级民政部门登记的慈善组织，可以在其登记的民政部门建立或者指定的慈善信息平台开展互联网募捐”；二是限定了公开募捐的地域范围，规定“慈善组织开展公开募捐，应当在其登记的民政部门行政管理区域内进行”。

全国人大内务司法委员会副主任委员王胜明，在作一审稿说明时表示：“这样规定是根据开展网络募捐的必要性和可能性，同时尽量避免重复募捐甚至网络欺诈等现象。初步估算在省级以上民政部门登记的慈善组织已有数千家，基本能够满足我国开展互联网募捐的需要，省级以下民政部门登记的慈善组织数量众多，大多数从事的是慈善服务业务，要求其在民政部门建立或者指定的慈善信息平台开展互联网募捐，有利于互联网募捐的规范化。”[9]

二审稿删除：开放接纳

一审稿相对严格的监管基调，引起了较为广泛的争议。在审议前为期一个月的公开征求意见阶段，就收到了1 803条意见反馈[10]。最受关注的意见主要集中在四个方面：一是个人公开募捐是否受限，包括通过微博、微信募捐是否合法；二是向民间放开公募权，又设置两年的考察期门槛是否必要；三是网络募捐的分级，以及地域限制是否合理；四是税收优惠政策如何更具操作性。

二审稿充分考虑了这些意见，尤其是取消了网络募捐的分级和地域限制，表现出对互联网公益采取了更为开放的态度。

对于分级制，业内人士的主要意见认为，互联网公益还处在发展早期，法规太严太细不利于行业发展，应该留更多的空间。广州市慈善会秘书长江中芳在接受媒体采访时就表示，“以注册地的行政级别来限定慈善组织开展互联网募捐，是一种带有明显‘计划’思维的做法。当前大量的市级、区级慈善会都已经在自己的网站上有了募捐功能，如果采用分级制，会有大量的组织受到影响”[11]。

因此，二审稿完全采纳了取消“分级制”的建议，不再对互联网募捐采用哪一级平台做限定，规定“慈善组织通过互联网开展募捐的，应当标明其登记机关”，“网络服务提供者应当对利用其平台开展公开募捐的慈善组织的登记证书、公开募捐资格证书进行验证”。

对于地域限制，一些全国人大常委会专家和有关社会组织在一审时就提出，慈善组织通过广播、电视、报刊、互联网等媒体发布信息公开募捐，难以限制、也没必要限制其地域范围，因为这些媒体渠道大部分天然跨地域。

二审稿也基本采纳了上述建议，慈善组织通过广播、电视、报刊、互联网等媒体发布募捐信息开展公开募捐，不受地域限制。不过，如果慈善组织在公开场所设置募捐箱，或举办义演、义卖、义赛、义拍、慈善晚会等开展公开募捐的，仍受地域限制，应当在其登记的民政部门管辖区域内进行。

二审修改稿重新写入：回归保守

然而，在对二审稿的修改过程中，有领导认为互联网募捐还应以规范为主，并且该意见占了上风，故法工委又重新写入了与一审稿类似的规定，即："慈善组织通过互联网开展募捐的，应当在民政部门统一或者指定的慈善信息平台发布募捐信息；其中，在省级以上民政部门登记的慈善组织也可以在其网站发布募捐信息。"

从条文中可见，对待互联网募捐的保守主要体现在两方面：一是将慈善信息平台的认证和监管统一到了民政部门；二是地域限制重新回归，只有省级以上的慈善组织可以通过自己的网络渠道募捐，省级以下的中小组织只能利用官方认证的平台进行。

二审修改稿的回归保守，反映出对互联网公益的谨慎态度仍然普遍存在。无监管可能导致的行业乱象，是立法者希望避免的关键问题。

草案稿略作调整：取消分级

二审修改稿完成后，全国人大常委会法制工作委员会召开了座谈会，就草案中有关互联网募捐的规定征求意见，邀请了中国民生银行、海航集团公司、阿里巴巴公司、腾讯公司等相关公司人员参加。

受邀公司的意见集中反映在对慈善信息平台的限制性规定上，认为其会阻碍民间平台和低级别慈善组织的发展。对民间平台来说，修改稿中的"民政部门统一或指定的慈善信息平台"并未明确具体指向，缺乏可操作性。已经运行很好的平台，可能由于"必须官方指定"这一条难满足就死掉了。对于省级以下低级别慈善组织来说，按条文仅能通过官方慈善信息平台发布募捐信息。这样会使得资金、能力本来就有限的低级别慈善组织只能使用更有限的资源，在制度上造成不公平。

草案稿部分接受了反馈意见，取消了分级制度，但仍保留了政府监管的要求，规定“慈善组织通过互联网开展募捐的，应当在民政部门统一或者指定的慈善信息平台发布募捐信息；也可以同时在其网站发布募捐信息”。

草案修改稿再调整：统一监管

草案稿对政府监管条文的原文保留，体现出了传统公益线下的旧思维方式，即监管权下放地方政府部门进行属地化实施。这对于传统公益机构募捐活动以线下为主的特点还比较适用，但对慈善信息平台而言，其互联网属性天然跨地域，如果还需到各地各级政府去获得认定，就很难操作了。

对此，十二届全国人大第四次会议还专门举行了代表小组会议进行审议。会上，针对“互联网公募平台的认定，要不要改为省级以上民政部门?”的问题，作为企业代表的马化腾和作为法律专家代表的陈舒意见相反，特地单独进行了深入的对话，充分交换意见。

马化腾支持条文改为“国务院民政部门（或者省级以上民政部门)”，来对平台进行认证。马化腾的担心不无道理，如果按草案原条文要求，平台需要到全国 3 000 多个各级民政部门去依次认证，方能合法进行运营。“数量如此之多，仅办理指定一事，就会耗费大量时日，平台会疲于奔命，也不利于慈善组织活动的开展。”

陈舒则从慈善组织的角度，反对“省级以上”的分级限制，认为这样对慈善组织而言才体现公平性。“我的观点与马化腾冲突，不再限定级别，让慈善组织在同一平台上起跑。”

两者观点的差异，反映了对互联网公益监管最主要的两派：利用新技术发展公益，是追求效率，还是追求公平？在后续沟通中，陈舒也表达了对马化腾的理解，最后表示：“要把实质和形式分清楚，微博、微信、微公益都是形式，都是平台。我们一直提出，要管的是公募。慈善法草案把这个问题绝对搞清楚了，形式只是形式，本质是对公募的监管。”[12] 实际上表达出：对平台和对公募组织的监管是可以不一样的，最终要监管的是公募组织。

最终草案修改稿综合了各方意见，第二十三条第三款规定：“慈善组织通过互联网开展公开募捐的，应当在国务院民政部门统一或者指定的慈善信息平台发布募捐信息；也可以同时在其网站发布募捐信息。”一是肯定了要对平台进行监管，二是将监管统一到国家级的民政部门来大幅降低平台获认定的成本。此修改稿最终审议通过。至此，互联网公益进入了平台统一监管的新阶段。

互联网公益的三个问题

作为中国的首部《慈善法》，其制定和颁布的过程中免不了出现争议。尤其对于互联网公益这一新生事物，全球范围都没有太多可借鉴的制度经验，因此社会各界对相关法律条文反映的疑惑和问题更为突出。总体看，主要有三大问题：

个人还能不能通过网络“公开”筹款？

《慈善法》第二十六条规定：“不具有公开募捐资格的组织或者个人基于慈善目的，可以与具有公开募捐资格的慈善组织合作，由该慈善组织开展公开募捐并管理募得款物。”

这是否意味着，个人就不能自行在网络上公开进行求助或募捐了？事实并非如此，《慈善法》并没有对个人自行通过网络进行求助或募捐一律禁止。根据个人发布行为类型的不同，具体可细分为三种情形区别处理：

情形1：个人求助行为——不禁止。个人为解决自己或家庭的困难而自行通过网络公开发布求助信息属于个人求助行为，《慈善法》并未明文禁止。正如十二届全国人大第四次会议秘书处法案组副组长阚珂所说：“慈善是利他，利己就不是慈善了，它是个人求助，《慈善法》不限制，不做调整。”《公开募捐平台服务管理办法》也明确规定：个人求助信息不属于《慈善法》公开募捐信息的范畴。但需要注意的是，个人如果有诈捐和骗捐的行为，将会被依法追责。

情形2：个人自行通过网络为某一特定他人进行公开募捐的行为——不禁止。此类行为受益的只是某特殊个体，不属于《慈善法》调整范围。阚珂明确指出：“慈善要利的是不特定的大多数人。”《慈善法》第二十六条也明确指出，个人只有基于慈善目的，进行公开募捐行为，才需要与具有公开募捐资格的慈善组织合作开展。所谓慈善目的，是指募捐最终是为了让一群人而不是某一特定个体受益，受益人必须是不特定的社会公众。

情形3：个人自行通过网络为不特定社会公众进行公开募捐的行为——禁止。这类行为属于《慈善法》所调整的公开慈善募捐行为，个人必须与具有公开募捐资格的慈善组织合作才能发起。如个人自行发起，则属于违反《慈善法》的非法募捐行为，需承担相应的法律责任。

什么慈善组织才是利用网络进行“公开募捐”的“合法”主体?

根据《慈善法》和《慈善组织公开募捐管理办法》的规定，依法取得公开募捐资格的慈善组织可以面向公众开展公开募捐。不具有公开募捐资格的组织和个人不得开展公开募捐。

如图 5－1 所示，只有实线连接的那些公募慈善组织依法取得了公开募捐资格，具有慈善组织的登记证书和公开募捐资格证书，方可利用网络开展公开募捐活动；而虚线连接的那些主体，则无权开展。

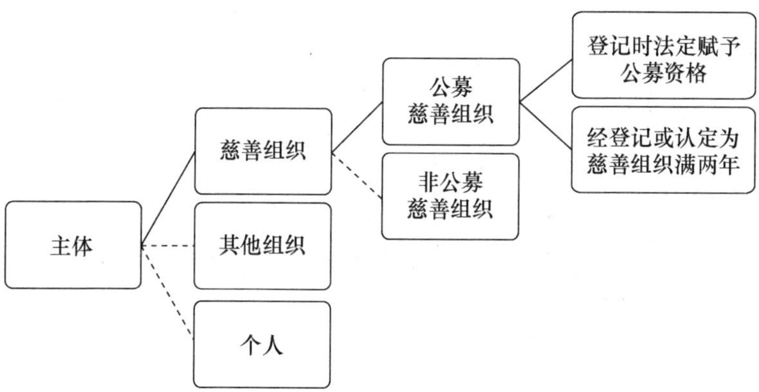

图 5－1　慈善公益的主体分类

慈善信息平台要承担什么义务?

慈善信息平台既然能够获得法定的慈善信息发布权利，也自然需要承担相应的责任与义务。《慈善法》和《公开募捐平台服务管理办法》对此做出了明确的规定，慈善信息平台主要承担七个方面的义务：

（1）验证义务。平台在提供公开募捐平台服务时，应当查验慈善组织的登记证书和公开募捐资格证书，为捐赠人把好审核关。

（2）签署协议义务。平台向慈善组织提供公开募捐平台服务时应当签订协议，明确双方在公开募捐信息发布、募捐事项的真实性等方面的权利和义务。

（3）报告义务。平台发现慈善组织在开展公开募捐时有违法违规行为时，应当及时向民政部门报告。

（4）记录和保存义务。平台应记录和保存慈善组织的相关证书复印件及其在平台上发布的相关信息。

（5）配合义务。民政部门发现慈善组织利用平台服务有违法违规行为，要求平台协助调查的，平台理应配合。

（6）告知义务。平台停止为慈善组织提供公开募捐信息发布服务的，应当向社会公众告知。

（7）提示义务。针对个人利用平台发布的求助信息，平台应当在显著位置向公众进行风险防范提示，告知其信息不属于慈善公开募捐信息，真实性由信息发布个人负责。

总之，《慈善法》的正式施行，对我国互联网公益影响重大。慈善信息平台被纳入监管，标志着我国互联网公益进入规范发展的新时期。对于未来而言，如何在法律法规允许的范围内鼓励创新，将是政府及公益行业各界需要重点考虑的问题。

推动“互联网＋民政服务”整体升级

我国政府其实很早就已注意到互联网的巨大作用。2015 年，李克强总理作政府工作报告时，已经将“互联网＋”上升为国家战略。在此推动下，我国互联网公益蓬勃发展，让政府进一步看到了互联网在社会工作中发挥作用的巨大能量。作为国家慈善公益的主管部门，民政部于2018年5月28日颁布了《“互联网＋民政服务”行动计划》（以下简称《计划》）[13]，显示出对推动互联网深入融合与升级整个民政服务系统、全面提升公共服务供给能力和管理水平的愿景和决心。

《计划》规划了十项“互联网＋”典型的应用服务，其中有四项与“大慈善”关系密切，包括：“互联网＋社会组织”“互联网＋社会救助”“互联网＋志愿服务”“互联网＋救助寻亲”，可见慈善公益在“互联网＋民政服务”中的重要性。

互联网＋社会组织

改革开放以来，我国社会组织有了长足发展，规模日趋壮大，类型日益丰富，越来越成为政府在社会治理中的有益支持和辅助力量。然而，社会组织快速发展的同时，由于基础建设、管理机制、支持手段等的不成熟，良莠不齐的社会组织可能带来的风险也与日俱增。

传统的线下手段很难高效处理海量社会组织运营中反映出的复杂问题，比如互联网环境中某些组织发出的不实信息很容易影响广大用户，依靠线下手段去提醒大众几无可能，必然需要实现用互联网的方式来赋能和管理社会组织。

因此，在《计划》中，民政部对“互联网＋社会组织”做了四个主要方向的建设规划，包括法人库、微信矩阵、慈善捐赠信息平台和信用体系；安排由社会组织管理局牵头，信息中心、社会组织服务中心共同参与。

一是启动全国社会组织法人库建设，建立民政系统互联互通的社会组织综合监管系统，推动社会组织登记管理“放管服”，着力解决群众办事难、办事慢、办事繁的问题。目前，这一法人库已完成公开招标并进入建设阶段，主要采用部、省两级部署方式，目标是建立完善市场主体工商登记及信用信息公示、社会组织申报登记及年检等业务信息系统，保证市场主体信息的准确率和完整率均达到 99%以上，实现对 80%的市场主体监管信息的电子化。主要的系统部署和功能如图 5-2 所示：

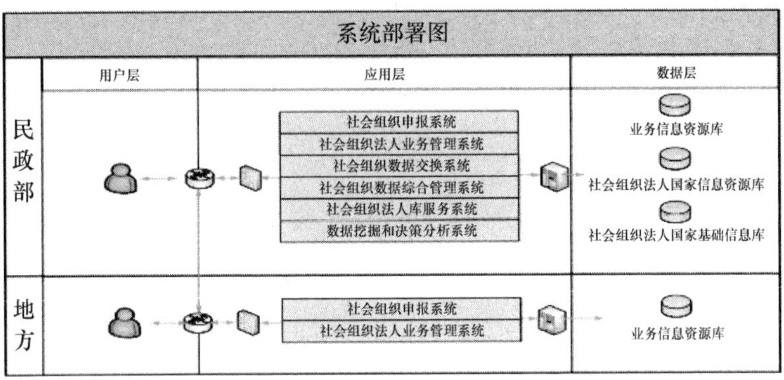

图 5-2　全国社会组织法人库系统部署图

资料来源：民政部社会组织管理局. 国家法人单位信息资源库（一期）项目（民政部）系统集成项目招标文件. 中信国际招标有限公司，2018-03.

二是优化社会组织信息查询、预警提示、在线投诉举报服务和“中国社会组织动态”微信矩阵建设，促进社会组织与社会公众良性互动，营造社会支持和监督社会组织发展的氛围。目前承载这些功能的中国社会组织公共服务平台 web 版和微信公众号均已上线，纳入了全国近 80 万个社会组织[14]、4 880 个慈善组织的数据[15]，用户已可以在桌面和移动端比较方便地查询甚至投诉相关信息（见图 5-3）。

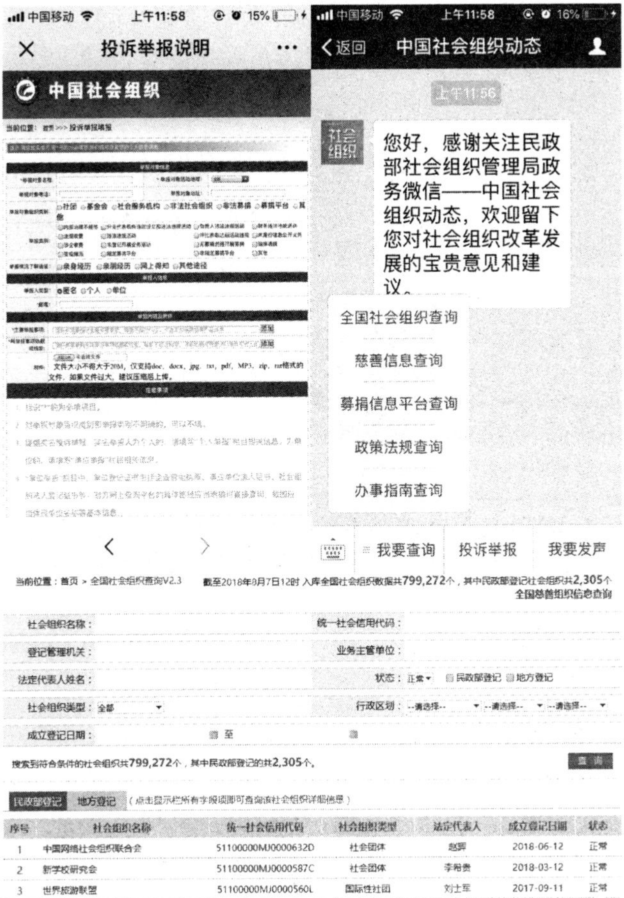

图 5－3　中国社会组织公共服务平台

三是加强互联网慈善募捐信息平台遴选指定和日常监管，指导完善便捷、规范、畅通的筹资渠道，推动慈善捐赠信息共享与联合奖惩，营造“人人公益、随手公益”的清朗网络空间，发挥互联网平台的协同优势，加强社会组织服务项目与社会需求有效对接，拓展资源对接及社会参与途径，为社会公众参与公益慈善提供广泛渠道。这部分如前面章节所述，已经完成了前后两批、共 20 家平台的指定，覆盖了包括社交、电商、O2O、众筹等目前主要的平台机构类型。

四是加强与全国信用体系建设成员单位、国内大型互联网平台的合作，共建共享社会组织信用信息，拦截和屏蔽非法社会组织网上信息，切实维护和保障广大人民群众的权益。在这方面，民政部于 2018 年 1 月就颁布了《社会组织信用信息管理办法》，要求全国社会组织信用信息登记管理机关依据社会组织未依法履行义务或者存在违法违规行为的有关信用信息，建立社会组织活动异常名录和严重违法失信名单制度。目前，在中国社会组织公共服务平台，已实现“活动异常名录”和“严重违法失信名单”两类民政部自有信息的公示。但对与外部信息体系和信息的对接与合作还处在探索阶段，全面的信用体系建设还有待时日。

互联网 + 社会救助

社会救助是社会工作的一大内容，其影响的广泛性、工作的复杂性等问题也十分需要借助互联网来解决。通过互联网整合信息、实现救助目标的精准认定、缩短救助的环节时间，是政府规划的重要发展方向。

一是构建“社会救助”综合服务信息平台，扩展业务功能，加强业务协同，实现资源对接。同时，综合利用网站、微信、APP、服务热线、自助终端等多种手段向社会公众提供政策解读、办理查询、监督举报等服务，公开社会救助相关信息，接受社会监督。

二是充分利用“互联网＋”和大数据等技术，推进社会救助家庭经济状况核对机制建设，助力社会救助精准认定。指导地方围绕救助对象申请受理、入户调查、复核督查等工作，开展移动互联网应用，提升救助工作效率和信息化水平。

这部分工作计划由社会救助司牵头，低收入家庭认定指导中心、信息中心参与。目前由于社会救助的地域性特征明显，且各地民政部门在这方面信息化和数字化建设大多刚起步，因此还处在“中央给指导和支持、地方各自建设”的阶段，省级如海南、青海，市级如包头、长沙，区级如重庆的江津区、延安的安塞区等，都不同程度地开通了社会救助的官方公众号，落实救助工作的线上开展（见图 5-4）。

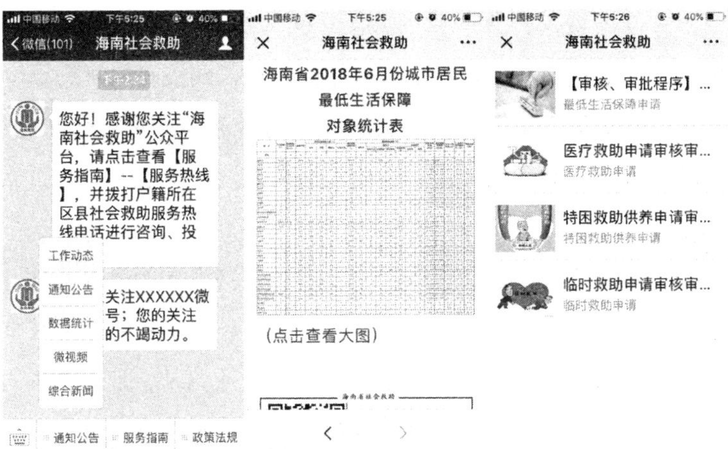

图 5-4　社会救助公众号与服务内容（以海南省为例）

互联网+志愿服务

志愿者是落实社会工作的核心力量。根据中国志愿服务联合会《2016 年中国志愿服务发展报告》测算，2016 年我国正式注册志愿者与未注册志愿者合计 13 480 万人，占人口的 9.75%。这意味着在我国每10人中就有一位志愿者，可见志愿者对我国社会工作尤其是慈善公益有多么重要。

然而，志愿服务在我国的发展历史比较短，各种问题也比较多。主要体现在：一方面是区域不平衡，按上述报告统计，我国农村志愿服务组织数量只占全国的5.53%，东部发达地区志愿者的数量是中部的11倍；另一方面是行业规范不足，违规使用志愿者、志愿者工作的不专业等事件时有发生。这些问题制约了我国志愿服务的健康发展。

在全民互联网化的趋势下，用互联网来连接、支持和管理志愿者的服务开展就是必然选择了。在互联网的作用下，信息不对称、流程冗余和不透明、激励不足等问题都能够得到很好的解决。

一是解决信息不对称。通过升级改造全国志愿服务信息系统，开展志愿服务信息系统指定，推动信息系统之间互联互通，汇聚整合志愿服务的大数据资源。

二是解决流程冗余和不透明。发挥互联网平台的参与作用，优化志愿服务信息化流程，为志愿者、志愿服务组织提供实名注册登记、活动搜索报名、人员招募录用、服务时间记录、证明查询打印等全流程、便捷化服务，方便公众参与。

三是解决激励不足。以志愿服务信息系统建设和数据共享为依托，加强志愿者褒奖和优待，完善公民信用信息记录，扩大志愿活动、志愿精神的网络传播，调动各方力量主动参与志愿服务。

这方面的工作计划由社会组织管理局牵头，信息中心参与。实际上，全国志愿服务信息系统已于2016年11月试运行，2017年6月正式上线。目前，已有近48万个志愿团体、超过9 000万的志愿者注册，发布的志愿项目数量累计超过140万个，志愿服务时间累计近 10 亿小时[16]，可以说连接范围已经比较广了（见图 5－5）。未来的重点在于将系统上的应用功能进一步做精做细，吸引更多的志愿团体、项目和志愿者的连接与高频使用，更多发挥互联网高效率的作用。

图 5－5　全国志愿服务信息系统主要功能

互联网＋救助寻亲

寻亲是社会救助工作中偶发性强且日常发生概率高的一类，信息传播的速度、广度和准确性对寻亲事件结果起着决定性的作用。业界普遍认为，走失后的 24 小时是开展救援的“黄金时间”。传统线下的方式在大范围快速传播走失信息方面的能力有限，而互联网则可以很有效地快速连接和发动网民提供信息，加上人脸识别等机器智能，使得失踪寻回的可能性大大提高。

民政部规划由社会事务司牵头、信息中心参与，推动“互联网＋救助寻亲”的平台建设升级和技术应用开发。

一方面，要充分利用互联网对人的连接和信息互动能力，升级完善全国打拐解救儿童寻亲公告平台，优化完善全国救助管理信息系统功能，重点开发救助管理移动端 APP、全国救助寻亲公众号、微博公众号等，创新寻亲手段，拓宽寻亲渠道，逐步实现与公安等部门人口信息互联互通，进一步扩大寻亲救助覆盖面，增强流浪乞讨人员救助寻亲、儿童寻亲和救助管理效果，继续扩大和提升全国救助寻亲网的社会认知度和公信力。

另一方面，要积极拥抱新的技术手段，充分利用机器智能，深化与互联网优势平台的合作，积极探索人脸识别、指纹识别等新兴技术应用，提高寻亲效率，帮助长期滞留人员尽快返家。

民政部已于 2015 年 9 月联合公安部上线了全国打拐解救儿童寻亲公告平台，目前只有 web 版本，以被解救孩子的信息展示和搜索为主，功能还比较单一（见图 5－6）。未来可以考虑与人脸识别、区块链等前沿科技公司开展合作，升级平台能力。

图 5－6　全国打拐解救儿童寻亲公告平台主页

Internet Philanthropy in China

世界篇

善举之国的互联网公益之路

我们的挑战就是设计出一套新的制度体系，让利润和知名度这样的市场激励发挥作用，使企业更加倾向于为穷人服务。我把这种想法称为创新型资本主义。

——比尔·盖茨

微软公司创始人、比尔及梅琳达·盖茨基金会创始人

（摘自比尔·盖茨在瑞士达沃斯世界经济论坛上的演讲《用市场力量和制度创新服务穷人》，2008 年 1 月）

互联网公益不仅存在于中国，更是一个世界现象。

20 年来，随着互联网的发展和普及，互联网公益也星火燎原般在世界各地迅速发展。美国、欧盟、日本都出现了成熟的互联网公益模式和互联网公益机构，不断推动着公益边界的扩展，为社会问题提出创新型的解决办法。然而，每个国家的互联网公益发展路径又不尽相同。互联网公益的发展受一国的经济、文化、制度和互联网发展水平等多种因素的影响，展现出非常差异化、多样化的状态。

在中国互联网公益发展已经取得阶段性成就的今天，我们更需要国际视野来审视互联网公益的发展，借鉴其他国家的优秀经验，走出一条符合公益发展规律又具有鲜明中国特点的互联网公益道路。

第六章　美国：志愿精神和科技创新

美国不仅是世界头号经济强国，也是世界上公益最为发达的国家：它的公众公益参与度最高，公益机构专业化最高，公益行业影响力最强。美国有着悠久的公益慈善文化和非常完善的公益治理体系。这两者也是美国公益不断变革创新的动力源泉，对美国公益的发展起到了非常重要的作用。

美国作为互联网发展程度最高、技术实力最强的国家，在互联网公益领域也毫无疑问是开创者和引领者。无论是筹款、倡导，还是创新的线上线下联动公益模式，美国都走在了发达国家的前列。根植于美国深厚的文化传统和完善的法律政策体系，美国的互联网公益在过去 20 年间创新层出不穷，值得我们认真研究、参考借鉴。

美国公益发展的历史文化背景

美国的公益文化有两个主要的来源，一个是基督教的行善传统，另一个则是民众参与公共事务的志愿精神。

美国是一个有着非常浓厚宗教传统的国家。随着“五月花”号来到美洲大陆建立殖民地的最早期移民者大都是虔诚的新教徒。他们因为新教信仰，在英国受到迫害而漂泊流浪到了新大陆，建立新的家园。这就使得整个北美殖民地有着非常浓厚的宗教氛围。美国早期的大学、公益机构都有着非常强的宗教背景。

美国哲学家亨利·艾伦·莫（Henry Allen Moe）曾说：“宗教乃慈善之母，不论是从思想上，还是从产生过程上，莫不如此。”基督教虽然强调的是彼岸的关怀，是救赎与永生，但其自创教以来也一直倡导“行善”。基督教认为，人生而负有原罪，原罪需要通过对于上帝的信仰而得到救赎。因此，基督教强调对于上帝的爱（charity）。然而，作为一种美德的爱又不仅仅限于对上帝。基督教教义认为，信徒应当“爱上帝超过一切，爱邻里如同爱自己”[1]，甚至认为“要爱仇敌，也要善待他们”[2]。这种对上帝和他人的爱就构成了基督教行善精神的基础。

基于这样的教义，富人向穷人提供救助是一种义不容辞的责任，是本着基督教的博爱精神、放弃现世财富去帮助别人的一种善行，这种善行会帮助人获得死后的财富。《圣经》中说：“你若愿意作完全人，可去变卖你所有的，分给穷人，就必有财宝在天上”[3]。除此之外，基督教宣扬穷人是上帝的选民，帮助穷人就是奉献上帝，以此鼓励富人救济贫苦的穷人来获得上帝的赞赏。

自罗马帝国衰亡始，基督教教堂就逐渐开始承担起了社会保障、救济的功能。无论是战争还是灾害，无论是饥荒还是瘟疫，基督教团体始终是提供救济和保障的最重要的力量。历经千年的时间，这种发源于基督教教义的由上帝到他人的爱，就逐渐演变成了极具基督教特色的行善精神。

在经历了新教改革后，许多新涌现的教派反思了教廷对于世俗世界的管控，发展了基督教的伦理学。然而，无论是哪种教派，行善都是其伦理学的重要组成部分。而且，由于宗教改革让许多教派更加强调对于此岸的关注，也促使更多信徒更积极地在现世播善、行善，实践爱人如己的理念。在这种行善精神的引导下，在北美殖民地建立的早期，就有不少教堂开展了针对其所在社区的、带有宗教色彩的公益性的活动。

虽然后来美国现代公益走上了一条世俗化、去宗教化的道路，但是基督教强调的这种“爱他人”的精神仍然在现代的公益活动中起到了非常重要的作用。美国是一个宗教氛围非常浓厚的国家，这种行善的精神的影响面非常广，始终是美国公益文化的核心组成部分。

美国公益精神的另一个源头是参与公共事业的志愿精神。英国在西方主要国家中，有着根深蒂固的自治和民治传统，中央权力集中的程度最低，政府所掌握的力量也相对较弱。《大宪章》自 13 世纪起就一直限制着政府权力的扩张。而在北美殖民地，政府的力量相对更加薄弱。

在独立战争以后，由于美国的开国元勋对于政府力量有着非常强的戒心，宪法也对政府的权力设置了诸多限制，导致了美国长期以来维持着小政府、大社会的局面。小政府在很大程度上很难满足处理所有公共事务的要求，这就需要公民更多地参与到公共事务的管理中。

于是，在美洲大陆上，出现了具有美国特色的“志愿团体”现象。“志愿团体”遍布美国大地，涵盖公共生活的方方面面。通过“志愿团体”，美国人实现了对于很多公共事务的管理。而在长年累月的公共事务的参与中，美国人也逐渐形成了一种积极参与公共事务的“志愿精神”。在美国人心中，与公共利益相关的各项事务并不仅仅是政府的责任，也是公民责无旁贷的义务。受这种志愿精神的影响，许多公民积极地参与公共事务，乃至于全身心投入公共服务事业。这种志愿精神也成为美国现代公益文化的另一大主要源头。

美国公益发展的制度基础

美国公益有着非常深厚的文化历史传统，制度和政策的因素在其成长过程中也起到了非常重要的作用。在过去 100 年中，美国公益的迅猛发展离不开一系列优惠措施的支持，这其中又以税务减免最为重要。

美国对公益机构的税务优惠始于 1894 年的关税法案（Tariff Act of 1894）。该法案中首次提出对特定的组织和机构进行税收减免。随着美国公益在 19 世纪末 20 世纪初的飞速发展以及大型私人基金会的兴起，美国对于税收政策进行了一系列的调整，来支持公益事业的发展。1913 年的税收法案（Revenue Act of 1913）第一次对于非营利机构的税收减免做出了明确的规定，而 1917 年的税收法案则首次明确了个人的慈善捐赠可以进行税收的抵扣[4]。

在随后的多年中，美国国会对于非营利组织的税收政策进行了多达十数次的修订，从多方面对公益机构的税务优惠进行细化和完善。在 20 世纪中后期的法案中，一些进一步减免了非营利机构的税务负担、强化捐赠的税务激励，例如 1978 年的税收法案将私人基金会等公益机构的投资收入税率从 4%减至 2%；而另一些则加强了对于非营利机构的监管，比如 1969 年的税务改革法案（Tax Reform Act of 1969）对公益机构最低年度支出做出了规定[5]。通过税务部门，美国一举解决了非营利机构的注册问题，也发展出了具有美国特色的公益税务减免体系。

今天，一个美国的非营利机构如果想要享受税法 501（c）条款规定的税务减免优惠，需要向税务部门申报 990 表格，满足税务部门对于机构注册的一系列要求，并严格按照税务部门的规定进行信息披露。通过税务部门认定为非营利机构的组织，就可以享受非营利机构的税务减免优惠。同时，美国公民向被认定的非营利机构进行捐赠，也能够享受到相当数量的税务抵扣，为美国公民参与捐赠提供了强大的激励。加之美国长期以来高昂的遗产税，许多富豪选择在中老年时将自身的大部分乃至于全部财富捐赠出去，设立基金会或是捐给其他非营利机构。

公益机构享受了优惠，也就必然要接受相应的监管。在美国，对于非营利组织的监管主要是州政府的责任。各州政府可以根据所在地区的公益机构具体情况，制定更加符合本地公益发展状况的监管准则，避免全国性法律可能造成的差异化缺失的情况。据统计，在全美 50 个州中，有 45 个出台了监管本州公益机构的法律，有些还对筹款活动的登记注册做出了更加明确的要求[6]。

美国的公益管理体系既通过税收优惠保证了公民、企业参与公益的积极性，也通过更了解具体情况的地方政府的监管，减少了欺诈、造假等现象的发生。如果说美国的经济实力和公益文化是其公益行业发展的力量源泉，那么其公益行业管理制度就是公益发展最有力的保障。经过上百年的沉淀，美国已经建成了完整、高效的公益管理体系，其经验也被世界许多其他国家和地区学习和复制。

美国公益发展历程

美国立国时间并不长，但是其公益发展已经走过了400年的历程。早在殖民地建立初期，就出现了宗教性的公益活动，这也是美国现代公益的萌芽。而在其后的400年中，美国公益发展大致经历了殖民地、独立战争-南北战争、镀金时代-进步时代、20世纪中后期和21世纪初五个发展阶段。

殖民地时期：美国现代公益的发端

殖民地时期被学界普遍认为是美国公益的发端时期。这一时期的公益是与志愿性宗教组织紧密相连的。在新英格兰地区的殖民地，公理会和圣公宗的教堂普遍是由殖民地政府使用税收支持的，而循道宗和浸信会等志愿性更强的教派则没有政府税收的资助，完全依赖于信众的志愿支持。

这些没有政府资助的教派，在这一阶段获得了信众的广泛支持，发展、普及非常迅速[7]。这些教派在发展壮大起来后也纷纷成立了自身的慈善部门，设立了学校、医疗所等附属机构，承担起了更多为公共利益服务的工作。这些宗教志愿活动也成为现代美国公益的源头。

在这一阶段最能体现早期美国宗教公益精神的是清教牧师柯顿·梅瑟（Cotton Mather，见图6-1）所著的文集《善行》（*Bonifacius：Essay to Do Good*）。梅瑟认为，在他生活的时代，传统的理想主义已经被逐渐侵蚀，而抵制这种侵蚀最好的方法是把行善作为和上帝沟通的方法、作为一种日常的生活方式。梅瑟认为，社会上的利益冲突和矛盾可以用信仰、志愿工作和私人慈善来调和。无论是什么性别、年龄，人都应该持久地为世界做有意义的事情，这也是信仰应有之义[8]。

图 6-1　柯顿·梅瑟

作为一名传教士，梅瑟的著作有着浓厚的宗教色彩，志愿活动仍然是为宗教精神服务的。然而，梅瑟的作品具有鲜明的美国特色，其在书中表露出的思想已经开始超出传统基督教公益范畴的因素，包含了现代公益的理念，并影响了许多后来者对公益的认识。这其中就包括了美国公益活动的先驱本杰明·富兰克林（见图 6-2）。

图 6-2　本杰明·富兰克林

本杰明·富兰克林是18世纪美国著名科学家、发明家和作家，同时也是美国杰出的政治家、外交家，美国开国元勋和《独立宣言》签署人之一。人们在提起富兰克林的时候，往往会关注他在自然科学或是政治领域的杰出成就，但其在公益志愿领域做出的卓越贡献不应当被忽略。

富兰克林在梅瑟思想的基础上又进一步发展了美国的公益思想。相较梅瑟，富兰克林倡导公益活动有着更强的世俗化的色彩，而宗教则退居次要因素。他也更加强调对于公益活动的践行，强调通过参与和倡导来激发更多人参与公益活动。1729年，富兰克林创办了《费城周报》，并通过周报来传播公益思想，推动社会服务创新[9]。

从18世纪初开始，在富兰克林的直接或间接参与下，费城连续开展了一系列的志愿性质的公共服务项目，这其中包括北美第一家公共图书馆、北美第一支志愿消防队、费城大学、地区警察力量、邮局和医院等[10]。由于富兰克林的公益思想和实践均在美国产生巨大影响，他也被广泛认为是美国公益活动的主要先驱之一。

独立战争–南北战争时代：早期的快速发展

独立战争期间，美利坚合众国成立，美国公益的发展进入了一个新的阶段。在这一时期，许多公益活动乃至公共事业是由“志愿团体”开展和完成的，而志愿团体这一现象也是理解美国社会体系运转不可忽略的部分。

1835年，法国政治思想家、历史学家托克维尔在美国旅行后写就了巨著《论美国的民主》，指出：“我在美国遇到了我以前从未有过一点概念的社团组织，这些联合起来的组织，既严肃认真，却又显得微不足道，既普及却又相互封闭，其成员可以有很多，也可以只有几个人。美国人联合起来组成这些社团组织，为的是筹办节庆活动，建立学校、旅馆、食堂和教堂，他们还散发书籍，并把他们的传教士派到另外的地方。”[11]

托克维尔在美国所感受到的“志愿团体”是根植于美国土壤，有别于欧洲其他国家的独特现象。

美国宪法对政府的权威进行了诸多限制，导致政府的权威相对较弱。在第一部门力量比较弱的情况下，第三部门承担起了大量的公共服务工作。正如托克维尔所论述的，美国的志愿团体的活动已经远远超出了一般的范围。这种强大的第三部门不仅仅是一种社会现象，也是维持美国的民主、维系美国现代治理体系运转的核心要素之一。而强大的第三部门和深入人心的志愿精神也是美国公益事业发展的基石。

从独立战争到南北战争这近 100 年时间里，美国的经济蓬勃发展。随着经济的发展，越来越多的人积累了财富。如何处理积累起来的大量财富，成为 19 世纪美国富裕阶层需要面对的问题。由于志愿精神的兴盛以及第三部门在社会生活中承担的重要角色，许多新兴富豪最终选择了慈善事业。

自 1820 年始，许多新晋的富豪就开始了慈善活动。他们捐赠学校、医院、图书馆，帮助孤儿、老人，乃至帮助政府修建公共设施。其中就包括史密森学会（见图 6－3）的创始人詹姆斯·史密森（James Smithson）和后来被称为美国现代公益之父的乔治·皮博迪（George Peabody）。在这一阶段，无论是一般公众还是乐善好施的慈善家，关注的焦点主要是自身所在的社区。在全国范围有着巨大影响力的慈善家尚未出现。

图 6－3　史密森学会

同时，为了更好地进行公益活动，美国非宗教性质的公益机构朝着更加专业化的方向演变。在这一阶段，美国涌现出像马格达伦协会等一批目标更加聚焦的专业化的公益机构，基金会这种公益机构模式的雏形也已出现。从独立战争到南北战争不到 100 年的时间里，美国的公益超出了宗教的范畴，走上了一条世俗化、规模化和专业化的道路。

镀金时代–进步时代：科学慈善运动和全国性基金会的兴起

南北战争统一了分裂的南北两方，废除了奴隶制度，再造了合众国，但也有许多地区因为战争付出了巨大的代价：百姓流离失所，难民无处安居。战争带来伤残、流民以及恶化的卫生条件，而政府部门无力负担起全部卫生条件的改善工作，也导致医疗和卫生公益事业承担了更重要的职责。

1861 年，亨利・比鲁斯（Henry Bellows）、弗雷德里克・欧姆斯泰德（Frederick Olmsted）、乔治·斯特朗（George Strong）等共同发起成立了美国卫生委员会，设法联合全国分散的志愿组织，来协助政府改善军营的卫生医疗条件。美国卫生委员会在成立以后进行了卓有成效的筹款活动，设立了流动医院救助伤员，对战争中卫生条件的改善起到了极为重要的作用。

美国红十字会也是在这个时代成立的。在南北战争期间，就有许多民间机构参与到伤员救治和流民安置的工作中。1881 年，经在南北战争中做出突出贡献的女慈善家克拉拉·巴顿（Clara Barton）的倡导和奔走，美国红十字会得以成立，并由巴顿本人亲自担任首任会长。红十字会从此一直在美国的公益活动中扮演着极其重要的作用。而在巴顿的积极推动下，美国也于红十字会成立后第二年加入了《日内瓦公约》。

美国进入镀金时代（Gilded Age）后，经济社会因素发生重大改变，也驱动着公益发展出现了新的趋势。随着经济的发展，美国上层的财富迅速积累，千万富豪的数量比 19 世纪初大幅上升。然而，财富的积累也伴随着剧烈的分化，贫富悬殊被迅速拉大。治安混乱，阶层对立，社会矛盾极其尖锐。这些社会问题对于传统的慈善救济提出了巨大的挑战。

1873—1878 年的经济萧条则进一步加剧了这些问题。一些慈善家发现：在大萧条期间，许多传统的公益救济活动效果不佳，有些甚至毫无效果。究其原因，是这些传统的方法仅仅是治标的“授人以鱼”，而不是治本的“授人以渔”。由此，一些慈善家如 Josephine Lowell 和 Humphreys Gurteen，以及多家非营利机构一道发起了“科学慈善运动”（Scientific Charity Movement）[12]。

“科学慈善运动”致力于应用当时最先进的卫生学和社会学知

识，帮助低收入人群摆脱贫穷的困扰。运动的推动者试图使用科学的方法，让贫困人群能够自食其力，通过劳动和工作摆脱贫穷的窘境。同时，“科学慈善运动”对于美国贫民院（poorhouse）[13] 的废止做出了突出的贡献。

当然，没有任何事物是尽善尽美的。“科学慈善运动”也有其历史的局限性。受限于当时的认知和观念，运动提出了要消除有缺陷阶层的目标，通过设立庇护所等场所来隔离有残障、精障的人士，由科学家进行“科学实验”。以现在的标准审视，这是不人道的，也是不科学的。随着科学的发展和人们观念的进步，“科学慈善运动”逐渐退出了历史舞台。然而，“科学慈善运动”所代表的以解决社会问题、改善社会结构为目标的公益理念开始被广泛接受。“授人以渔”的公益模式开始在更大范围内流传。

随着美国迈入进步时代（Progressive Era），美国的公益发展进入了更加专业化的阶段。亿万富翁人数的增多使得大型基金会在这一阶段不断涌现，其中最有代表性的是由钢铁大亨安德鲁·卡耐基成立的卡耐基基金会和由石油巨头约翰·洛克菲勒（老洛克菲勒）成立的洛克菲勒基金会。

安德鲁·卡耐基（见图 6-4）是卡耐基钢铁公司的创始人。借助于 19 世纪末美国铁路和钢铁行业的大发展，卡耐基一跃成为当时最为富有的美国人。而他也是美国历史上第一个在全国乃至全球有极高影响力的慈善家。

在财富积累的早期，卡耐基已经开始对慈善事业进行资助。19 世纪 80 年代，卡耐基就资助了多家地方性的图书馆和其他公共设施。1889 年，卡耐基写下了影响很广的著作《财富的福音》，倡导富人将财富用于社会的进步和改良，掀起了一阵富人参与公益的浪

图 6－4　安德鲁·卡耐基

潮。在 1901 年将自己的钢铁公司卖出后，卡耐基开始更大规模地开展公益活动，积极投身于和平倡导、教育和公共设施建设等多个领域的公益事业，成立了卡耐基和平基金会、卡耐基科学中心、卡耐基英雄基金等一系列公益机构。

然而，到 1911 年，卡耐基名下仍然有超过 1.5 亿美元的资产。这使他深感困扰。在他的好友伊利胡·卢特（Elihu Root）的建议下，卡耐基决定把这笔资金的大部分捐出，集中在一起成立一个基金会，来统筹正在开展的公益活动。卡耐基首期为基金会出资 2 500 万美元，并在之后的几年中追加资金支持至 1 亿 3 500 万美元——这也是卡耐基全部剩余资产的九成[14]。

由于卡耐基本人的影响，卡耐基基金会成立后主要的工作方向是教育领域。卡耐基基金会在上世纪 20 年代，针对新移民、黑人和服刑的囚犯推出了一系列成人教育项目，来帮助他们更好地融入社会，取得了很突出的效果。后来，卡耐基基金会又开展了教育普及和质量提升的工作，对于整个教育体系进行综合的治理，在这两方面都取得了巨大的成绩。同时，卡耐基基金会也关注黑人的问题，积极开展多方面的公益计划，帮助黑人改善生活处境，得到社会认可。

在卡耐基基金会成立两年后，“美国历史上最富有的人”约翰·洛克菲勒（见图 6－5）在纽约成立了洛克菲勒基金会。老洛克菲勒的财富比卡耐基有过之而无不及。在今人进行的多个评选中，在计算了通货膨胀因素后，老洛克菲勒都被评为美国历史上最为富有的人。在商业上，老洛克菲勒是一个精于算计、狡诈吝啬的商业巨头，而在公益领域，他的成就也毫不逊色。

图 6－5　约翰·洛克菲勒

在成立洛克菲勒基金会前，老洛克菲勒最重要的捐赠对象是芝加哥大学。在 1892—1910 年间，老洛克菲勒为芝加哥大学总共捐款超过 3 500 万美元，创造了当时个人为一所大学捐赠总金额的纪录[15]。而在 1901 年时，老洛克菲勒就考虑过设立大型的专门基金会来进行慈善公益的事业。

1906 年，老洛克菲勒的私人顾问弗雷德里克·盖茨（Frederick T. Gates）向老洛克菲勒提出，后者的财富已经太多以至于他的继承人会“消耗殆尽他们的继承或者沉醉于金钱带来的权利，除非设立永久性的公益基金会”。在盖茨的劝说下，老洛克菲勒决定将自己的大部分财富捐出，成立专业的基金会。但是，由于标准石油的反垄断案件正在进行中，洛克菲勒基金会直到 1913 年才在纽约宣告成立[16]。

相较于卡耐基基金会，洛克菲勒基金会更加关注医疗健康领域。早期，洛克菲勒基金会全部的资金几乎都投入医疗卫生领域。洛克菲勒基金会积极推动钩虫病、疟疾、伤寒等传染病的防治，为许多地区的医疗卫生水平提升做出了积极的贡献。同时，洛克菲勒基金会还致力于医学水平的提升。洛克菲勒基金会赞助了多个医学研究项目，并与“教育总会”合作，在世界多个国家和地区普及高等医学教育，提升当地医疗水平。我国的协和医学院及其附属医院就是洛克菲勒基金会这一时期所开展的海外重点项目之一。除了医疗卫生领域外，洛克菲勒基金会也积极赞助了减少饥饿、种族民权和人文社科等多个领域的公益项目，取得了一系列非常突出的成绩。

卡耐基基金会和洛克菲勒基金会的成立在美国公益史上有着标志性的意义。这两家基金会并不是美国最早的全国性私人基金会。以成立时间而论，拉塞尔·塞奇基金会在 1907 年就已经宣告成立，比这两家基金会都要更早。但卡耐基和洛克菲勒作为美国历史上最为富有的人物，在他们在世时就将绝大多数财富捐出，并成立了专业性的基金会来统筹公益工作的开展，这对于当时的富有阶层有着极其深刻的影响。而对于美国的公益模式，卡耐基基金会和洛克菲勒基金会无疑也起到了示范作用，有越来越多的富人开始使用私人基金会这种模式，用专业化的手段开展公益活动。在卡耐基基金会和洛克菲勒基金会的带动下，美国的私人基金会出现了井喷似的增长，美国的公益也进入了一个基金会的时代。

20 世纪：大众公益时代

如果说美国 19 世纪中后期的公益发展被富有阶层尤其是亿万富翁所主导，那么 20 世纪随着创新的捐赠和组织方式的涌现，公众捐赠日益上升，公众参与日趋积极，大众公益（mass philanthropy）逐渐成为主流。

20 世纪初，由于缺少捐赠的手段，虽然美国民众志愿公益的热情很高，但是慈善捐赠的参与度并不高。创新的筹款方式打破了这一局面。1907 年，美国推出了通过售卖圣诞节邮票（Christmas seal）来进行筹款的新型募捐方式。1908 年一年，通过邮票募款的金额就达到了 13.5 万美元。到 20 世纪 60 年代，这一数字已经达到了 2 600 万美元[17]。在电子化支付方式出现前，这是一个惊人的成绩。因此，“邮票筹款”也常被视为美国“大众公益”的起点。受到“邮票筹款”的启发，一系列贴近每个人生活的、低门槛的捐赠活动在美国开始流行起来，极大提升了公众捐款的积极性。

与此同时，社区基金会（community foundation）的兴起使得大众直接参与有了更多的渠道。社区基金会是有明确服务地理范围的一类公益基金会。美国历史上第一家社区基金会是由弗雷德里克·高福（Frederick Goff）于 1914 年成立的克利夫兰基金会。在之后的几年中，各地的社区基金会如雨后春笋般出现。

不同于大型私人基金会，社区基金会由于其明确的地理服务范围，往往会建立更加细致、完整的本地公益网络，而对专业性的要求相对较低。社区基金会服务本地的特点也往往能够鼓励更多的一般民众更加积极地参与公共服务和公益活动，使其成为公众参与公益的重要推动力量。

到1930年时，有超过20个城市成立了社区基金会。截至2010年，社区基金会的数量已经超过了700家，每年筹得的善款超过42亿美元[18]。就绝对数量而言，社区基金会并不占据美国基金会的主流，但是在解决本地社会问题方面，社区基金会起到非常重要的作用。在美国，每年有数千万人通过社区基金会参与公益活动。

当然，在大众公益时期，传统基金会也得到了快速的发展。卡耐基基金会、洛克菲勒基金会等传统基金会不断壮大，继续扮演着重要的角色；同时，也出现了福特基金会（见图6－6）、盖茨基金会（见图6－7）等一批有影响力的大型私人公益基金会，推动美国公益朝着专业程度更高、科学性更强、分工更加细化的方向发展。

图6－6　福特基金会总部

图 6－7　比尔·盖茨和梅琳达·盖茨

美国大众公益的发展也离不开这一阶段税收和政策的推动。从 19 世纪末开始，美国就出台了对于公益机构的税务减免措施，有效促进了基金会的兴起。而于 1917 年通过的税收法案则第一次对于个人捐赠的税收减免和抵扣做出了规定，确立了个人进行公益活动的税收优惠制度。在随后的数十年中，国会通过法案多次对于捐赠的优惠进行了修订，将个人捐赠税务抵扣的范围进一步扩大，并在 1954 年的税收法案中正式确立了现代的慈善税制[19]。

对于捐赠的税务优惠为公众进行捐赠提供了长期、稳定的激励，它和传统的志愿文化相契合，进一步激发了美国人的公益热情。无论是富豪阶层还是中产阶级，捐款逐渐成为美国人生活方式的一部分。也正是因为公众捐款的上升，在美国出现了更加专业的筹款组织，专门进行全职的筹款活动和筹款相关的培训，提升了行业的专业化水平乃至透明度，改变了美国公益界的整体面貌。

数据显示，1954 年，美国全年捐款总金额约为 540 亿美元。而 2017 年，美国全年捐赠总金额达到了 4 100.2 亿美元，在过去的 60 余年中增长了将近 7 倍。公众捐赠在捐款总额中的占比在 2017 年达到 66.91%，远远超过基金会和企业捐赠的总额[20]。根据美国统计局的数据，2015 年有大约 6 240 万美国公民参加了各种形式的志愿者活动，志愿者在美国成年总人口中的比例达到 24.9%[21]。可以说，20 世纪开启了美国大众公益崛起的时代。随着新模式、新手段的出现以及税制的改革，美国民众的公益热情被空前激发，促使美国成为公益事业最为发达、大众公益活动参与度最高的国家。

21 世纪：公益创新时代

进入 21 世纪后，美国公益行业仍然保持着平稳快速的发展，并且出现了三个新趋势。

第一，美国的公益机构尤其是大型基金会更加积极地参与到全球问题的治理和第三世界国家的帮扶工作中。洛克菲勒基金会等老牌基金会从成立初期就秉持国际视角，希望能够为全球社会问题的解决贡献力量。然而，受两次世界大战和冷战的影响，美国基金会虽然也深入到了许多其他国家，但是全球的影响力还没有完全展开。

随着冷战藩篱被打破，全球化在过去 30 年中进入了快车道。美国的公益机构，无论是老牌的卡耐基基金会、洛克菲勒基金会还是新型的盖茨基金会、克林顿基金会，都在这一阶段更加积极地参与到世界性问题的解决和治理中，在气候变暖、艾滋病防治、消除贫困乃至于公共治理等方面发挥了更加重要的作用。在一些最不发达国家，这些基金会甚至起到了一些政府机构应当发挥的作用，对这些国家、地区的社会治理起到了关键性的作用。

第二，创新型的公益概念和模式层出不穷。公益创投、社会企业、影响力投资等深受商业思维影响的新型公益模式被提出，在美国开始进行比较广泛的实验。这些创新的理念使得第二部门和第三部门的界限进一步模糊，也推动公益界对公益的核心问题进行进一步的思考和探索。“如何界定公益?”“公益的实质到底是什么?”在新兴的公益概念冲击下，这些基础性的问题仍需要进一步思考。

同时，公益创投、影响力投资等新兴概念的影响已经不仅仅限于美国本土，欧洲、亚洲许多国家和地区也已经引入了这些创新的模式和概念。由美国兴起的新兴模式正在不断渗透进入更多的国家和领域，占据全球公益发展的主流。

第三，基于互联网的公益模式异军突起，促进了更多人参与到公益活动中。随着互联网的发展，大型互联网企业、如Google（谷歌）、Facebook（脸书）、Amazon（亚马逊）、Twitter（推特）和PayPal（贝宝）等均纷纷进军公益领域，积极使用互联网的手段来进行筹款。有些还为传统的公益机构提供数字化的技术和手段，帮助传统机构更好地使用数字技术。星期二捐赠日（Giving Tuesday）的兴起则意味着在公益传统深厚、线下公益网络非常强大的美国，互联网公益已经能够在公益行业中占据一席之地，而且持续保持着超越传统公益的增长速度。

400年的发展历程使得美国公益沉淀下了非常深厚的底蕴：公益的理念深入人心，公益的习惯已经定型，公益的制度日趋完善，公益的创新层出不穷。在公益领域，美国已经毫无疑问走在发达国家的前列，成为公益领域发展程度最高的国家之一。

美国互联网公益主要模式

美国互联网公益在过去20年中发展迅速，在多个领域出现了许多创新型的公益产品，在公益领域产生了巨大的影响，正在重塑公益模式的各个环节。和中国类似，互联网巨头在美国互联网公益发展中也起到了比较重要的作用。但在互联网公益的发展过程中，美国 NGO 也丝毫没有落后，在公益模式等方面做了许多创新性的工作。

服务于非营利组织的研究机构 BlackBaud 在其 2016 年度《慈善捐赠报告》中指出，在 2016 年，美国慈善捐赠总额同比增长约 1%，而在线捐赠总额则保持着强劲增长动力，同比增长高达 7.9%。而且，来源于在线捐赠的总筹款比例在 2016 年创下历史新高。除去拨款外，大概 7.2%的总筹款金额来自线上。

从不同规模的非营利组织在线筹款额占比和增长情况来看，大型非营利组织（年度总筹款超过 1 000 万美元）2016 年度在线筹款占比在三类组织中最高，达 7.7%，但增长速度最低，为 6.3%，而中型非营利组织（年度总募款额为 100 万～1 000 万美元）在线筹款额占比虽然最低，为 5.1%，但增长速度最高，达 11.4%（见图 6－8）[22]。

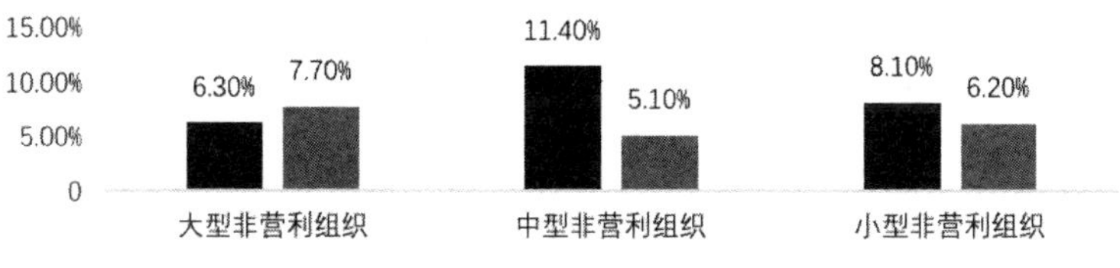

图 6－8　美国不同类型非营利组织的在线筹款情况对比

分析还显示，从 2016 年大额在线捐赠的单笔金额来看，占比最大的 89%的在线捐赠，金额在 1 000～4 999 美元区间。另有 8%的在线捐助在 5 000～9 999 美元区间。最后，仅有 3%的大额在线捐助达

1 万美元或以上，最大的在线捐助额是 10 万美元（见图 6－9）[23]。

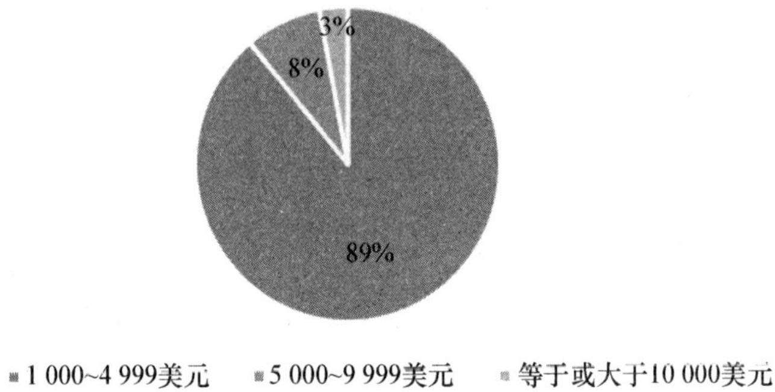

图 6－9　美国大额在线捐赠单笔金额分布情况

从美国特色公益日 Giving Tuesday 的数据中，也可以看到互联网公益发展的勃勃生机。2016 年 Giving Tuesday 期间的在线捐赠额增加了 20％，而且 22％的在线捐助是通过移动设备进行的[24]。

整体而言，随着互联网商业模式的创新，美国的互联网公益出现了更加多元化的形式，传统的公益机构借助互联网平台形成新的慈善活动宣传和推进方式。互联网社交平台、电商平台、支付平台等各类平台也积极探索公益慈善领域。除此以外，还出现了独立的信息公开平台、公益众筹平台和区块链公益平台等新模式。公益机构的定位更加精细化、专业化，慈善活动内容的趣味性和多样性也更加丰富。

需要注意的是，由于美国的互联网发展路径和中国有许多不同，互联网公益在两国的发展也不尽相同。我们在了解、分析美国互联网公益的过程中不能照搬中国的思路，而是要结合美国公益的历史、文化和制度背景，结合美国互联网行业的发展路径，来更加全面地把握互联网公益发展的美国特色，以及美国在公益创新方面的独到之处。

社交+公益：Facebook & Twitter

Facebook

Facebook 是世界领先的社交平台。截至 2017 年第三季度，Facebook 的月活跃用户达到 20.7 亿。截至 2015 年，已经有 1.5 亿人[25] 在 Facebook 上与公益慈善机构或公益慈善活动连接起来。依托其社交平台属性，Facebook 上大范围地聚集了全世界的志愿者、捐款人等爱心人士，与众多公益慈善机构一同践行着各类公益慈善活动。发展至今，Facebook 已不仅是公益慈善机构或公益慈善项目的宣传平台，同时也成为日益壮大的互联网捐赠平台。

公益慈善机构在 Facebook 上进行公益宣传，并通过注册机构主页、建设兴趣小组、创建特色活动等方式实现。

此外，Facebook 于 2014 年开发“即刻捐赠”（Donate Now）功能，公益慈善机构还可以通过多种方式进行慈善募捐活动（见图 6-10）。年满 18 周岁的公民可以发起个人筹款项目。

图 6-10　Facebook 的“即刻捐赠”功能示例

资料来源：Facebook 官网.

例如，通过申请开通“捐赠”按钮，公益慈善机构可以直接在自己的主页上或者发布消息时使用“捐赠”按钮，捐款人可以直接通过“捐赠”链接捐款。

基于 Facebook 的社交属性，公益慈善机构可以为筹款项目建立专门的主页，捐赠者可以转发该页面，或者分享自己的故事，如此一来，更多的捐赠者好友可以查看项目情况、捐赠进度，或直接捐赠（见图 6－11）。

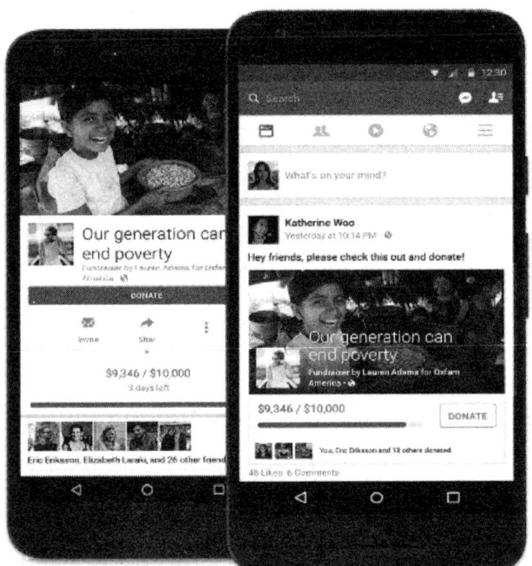

图 6－11　Facebook 的筹款人与捐款人互动示例

资料来源：Facebook 官网.

随着社交平台的富媒体化发展，Facebook 也开通了筹款直播视频的功能，提高人们的注意力，吸引捐款（见图 6－12）。一方面，在直播视频链接中，可以申请开通嵌入“Donate”捐款功能；另一方面，公益慈善机构可以通过视频直播向公众介绍机构的运作情况。

图 6-12　Facebook 的直播视频筹款示例

资料来源：Facebook 官网.

2017 年，Facebook 还推出了“互联网＋公益”的新玩法——生日捐赠功能（见图 6-13）。

当前，每天有 4 500 万[26] 用户在 Facebook 上收获生日祝福。现在美国已开通“生日捐赠”功能，Facebook 用户在生日两周前会收到 Facebook 的提示，为已有的 75 万个[27] 公益慈善组织创建筹款项目。用户在收到消息提醒后，可以点击选择一个公益慈善组织，设定一定的筹款额和筹款截止日期，并且可以自定义筹款页面的标题和封面照片。

接下来，之前 Facebook 会向用户自动推送好友的生日祝福提醒，鼓励用户向好友赠送虚拟的花朵或生日礼物；而现在，Facebook用户则会收到参与筹款的邀请，好友们共同参与公益项目代替了传统的生日祝福形式。Facebook鼓励用户们通过这样的方式做公益，同时给自己的生日一个特殊的纪念。

图6-13　Facebook生日捐赠功能示例

资料来源：venturebeat.com.

2017年，官网资料显示，捐款功能向澳大利亚、加拿大、丹麦、法国、日本、南非、英国、美国等全世界38个国家开放，机构筹款功能向奥地利、芬兰、德国、意大利、美国、英国等全世界17个国家开放，个人筹款功能向澳大利亚、加拿大、丹麦、西班牙、英国、美国等全世界17个国家开放。截至2017年5月，个人筹款项目的原因仅限于教育、医疗、危机救助、丧葬、体育活动、社区服务、宠物医疗、个人紧急事件八个方面。在美国和加拿大的个人筹款，Facebook需要收取手续费（分别为“筹款额的6.9%+

30 美元”和“筹款额的 8.8%+30 美元”），其余筹款项目不收取费用。

Facebook 创始人马克·扎克伯格一直非常热心公益慈善事业；Facebook 作为社会企业，在发展互联网公益的过程中也体现出对公益慈善的重视。Facebook 利用其社交属性的核心竞争力，和创意性的公益方式结合起来；对于用户而言，公益慈善的方式更为简单、便捷，因而可以很好地发动个人的力量。在未来，Facebook 的公益慈善宣传功能将长期存在，也可以期待 Facebook 在公益活动、公益形式、公益主题上有更多的创新。

Twitter

Twitter 是世界知名的社交网络，为用户提供微型博客的服务。2017 年第三季度，Twitter 的月活跃用户数为 3.3 亿。当前，Twitter 已发展成为联动公益慈善机构和个人捐助者的互联网公益平台。Public Interest Registry 和 Nonprofit Tech for Good 联合发布的 2017 年《全球公益机构网络科技使用报告》显示，当前有 72%的公益慈善机构拥有 Twitter 主页，小型公益慈善机构的平均粉丝数为 3 755，中型组织的平均粉丝数为 12 815，大型组织的平均粉丝数为 80 371[28]。

与 Facebook 类似，Twitter 作为社交平台，提供公益宣传和筹款的双重功能。

公益慈善机构或公益活动组织者利用 Twitter 平台进行宣传，可以注册相应的 Twitter 账号，并在该账号上发布推文、图片、视频，或者直播内容（播客），或者建立相应的话题组，Twitter 用户可以与之互动，进行评论或转发。

例如，美国红十字会从 2007 年 6 月加入 Twitter 以来，截至

2018年1月18日，共发布了5 594条推文，关注了3.96万Twitter用户，被关注量达到535万。Giving Tuesday作为美国最大的慈善公益日之一，从2012年1月加入Twitter，截至2018年10月8日，共发布了1.53万条推文，拥有6.34万关注者[29]；同时，该活动还在Twitter上拥有相关话题，并且建立了以不同国家为主体的Twitter账户。

2015年，Twitter在平台上推出了筹款功能，可以通过“#Donate”的功能来实现。首先，公益慈善机构或爱心用户的Twitter账号都需要通过技术平台的认证，并与各自相应的Paypal账号相关联。获得认证的公益机构Twitter账号还要注册一个带有固定格式的“#”，作为主题标签，包含公益项目名称和捐款金额，以便在之后的转发中大量使用。公益慈善机构随后就可以在Twitter上发布固定格式的主题标签，愿意捐款的用户在看到公益慈善机构发布的推文后，可以发布带有该主题标签的推文，或者转发该公益慈善机构发布的推文。捐款成功后，用户将收到来自公益慈善机构Twitter账户的自动确认信息。

Twitter在互联网公益方面的表现，更主要的是作为公益慈善信息的输出和交流平台，通过具有号召力和影响力的公益慈善机构和名人、明星，产生一定的公益效应，推动公益慈善活动的运作，提升公益慈善活动的透明度。Twitter平台的筹款功能比较规范，但使用方法比较复杂。在用户体验性方面，Twitter的公益慈善功能还有待提升。

支付+公益：PayPal

PayPal于1998年在美国成立，发展至今拥有2.18亿活跃用户，作为全球最大的第三方支付平台之一，在美国互联网公益发展过程中为大量互联网公益平台提供了线上筹款的支付方式。2017年，通过 PayPal 这一支付平台捐赠的金额超过了 85 亿美元。2016年，在 PayPal 支付平台上，181 个国家和地区的超过 800 万名 PayPal 用户向 28.2 万多家慈善机构捐赠了超过 9.71 亿美元[30]。

在公益慈善方面，PayPal 主要通过构建筹款和捐赠平台，以及建立公益基金会的方式，鼓励其用户参与公益慈善活动。PayPal Giving Fund（PayPal 全球公益基金）是一个注册的非营利组织，是依托于 PayPal 支付技术建立的公益平台，PayPal Giving Fund 的合作伙伴包括 PayPal、eBay 和 Humble Bundle 等。PayPal Giving Fund 的宗旨是让捐赠变得更加容易，该平台将筹资者和捐赠者连接起来，同时收集捐款、提供捐赠。在美国和英国，PayPal Giving Fund 每年为其公益慈善机构筹集了超过 3 500 万美元的捐款额[31]。

PayPal 用户可以直接在 PayPal Giving Fund 官网上进行捐款。用户可以在热门的公益慈善机构中选择一个进行捐款，如：圣裘德儿童研究医院、美国红十字会、Feeding America、UNICEF 等；也可以按照公益慈善机构分类选择某一公益慈善机构捐款，包括艺术与人文、教育、国际化、基本需求与人性化服务、环境和动物保护、宗教、公共利益、健康与体育八个类别。

用户在选定公益慈善机构后，选择一定的捐款金额，即可通过 PayPal 支付。如果接受捐赠的公益慈善机构已经加入 PayPal Giving Fund，捐款则在 15～45 天内直接进入相应机构的 PayPal 账户；如果受赠的公益慈善机构未注册 PayPal Giving Fund，那么将以支票等形式获得赠款，一般在 90 天内完成流程。此外，成功捐赠的用户可以获得税收收据。

同样，PayPal 用户也可以通过 PayPal 移动客户端进行捐赠，PayPal 的移动客户端有专门的捐赠页面，用户可以选择自己信任的公益慈善机构或者公益慈善项目进行捐赠（见图 6－14）。

图 6－14　PayPal 移动客户端截图

在 PayPal 电子支付技术的基础上，PayPal 的互联网公益实践以筹款和捐款为主要的公益慈善方式，将公益慈善机构与捐助者联系起来，完成公益慈善活动。整体而言，PayPal 的公益慈善活动方式比较简单。PayPal Giving Fund 作为一个非营利的公益慈善机构，利用了 PayPal 广泛的电子支付用户基础，与其他的电子商务平台、移动公益平台合作，在互联网公益实践的支付过程中，起到了整合性的作用。

电商＋公益：eBay & Amazon

eBay

1995 年，eBay 在美国成立，是面向全球的线上拍卖及购物网站。2017 年第三季度，eBay 的活跃买家有 1.68 亿，收入为 24 亿美元[32]。eBay 作为电子商务平台，十分重视公益慈善方面的工作，用于宣传其公益慈善事业。eBay 通过 PayPal Giving Fund，将买家、卖家与公益慈善机构联系起来，鼓励 eBay 用户在 eBay 平台上通过购买和售卖等行为为公益慈善助力。

作为电商平台，eBay 上的捐赠或筹款操作被嵌入具体的交易流程中。

对于公益慈善机构而言，最为直接的方式，是直接作为卖家在 eBay 官网上售卖慈善公益产品，同时店铺页面也链接到 eBay 慈善官网中的“charity shop”板块，买家可以通过这两个渠道直接触达公益店铺，购买公益产品，如：为贫困地区小孩筹资购买疫苗等（见图 6－15）。

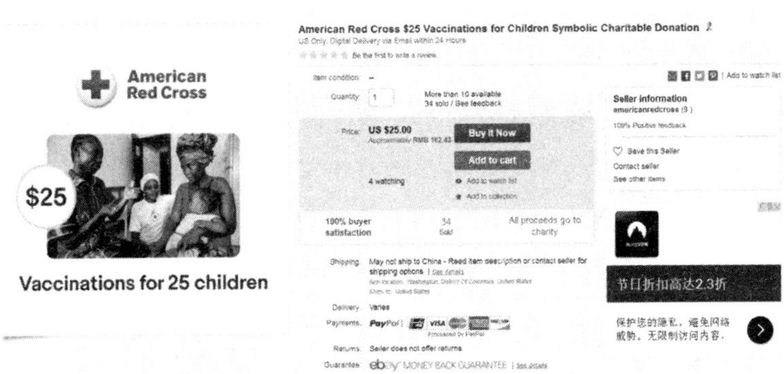

图 6－15　eBay 官网中公益慈善机构直接售卖慈善产品示例

资料来源：eBay 官网.

对于买家而言，可以在 eBay 官网的购物流程中，以及 eBay 慈善官网上进行捐赠，并且都可以收藏多个自己感兴趣的公益慈善机构，自动获得公益慈善机构的最新信息（见图 6－16）。

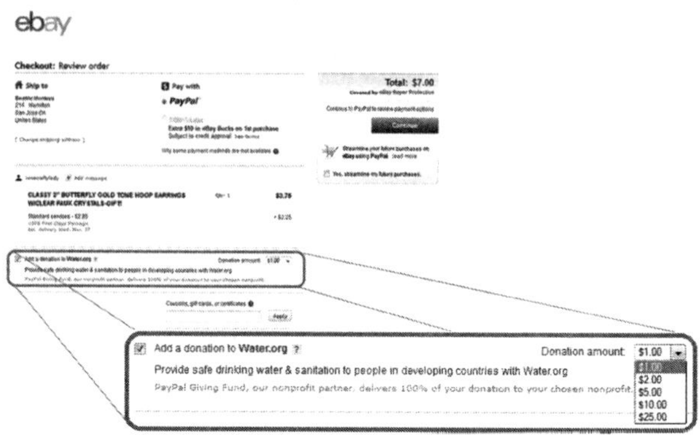

图 6-16　eBay 官网通过购买商品捐赠示例

资料来源：eBay 官网.

例如，买家在 eBay 官网购买某件商品，结账时会显示捐赠的选项，勾选之后，可以选择捐赠金额（1～25 美元），同时选择 eBay 官网推荐的公益慈善机构或自己感兴趣的、已经收藏的公益慈善机构。

而通过 eBay 慈善官网捐赠，则可以直接向某个公益慈善机构进行捐款。用户在 eBay 慈善官网推荐页或者搜索页上选择了指定的公益慈善机构后，点击相应金额即可进行捐款（见图 6-17）。

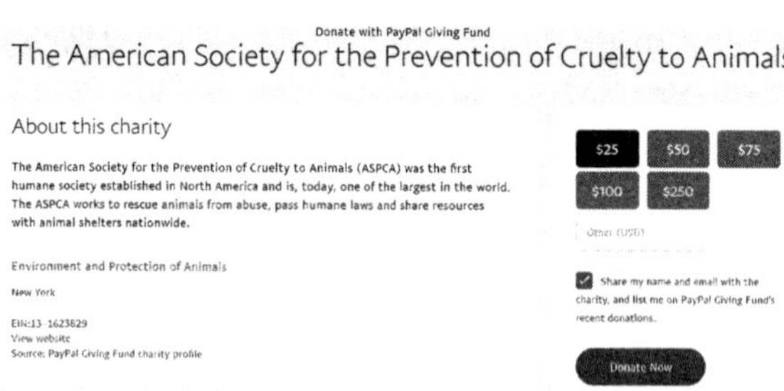

图 6-17　eBay 慈善官网直接捐赠示例

资料来源：eBay 慈善官网.

对于卖家而言，可以通过 eBay 慈善官网，在产品中加入慈善捐赠渠道；当物品成功售出后，通过 PayPal Giving Fund，eBay 会自动将善款转入相应公益慈善机构的账户中。卖家可以在创建售卖商品页面的时候，选择“charity”按钮，并进一步选择该商品的慈善捐赠比例，以及捐赠对象（一个公益慈善机构）。当交易成功完成之后，由 PayPal Giving Fund 自动收集卖家 PayPal 账户中的善款，并将善款转入对应的公益慈善机构账户（见图 6－18）。

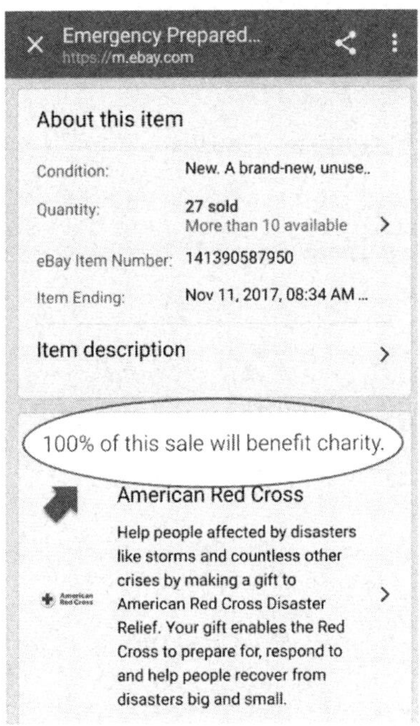

图 6－18　卖家在选择“charity”按钮时的操作示例

资料来源：eBay 慈善官网.

eBay 打通了官方购物网站和慈善官方网站两个渠道来进行互联网公益的实践，将电子商务流程中的买家、卖家和平台三方都融入公益慈善的过程中，将电商主体联合起来做公益。因而，无论买家、卖家或者公益慈善机构，都可以通过 eBay 的交易平台，便捷开展捐赠、筹款等流程，有利于提升 eBay 平台上公益慈善活动的参与度和有效性。

亚马逊（Amazon）

亚马逊作为一家电子商务和云计算的互联网企业，其公益慈善事业主要通过旗下的 Amazon Smile 网站和 Amazon Smile 基金会展开，且仅面向美国的亚马逊用户。2014 年，亚马逊开始了 Amazon Smile 的公益实践。

Amazon Smile 独立于 Amazon 零售官网，是与公益慈善捐赠相关的专门网站，由亚马逊运营。而 Amazon Smile 基金会是亚马逊为了管理 Amazon Smile 项目而建立的私人基金会，专门用于管理 Amazon Smile 网站的慈善捐款行为、交易费用等。当用户在 Amazon Smile 官网（smile. amazon. com）上购物时，Amazon Smile 将成交商品售价的 0.5%捐给用户选定的公益慈善机构。Amazon Smile 在运行过程中不收取公益慈善机构或者捐赠者的手续费。

对于用户而言，登录 Amazon Smile 可以沿用与 Amazon 相同的账号，但必须选择一个公益慈善机构，该机构可以从网站推荐的热门机构中挑选，也可以自行搜索选择。选定公益慈善机构后便可以开始购物，在该网站成功购买商品后，一定时间内 Amazon Smile 基金会将把善款集中汇入之前选定的公益慈善机构。选定的公益慈善机构将作为长期的捐款对象，但可以修改。每一次成功捐赠后，用户可以通过 Facebook、Twitter、电子邮件等社交平台与好友分享（见图 6-19）。

图 6－19　Amazon Smile 捐款成功后分享至社交平台操作示例

资料来源：Amazon Smile 官网.

Amazon Smile 对公益慈善机构的资格也有严格要求。申请加入的公益慈善机构必须是通过注册的正式公共慈善机构，而不能是私人基金会。符合要求的公益慈善机构可以在 Amazon Smile 的官网上填写相关组织信息、银行账户信息、联系方式等，通过相关协议，即可获得 Amazon Smile 的认证。公益慈善机构还可以进一步申请为 Spotlight Charities，以提高曝光率，在用户选择公益慈善机构时被优先推荐。未注册的公益慈善机构也有机会获得 Amazon Smile 的资助，Amazon Smile 与 Guide Star 合作，获得美国所有符合标准的公益慈善机构信息，因而用户在选择公益慈善机构时也可以找到未注册的机构，进行定向捐赠。至于捐赠给公益慈善机构的善款，则在每个季度之后，由 Amazon Smile 基金会统一处理，汇总善款总额，并通过电子账户直接将相应金额转入公益慈善机构的账户中。

Amazon 的互联网公益实践则更加直接和单一。Amazon 的公益慈善活动方式是捐款，通过独立的 Amazon Smile 购物网站和 Amazon Smile 基金会来实现。便利的公益慈善方式可以吸引公众参与，但如何将用户导流到 Amazon Smile 网站将是 Amazon 面临的难题。此外，目前 Amazon Smile 的服务仅向美国的用户开放，如何扩大战略布局，号召全世界更多的用户参与进来，也是 Amazon Smile 未来将面对的问题。

技术赋能 + 公益：Google

在互联网公益领域，搜索巨头 Google 也没有缺席。然而与 Facebook 和 Amazon 更多关注用户有所区别，Google 的互联网公益模式更多聚焦于通过互联网平台和技术对公益机构和公益行业进行扶持。

Google 绝大多数的公益活动都是通过其旗下的非营利组织 Google. org 进行的。Google. org 于 2005 年 10 月成立，是 Google 下属的公益部门，负责统筹 Google 的公益活动（见图 6 - 20）。作为 Google 的一个下属机构，每年 Google. org 都会投入 1 亿美元来资助公益伙伴、合作开展公益项目[33]。通过 Google. org，Google 在种族平权、教育和数字化技能、残障人士关怀和支持，以及危机应对等多个领域开展了一系列的公益项目。

图 6 - 20　Google. org

资料来源：Google. org 官网.

作为互联网巨头下属的非营利机构，Google.org 的公益项目大多带有非常强烈的互联网属性，并利用 Google 在互联网技术领域的深厚积累，进行了许多创新性的探索。

以帮助印度偏远地区的孩子阅读书籍为目标的“普拉松图书”（Pratham Books）是 Google.org 的重点项目之一。普拉松致力于将英语和印地语的图书翻译成印度地方语言文字，以便于偏远地区的孩子进行阅读。它推出了在线阅读平台 StoryWeaver 来连接读者、作者和翻译者，然而由于翻译力量的缺乏，每年能够翻译为地方语种的书籍非常有限。

Google 与普拉松图书开始合作后，一方面对公益机构进行资金上的赞助，另一方面将自身的技术能力开放给普拉松图书。Google 不仅提供了自身开发的基于机器学习的翻译 API 和音译工具，还通过 Google 的工程师志愿者团队为普拉松图书提供技术指导。在 Google 的帮助下，翻译的效率大幅提升，有更多的书籍被翻译成了印度地方语言。截至 2018 年，在 StoryWeaver 平台上已经有超过 20 000 本被翻译的图书，平台的活跃用户数超过 50 万[34]。

Google.org 利用自己在技术方面的积累和优势，帮助了大量类似普拉松图书这样的项目，其中包括使用数据来发掘和改变种族不平等叙事的“平等公正倡议”（Equal Justice Initiative）、使用数字化工具来改善美国劳动力市场状况的“为美国编码”（Code for America），等等。这些项目并不是由 Google 主导的，但其中结合了 Google 的核心技术优势，以新型的“科技＋公益”的模式，改善了许多存在已久的社会问题。Google 通过提供技术支持和数字化工具的方法，实现了对于创新性非营利机构的扶持。

然而，公益机构的数量繁多，能够得到 Google 资助、和 Google 一同开展公益合作的机构毕竟是少数。为了向更多的机构提供优质的服务和信息化的工具，Google 面向非营利机构推出了公益支持计划（Google For Nonprofits），其理念是通过 Google 的技术和平台，来帮助公益机构更轻松地筹款、更高效地开展协作，并能与更广泛的受众群体分享机构的公益理念和愿景（见图 6－21）。公益支持计划自推出以后受到广泛的好评，其服务覆盖了大量的非营利组织，是 Google 互联网公益模式的重要组成部分。

图 6－21　Google 公益支持计划

资料来源：Google 公益支持计划官网.

Google 为公益机构提供了一整套基于 Google 核心技术和商业优势的产品魔方。加入 Google 公益支持计划的公益机构可以免费享受 Google 提供的 G Suite 公益版邮箱服务，借助 Google AdWords 的免费广告提升知名度并和支持者互动，通过 Youtube 公益计划让参与者接触到精彩的视频和互动内容，通过 Google One Today 连接更多的潜在捐赠人并更方便地发起筹款，还能够通过 Google Earth Outreach 利用自定义地图和全球位置数据，以更生动高效的方式传播公益机构的经验故事。

Google 公益支持计划目前已经覆盖了 50 多个国家/地区[35]。有数以百万计的公益机构通过 Google 公益支持计划提升了自身的信息化水平，提高了传播的效率，连接了更多的潜在捐赠人。Google 公益支持计划也已经成为全球范围内推动公益机构和公益行业信息化进展，利用信息技术提升公益机构综和能力的重要力量。

Google 作为一家搜索巨头，并没有把互联网公益模式与搜索完全绑定，而是采取了一种更为开放和创新的策略。通过将 Google 的核心技术能力和核心产品向公益机构开放，Google 大大提升了许多机构的数字化能力，推动了美国非营利机构整体信息化水平的提升。同时，Google 还积极资助创新性的非营利组织，创造性地把尖端的科学技术和公益结合起来，开展了多个令人耳目一新的创新性的公益项目，使得“互联网＋公益”不仅仅局限于筹款或是传播领域，让人们看到了“科技＋公益”的更多可能。

众筹＋公益：Mightycause

由于政府对于公募权没有严格管制，近年来随着互联网的快速普及，美国出现了多家基于互联网的公益众筹平台。这些平台中有不少已经获得了公众广泛的认知和较高的认可度，Mightycause 就是其中比较典型的一家。

Mightycause 是一家总部设在美国的众筹公益平台，其前身为网络筹款平台 Razoo。Mightycause 平台通过互联网连接潜在捐赠人、公益机构和需要帮助的个人，使得资金不足的非营利机构和急需金钱救助的个人能够通过互联网筹款来获得足够的资金支持（见

图 6－22）。

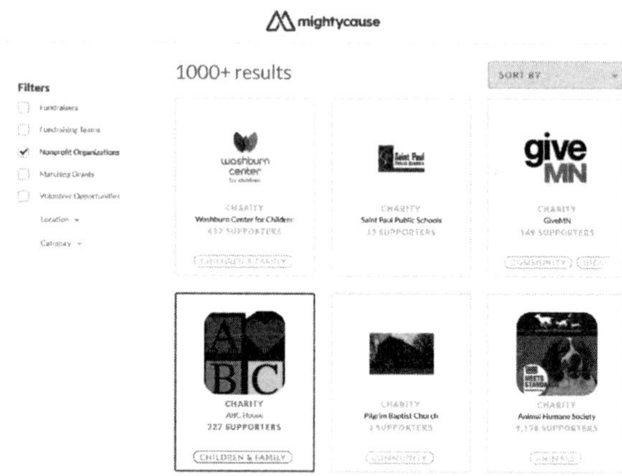

图 6－22　Mightycause 平台项目展示

资料来源：Mightycause 官网.

在 Mightycause 平台，众筹项目分为机构和个人两种类型。机构项目发起者需提供机构的名称和由税务部门统一发放的 EIN（employer identification number）号，并且在平台上进行实名的注册认证。而个人只需要提供基本的个人信息和银行账号即可发起筹款项目。在进行注册后，机构和个人即可发起筹款，由平台的用户进行募捐。

与国内平台不同的是，Mightycause 平台上的机构筹款一般都不与具体的项目相关联。用户通过 Mightycause 平台可以直接连接非营利机构，了解它们的组织、运营和项目执行情况，并直接对机构而不是其旗下的项目进行捐赠。这种对机构进行捐赠的模式也更符合美国人的公益习惯和公益理念。

对于个人的公益众筹发起人，Mightycause 也推出了一些有趣的新型玩法。个人项目的发起人可以在 Mightycause 平台上成立募捐团队，来为同一个项目进行筹款。但用户在捐赠的时候，仍然是为团队中的个人而不是团队本身进行捐赠，这就在筹款团队内创造了竞争的环境，也能够更好地激发众筹发起人筹款的积极性。同时，Mightycause 也积极利用 Facebook、Twitter 提供的接口，积极帮助众筹发起人和捐赠人通过互联网进行互动，来促使他们建立更加深入的连接。

Mightycause 还在平台上提供了配捐的功能。对于一些特定的项目，捐赠人和机构可以设置配捐基金。当其他用户捐赠时，配捐基金会根据事前设置的规则来进行配捐，提升后续每一笔捐赠的影响力，放大网友的爱心，来促使更多人参与到捐赠活动中。

机构和个人在 Mightycause 上完成部分或全部筹款后，还可以通过平台提供的信息披露模块，定期向捐赠人披露项目进展情况。通过项目的更新和反馈，用户能够更好地了解资金的使用和项目的进展状况，促使众筹发起人与捐赠人建立长期的信任关系。

与其他很多众筹平台不同的是，在 Mightycause 上发起捐赠项目的门槛极低。平台不为项目筹款设置上下限，也不向公益机构或者是捐赠人抽取任何费用。同时，Mightycause 平台对网页的移动端展示也做了优化，降低了用户在移动端浏览平台的难度，方便了更多移动互联网用户使用平台来开展捐赠活动（见图 6-23）。

除此以外，Mightycause 平台还为发起捐款的机构和个人提供了数据分析、捐赠人画像和社交互动等一系列服务，来帮助项目发起人更便捷地配对潜在捐赠者，更好地进行筹款。对于一些有特殊需求的机构和个人，Mightycause 还会为这些机构和个人进行定制化的服务，更加有针对性地满足它们对于项目个性化的需求。

图 6－23　Mightycause 平台主要特点

资料来源：Mightycasuse 官网.

众筹的低门槛和精细化的服务使得 Mightycause 在公益机构和捐赠人中间受到了广泛的好评。截至 2018 年 9 月，Mightycause 在 12 年间已经为上千家机构和个人筹款超过 6 亿美元，平台的活跃用户数达到了 1 200 万[36]，Mightycause 已经成为美国规模较大、公众认可度很高的一家众筹募捐平台。

在美国，除了 Mightycause 外，还有 WebCharity、JustGive 等多家互联网公益的众筹平台。美国的互联网巨头大都没有深入这个领域，因此公益众筹平台在美国呈现出一种百家争鸣的状态。相较中国，公益众筹在美国公众捐赠中的占比相对较小，重要程度也略低，而且去中心化的特点更加明显。

透明＋公益：Charity Navigator

互联网和公益透明有着天然的契合。在互联网上，不同节点之间的信息传递成本低，触达面广，信息传播的效率高。公益机构可以在互联网上进行信息披露，将善款、项目执行等信息公之于众，帮助用户更有信心地了解公益机构和公益项目。通过互联网手段提升信息公开的力度和水平，已经成为各国公益界的共识。在美国，这种趋势更为明显。

美国有多家专注于利用互联网进行公益信息披露和机构评级的专业机构，譬如 Charity Navigator、Charity Watch 和 BBB Wise Giving Alliance 等互联网平台。其中，Charity Navigator 是比较著名的一家。

Charity Navigator 成立于 2001 年，是世界上第一家针对公益机构信息公开、评价公益机构运营状态的第三方网站。Charity Navigator 致力于汇总、披露公益机构的信息，并客观、公正、全面地对公益机构进行点评，协助公众做出正确的选择（见图 6－24）。通过十余年的探索，Charity Navigator 建立起了一套相对公正、客观、基于数据的评估系统，对全美 8 000 多个知名或有价值的公募公益机构进行评估，从而引导公众向最有效率的公益机构捐赠。据其官方网站消息，2018 年 Charity Navigator 为全美超过 9 000 家慈善机构进行完整的透明度和财务状况评估，并向公众提供超过 180 万家其他慈善机构的基本信息[37]。Charity Navigator 的评估系统目前主要基于两大指标：一是公益机构的财务健康状况，二是问责和透明。

Charity Navigator 在问责和透明方面希望能够通过公开资料回答两个根本问题：首先，公益机构是否有良好的治理结构并遵循相关的道德标准？其次，公益机构是否让捐赠者很容易找到这些关键信息？在衡量问责和透明时，慈善导航依据两个数据来源：一是从美国国税局 990 表格中获取的附加信息，二是公益机构的官方网站。通过 990 表格，Charity Navigator 筛选出 12 个数据指标，再

图 6-24　美国 Charity Navigator 网站

资料来源：Charity Navigator 官网.

通过公益机构的官方网站提取出 5 个数据指标。这总共 17 个指标均可在 Charity Navigator 网站上查询到[38]。同时，Charity Navigator 还利用这 17 个指标构建了一套公益机构问责和透明的评估体系，对每个公益机构进行评星，并将该机构相较其他机构的位置展示出来，供用户在选择公益机构时作为参考。用户也可以将公益机构两两对比，发现同类组织的优点与不足。

值得注意的是，Charity Navigator 在进行综合评比的时候，坚持同类比较的原则。为保证评估结果的可比性，Charity Navigator 将公益机构分为 11 大类、35 小类，并将类似的公益机构放在一起评估、对比，而不是对所有类型的机构都一视同仁地进行评估。这样分类进行信息披露、评估的做法固然相对成本较高，但是尽量避免了将千差万别的公益机构简单地直接对比，保证了评估对于各类机构都是相对公平的。

如前文所提到的，在美国还有许多类似于 Charity Navigator 的机构，它们利用互联网进行公益信息披露和公益机构评级。这类机构收集、汇总税表和公益机构网站上的披露信息，并以此为基础生成完整的公益机构透明度评价体系，充分利用了现有公益信息，也起到了降低民众搜索成本的效果。美国传统上就是公益机构透明度很高的国家，而基于互联网的信息透明则进一步提升了行业的整体透明程度，对于政府部门的监管也是一个重要的补充。

互联网公益节日：Giving Tuesday

Giving Tuesday（星期二捐赠日）是近年来美国大型的公益慈善活动之一，举办时间为每年美国感恩节之后的第一个星期二，创办目的是鼓励个人、家庭、公益机构、企业和公司各界以捐献自己的时间、金钱、技能等多种形式，用独立的、有创意性的方式帮助社会弱势群体等所有需要帮助的人。从 2012 年开始举办以来，Giving Tuesday 的覆盖范围已经逐步拓展到多个国家和地区。该活动由比尔及梅琳达·盖茨基金会、Paypal 提供支持。

Giving Tuesday 活动通过线上与线下相结合的方式进行，鼓励机构和个人通过不同的渠道参与到 Giving Tuesday 中来（见图 6－25）。

对于机构组织而言，只要是官方已注册的公益慈善组织，或者是非营利性的企业、学校、宗教或社区团体，都可以注册加入 Giving Tuesday 平台。如果已注册的组织机构要策划并推行公益慈善活动，可参考 Giving Tuesday 提供的“工具包”，其中包含成功的活动案例、新闻稿模板、可利用的媒体平台、推荐的时间表等。目前而言，公益慈善组织常利用 Facebook、Twitter 等社交平台推进活动，一方面可以利用该平台的捐赠页面，另一方面可以在平台上将捐赠者导流到自身的官方网页进行捐赠。

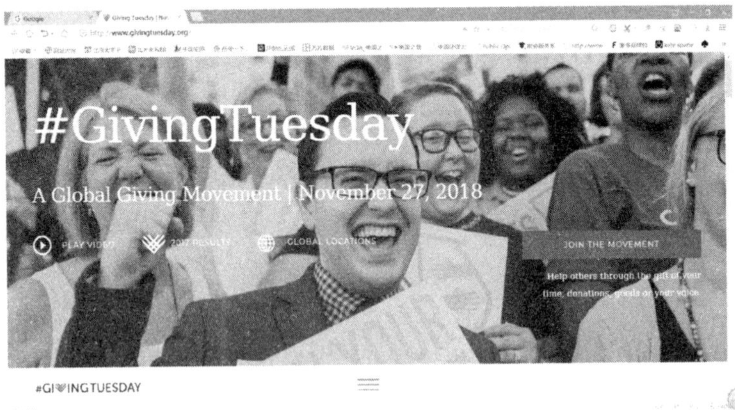

图 6－25　美国 Giving Tuesday 网站截图

资料来源：Giving Tuesday 官网.

对于个人而言，有多样化的方式参与到 Giving Tuesday 活动中，例如捐款、志愿服务、分享公益慈善故事等。Giving Tuesday 鼓励个人参与到社区志愿服务中，在其官网上提供了链接，方便个人参与者搜索附近的公益慈善组织，并参与某一项志愿服务；个人参与者还可以直接通过社交平台或公益慈善组织官网进行捐赠；当人们参与了公益慈善活动后，也可以通过社交平台分享自己的经历，如：分享＃UNSelfie、＃MyGivingStory 话题相关的内容。

2017 年，Giving Tuesday 活动也开始进入中国，即与腾讯公益平台合作，鼓励人们通过捐步活动筹集善款。2017 年 11 月 23 日至 28 日，国内用户只要每天行走 1 000 步及以上，便可以通过微信和手机 QQ 两个平台参与运动捐步活动，通过捐献步数兑换善款，帮助白血病儿童。截至美国当地时间 2017 年 11 月 27 日晚间，Giving Tuesday 官方发文表示，在腾讯公益平台上，累计参与本次捐步活动的用户超过 500 万人，捐出超过 668 亿步数，捐赠善款为 444 万元人民币（约合 68.3 万美元）（见图 6-26）[39]。

图 6-26 Giving Tuesday 官方 Facebook 平台发布腾讯公益捐步活动结果

Giving Tuesday 的公益成果显著，全球参与度比较高。2016 年的活动中，18%[40] 的美国民众都对 Giving Tuesday 这个公益日有所了解，比例较高，凸显“全民公益”浪潮。活动当天，话题# Giving Tuesday 一直高居主流社交媒体的话题榜首。2017 年的 Giving Tuesday 活动，网上筹款总额是 2.74 亿美元，一共收到 240 余万件礼物，平均每件礼物价值 110.98 美元，在社会事件中被提及 100 多万次，在 Twitter 等社会媒体上获得了 2 170 万个赞。在 2017 年的 Giving Tuesday 中，5 个被提及最多的话题是：公众和社会利益、人性化服务、教育、健康、环境和动物保护。超过 150 个国家的人和超过 100 个美国社区联盟参与了本次活动，其中 42 个国家是通过官方加盟的形式并且独立推动参与的。

Giving Tuesday 对美国的互联网公益产生了巨大的影响。BlackBaud 在其 2016 年度《慈善捐赠报告》中分析指出：2016 年 12 月，美国网络捐赠总额连续两年增长，占网络捐赠总额的 21.8%，而相比之下，11 月的网络捐赠额占网络捐赠总额的 9.7%。这或许是由#Giving Tuesday 活动的网络捐赠的持续增长所导致的。

互联网公益的美国特色

由于美国强大的公益传统以及美国在互联网领域的领导地位，美国互联网公益的发展在全球范围也一直处于领先地位。而且，由于美国独特的历史、文化、制度传统，美国互联网公益的发展极具美国特色。我们认为，互联网公益在美国发展的主要特色有以下几点：

（1）美国的互联网公益在过去 20 年经历了高速的发展，已经具备了一定的规模。然而，在整个公益行业，互联网公益更多地起到的是辅助性的作用。美国通过互联网进行的筹款规模在 2017 年达到了 4 100.2 亿美元，从绝对规模上来讲，在世界上排名第一，但互联网筹款在其中的占比只有 7.6%，在公众筹款中的占比也只有 11.36%[41]。究其原因，可能是美国的传统公益网络非常发达，公众有着更加完善的线下参与公益的渠道，使得以互联网公益筹款为代表的互联网公益发展迅速，但在公益行业整体中只占据一个比较小的份额。至少在现阶段，互联网公益在美国更多地起到的是辅助性的作用。

（2）美国的互联网公益去中心化的特点更加明显。去中心化是互联网的一个重要特征，互联网公益也是一种去中心化的公益模式。美国互联网公益网络也存在中心节点。美国的互联网巨头，如Google、Facebook、Amazon都积极参与互联网公益，但这些美国大企业的公益平台没有像腾讯公益、淘宝公益等中国互联网公益平台这样如此广泛地连接潜在捐赠人、公益机构、企业和受助人。与此同时，传统美国的公益机构和中小企业在美国互联网公益发展过程中进行了大量的探索，像Mightycause这样的非互联网巨头运营平台也连接了大量的潜在捐赠人，削弱了巨头在互联网公益生态中的中心地位，也使得美国互联网公益的去中心化态势更为明显。

（3）美国的互联网公益发展更为多样化，有更多利用前沿技术开展公益项目的尝试。在中国以及世界上其他一些国家/地区，互联网公益模式的主流是互联网筹款或者是基于互联网进行的倡导。也有一些平台、机构和企业尝试运用新兴技术来提升项目执行效率，但是这些努力落地前景不明，暂时还没有得到更多的关注。而在美国，由于传统的筹款渠道比较发达，所以很多机构并不依赖互联网筹款，其在互联网公益领域的探索也就更加广泛。同时，由于负责项目执行的机构专业化程度更高，美国的企业在科技领域有更多的技术积累，也会有更多的机构、企业运用最先进的科技手段，比如基于区块链的智能合约、基于人工智能的图像识别技术和大数据来创新性地开展公益项目，并且取得了很好的效果。随着技术前沿的不断推进，还不断有新的技术被应用于公益领域，使得美国的互联网公益呈现更加多样化、科技化的特点。

（4）美国互联网公益模式中，PC 端占到非常大的比重。美国的移动互联网应用发展与中国路径不同，移动支付等基于移动互联网的技术普及度并不高，移动互联网对于人们的生活渗透率也相对较低，因此，在互联网公益领域，基于移动端的公益模式存在感相对较弱，PC 端的占比则比较高。像 Amazon Smile、eBay 以及 Mightycause 等平台更多的是依靠 PC 端开展公益活动，互联网捐赠中 PC 端的占比也更高。这与中国移动端占据主导地位的情况有着明显的不同。

（5）公益行业的透明度建设是美国互联网公益模式的重要组成部分。美国有着悠久的公益传统和完善的机构管理体制，很早就有专业化的机构推进行业的透明化进展，比如早期的基金会中心就起到了这样的作用。近些年，随着互联网的兴起，在美国更是涌现出了一批如 Charity Navigator 等专注于公益机构信息披露和评级的专业机构。这些机构借助互联网对公益机构的信息进行收集，并在互联网上对信息进行披露，对公益机构进行评级。互联网的出现与兴起无疑提升了信息公开的效果，帮助专业机构进一步推动行业透明度的提升。虽然在其他国家，互联网也显著提升了机构和行业的透明度，但是很少有国家有如此数量的推动机构透明度建设的网站和专业机构。对公益行业透明度建设的重视，无疑也是美国互联网公益的一大特色。

第七章　英国：公益传统和政府支持

英国的慈善事业和公益文化历史悠久，英国民众参与各种公益活动的热情和传统超过了全球绝大多数国家。英国社会的公益慈善组织出现时间较早，有关研究显示，英国互助组织的起源大致可以上溯到公元 55 年[1]。早在 12—13 世纪，英国就出现了约 500 家民间志愿性的公益慈善组织[2]。

英国公益环境的土壤

英国公益慈善事业虽然最初是出于基督教博爱精神的民间或非政府行为，但它的兴旺却与政府的支持分不开。英国已形成了以私人慈善、公益慈善组织和政府援助为主要形式的多元公益慈善体系。

基督教的博爱慈善观

在前一章中，我们提到了基督教对于美国公益文化的影响。与美国同为新教国家的英国，其公益的发展也深受基督教传统的影响。

公元 6 世纪，教皇格里高利一世派出以传教士奥古斯丁为首的教皇派遣团到英格兰进行传教，将基督教再次引入英国。在公元 7 世纪期间，威尔弗雷德（Wilfred）和塔尔色斯的西奥多（Theodore of Tarsus）完成了英格兰的基督教化，建立起英国教会的组织机构。在此之后，英国就始终是一个以基督教为主流信仰的国家。“原罪”“救赎”“因信称义”等基督教核心教义也随之传入英国，成为英国文化的重要组成部分。

随着基督教的发展，基督教的“罪富文化”也逐渐在英国社会流传开来。富人拥有财富却不奉献，会被视为是有罪的。古罗马帝国时期的天主教思想家奥古斯丁曾指出：“财富助长了人性的贪婪而放弃对上帝的追随，罪恶甚于盗窃。骄傲和贪婪是富人的罪行，只有谦卑和给予才能完成救赎之路。”[3] 这种思想也成为英国早期公益发展的驱动力。为了表现对上帝虔诚的信仰和完成自我救赎，商人群体在基督教教义的引导下积极参与公益慈善事业，出资修建各种济贫机构如救济院、贫民习艺所、教管所、医院、初等学校、大学等公益慈善场所。到了 16 世纪中期，英国出现了建立慈善机构的高潮，在这一时期的伦敦，“商人占全部慈善捐助者的 36%，所捐献的财物占总数的 56%”[4]。

在这一时期，基督教会和商人是社会慈善的主体，社会慈善部分满足了社会弱势群体的需求，但是这种自发的、偶然的捐赠行为因为缺乏制度保障而显得无序，加之教会后期力量的逐渐衰微，早期的教会和商人公益已经无法有效组织起繁杂的捐赠活动。

慈善组织的发展

工业革命后，由于基督教的博爱精神和公民责任意识增强，慈善组织开始取代富人个人和教会在社会公益慈善事业中的位置，慈善组织承担起更加重要的任务。工业革命在促进经济发展的同时，也带动了教育的发展。经由教育和经济活动，社会不同阶层之间实现了更多的跨阶层流动，而这些都为中产阶级的兴起奠定了基础。

占社会主体的中产阶级主要依托于工业革命和商业活动而诞生，相较于上层阶级，他们更了解英国社会的人间烟火，对英国的社会问题也更加关注。相较于英国底层民众，中产阶级具有一定的经济实力和较高的社会地位，这使他们有能力积极参与公益慈善事业。由此，英国近现代的公民社会也开始逐渐形成。

当代西方哲学家、政治理论家查尔斯·泰勒把公民社会定义为“一个自治的社团网络，它独立于国家之外，在共同关心的事务中将市民联合起来，并通过他们的存在本身或行动，能对公共政策发生影响”[5]。他们自发建立了很多慈善组织和民间互助团体，维护自身利益，缓解社会问题，积极投身到公益慈善事业中去。

同时，文艺复兴后，“自由平等”的精神和“人道主义”的思想逐渐被提倡，中产阶级大多把这些思想作为行事准则，认为世界上的任何一个人，无论贫贱富贵，都应该对周围人友爱，彼此应该是平等互助的。当然，这种博爱利他、以人为本的精神价值观非常有利于慈善意识在公众中传播，鼓励他们通过各种方式参与社会公益慈善事业，以彰显对上帝的爱、对人的爱。在这一阶段，英国公民个体开始感受到自身的价值，更多的中产阶层作为个体加入公益慈善事业。

从专业化发展的角度看，在这一时期，各种慈善机构也开始纷纷在英国出现。据统计，“1861 年时，仅伦敦一地就有 640 家慈善机构，其中 103 家成立于 18 世纪之前，114 家成立于 18—19 世纪之间，279 家成立于 19 世纪上半叶；在 1850—1861 年的 12 年间，则成立了 144 家；到 1863 年时，伦敦已有 770 家慈善机构，到 1869 年时这个数字则上升到了 989 个”[6]，其中比较著名的有全国性的慈善组织——“全国儿童与孤儿之家”“国家国民救生艇机构”“禁止虐待动物皇家协会”等，涉及社会救济、医疗卫生、教育科研、环境保护等公共生活领域。

公益慈善组织的发展也离不开志愿精神的滋养，志愿精神是指鼓励民众不计报酬推动人类发展、促进社会进步和完善社区工作的一种资源[7]。英国的志愿精神可追溯到公元 55 年出现的“友谊社”，这大概是最早的志愿性机构。12、13 世纪，出现了正式的志愿活动。到了一战、二战期间，由于战争的广泛动员，英国民众参与志愿服务达到了高潮，民众为国家提供无偿服务渐渐成为一种自觉意识[8]。

随着志愿活动的开展，公众逐渐意识到他们在志愿活动中不仅能帮助他人，也能实现个人价值，得到精神上的满足，因此更加积极地参加公益慈善事业。据调查，“2002 年 27％的英国民众通过各种组织每个月至少参加一次志愿活动，39％的公民在过去的一年中最少参加一次志愿性工作，而到了 2005 年，29％的人至少每个月从事一次志愿活动，42％的人至少每年从事志愿活动”。慈善组织的有酬员工只是其人力的少数，绝大部分其实是各种形式的志愿者。在英国，平均每一个 16 岁以上的成年人每个月都会从事某种形式的志愿服务[9]。

截至 2018 年 3 月 31 日，英国共有 167 972 个公益慈善组织，年收入总计 760.15 亿英镑[10]。英国的许多公益慈善组织不仅在本国的事务中发挥重要作用，还向发展中国家和地区提供捐助，以帮助那些因贫困、灾害、疾病和战争等而陷入绝境的人们，如劳氏船级社基金会、国际救助儿童会和乐施会等。据 CAF（英国慈善援助基金会）统计，2017 年用于海外救助和灾难援救的善款占英国总捐款的 12%[11]。

政府的支持和监管

如前所述，宗教改革后，基督教会的世俗权力被政府取代。面对贫富分化严重威胁统治的现象，政府建立起以法令为基础的救济体系。

当时的政府与教会的看法不同，他们把救济活动看作一种牺牲被救济者人格和尊严的施舍，对被救济人有严格的规定。比如，英国 1530 年的法令就规定，除了老年人或者是缺乏劳动能力的人之外，身体健康的人不允许流浪乞讨，否则将被逮捕并处以鞭刑。1597 年颁布的《1597 年济贫法》仍旧将穷人分为“可救济的”和“不可救济的”，由政府管理的救济院来收容“可救济者”——包括老、病、残、孕以及精神疾病患者等；而对于身体强壮的贫民，则不给予任何救济，他们想要进入救济院的话就必须参加劳动，拒绝到救济院做工的健康贫民会被投入监狱[12]。到了 1601 年，英国又颁布了一部《济贫法》（又称旧《济贫法》），同时还颁布了《慈善法》，这也是世界上第一部《慈善法》。自此，英国确立起了官方的济贫体系，慈善事业逐渐由政府主导，无序的局面开始变得有序和制度化。这种官方出面管理的济贫体系虽然还是以宗教观为其道德基础，但并不是无底线、无管理的慈善，政府并不认为所有公民都有接受救济的权利。

英国的慈善文化，从一开始就不是无原则的救助。如果说工业革命提供了人人自食其力、变成劳动者的历史机遇，文艺复兴时期肯定人的欲望、认可人的能力则成为英国文化中提倡有尊严地自食其力这一理念的价值观依归。

即便是有慈善救助，人们仍然认为贫穷、失业等问题主要是由于公民个人的懒惰，而不是由于社会机能的失职。到1834年，英国政府颁布了《1834年济贫法修正案》（也称新《济贫法》），并制定了“劣等处置”原则和“济贫院检验”原则。“劣等处置”原则是指让享受救济的穷人的生活水平低于任何独立自由劳动者；“济贫院检验”原则是指将享受救济的穷人安排在济贫院中，并予以监狱似的严格管理，以使穷人的道德更加完善，使懒汉勤奋起来[13]。鼓励富人行善，但不救无用之人，在英国成为既有宗教底色又有时代特征的独特的公益慈善传统。

近现代之后，英国政府对公益慈善事业的管理更加科学化、成熟化。政府开始把济贫变为经常性的社会福利项目纳入政府日常职能，并出台了一系列保险立法和措施，如《失业工人法》《养老金法》《国民健康保险法》等。21世纪以来，英国公益慈善法仍在不断革新，涉及范围更加广泛，立法体系不断改进，以适应时代的要求。

英国政府对与公益慈善组织的合作也非常重视，走公益慈善发展的第三条道路，不仅对公益慈善组织实行减税和补贴政策，还与公益慈善组织签署了具有指导意义的《政府与志愿及社区组织合作框架协议》（COMPACT），积极推动英国政府各部门及各级政府与民间组织之间的合作。

同时，英国设立慈善委员会，代表政府对民间慈善组织进行监管，并提供五种主要服务：（1）负责为那些只以慈善为目的的机构提供注册服务；（2）对那些存在问题的慈善行为采取强制措施；（3）确保慈善组织运行符合法规要求，例如每年的信息披露；（4）确保每个登记注册的慈善组织的信息披露具有广泛的有效性；（5）为慈善组织提供在线服务和指导。

英国互联网公益发展现状

英国是欧洲传统的发达国家，全国总人口超过 6 500 万人，国土面积 24.41 万平方公里。2016 年，英国 GDP 总量 2.63 万亿美元，占全球的 3.85%，位列全球第五；人均 GDP 40 096 美元，位列全球第九。

在国民文化方面，英国是一个有深厚文化积淀的国家。有 60% 的英国公民信仰基督教新教；另外，自中世纪以来，英国的贵族和乡绅（绅士）构成了英国社会的上流阶级，由他们所主张的贵族精神逐渐衍生为现代的绅士文化（见图 7－1）。前文提及的基督教的博爱思想以及文艺复兴以来的“人道主义”思潮同时融合进了这种英式的绅士文化和精英意识。

文化上的独特性并未让英国在科技的发展上止步不前。在全球集体进入互联网时代的今天，英国作为全球主要的发达国家之一，其互联网的普及率，以及电子商务、互联网社交、娱乐等新业态，都在欧洲处于较高的发展水平；而互联网基础设施的相对完备也同文化底蕴一起，成为英国互联网公益发展的良好先决条件。

据 Ecommerce Foundation 公布的《2017 欧洲电子商务报告》，2016 年欧洲电子商务销售额超过 5 300 亿欧元，年度增长率达 15%，预计 2017 年将达 6 020 亿欧元。而其中英国是绝对领先者，

图 7-1 源于中世纪的英国骑士文化

英国拥有全欧洲最大的电子商务市场，电商销售额达 1 970 亿欧元，占全欧洲的 37%（见图 7-2）。

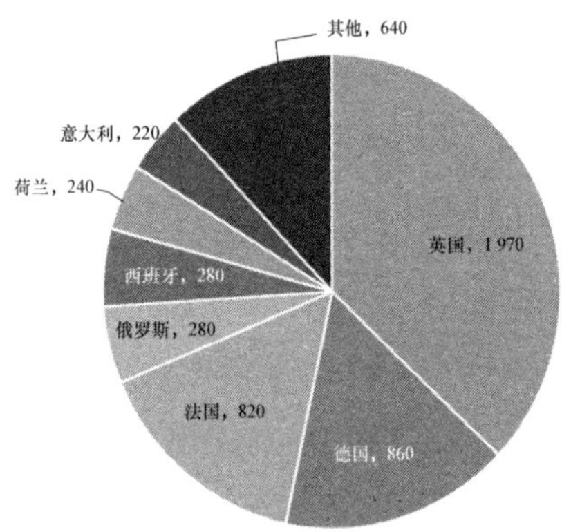

图 7-2 欧洲地区电子商务销售额（亿欧元）

资料来源：Ecommerce Foundation. 2017 欧洲电子商务报告.

同时，根据美国科技媒体 Newzoo 的调研数据，英国的智能手机普及率也很高。英国的 6 500 多万人口中，智能手机用户达到

4 500 万人，渗透率达到 69%。

在电子支付方面，在英国银行卡支付是最受欢迎的支付方式，占 57% 的市场份额（借记卡 40%，信用卡 17%）；紧跟其后的是电子钱包，占 22% 的市场份额（见图 7－3）。可见，在亚洲地区火爆异常的移动支付还未获得绝大多数英国人的青睐。

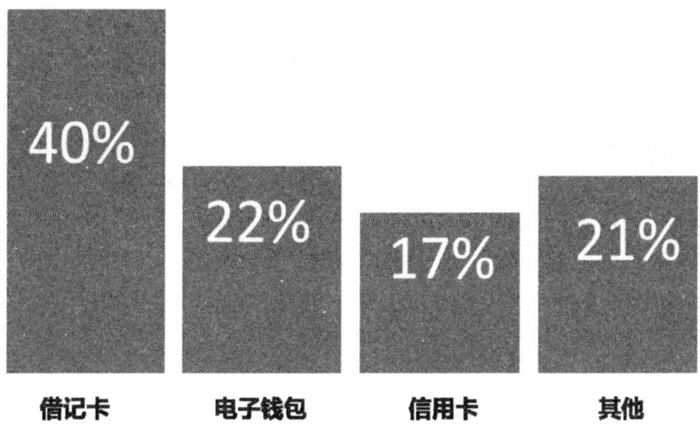

图 7－3　英国电子支付偏好

资料来源：WorldPay.

英国传统公益慈善筹款方式

由于英国人的文化传统和独特的互联网使用习惯，英国的公益慈善事业与互联网的结合也呈现出自身的特点。从英国公益慈善筹款的既往情况来看，其筹款的传统方式主要为面对面（现金）筹款、会员制筹款、信件筹款、电话/短信筹款等。

（1）面对面筹款：主要有三种类型。第一种是以社区为单位，由慈善机构在社区内拜访居民、介绍自己的机构、游说居民签订银行月捐协议，捐款额度从 3 英镑至十几英镑不等。第二种是由筹款人在线下做拦截访问，介绍自己机构的慈善工作，鼓励行人签订银行月捐协议。第三种则是由志愿者或者员工在街头准备募捐箱，接受一次性的随机捐款。

（2）会员制筹款：即“通过发展会员，获取会员费捐赠”。以英国皇家鸟类保护协会（RSPB）为例，RSPB在全英有100多万名会员，是欧洲最大的野生动物保护组织。他们设有儿童会员、成人会员和家庭会员三种类型。会员费每月最低3英镑起（儿童为1.5英镑起）。会员在支持这家慈善机构的同时，可以获得RSPB关于野生动物保护的杂志，还可以获得全英国200多个自然保护区的免费门票，或者参加由RSPB组织的户外活动、知识讲座等[14]。

（3）信件筹款：信件筹款有利于与捐赠者建立良好关系，维持长期捐赠。通常，公益慈善机构会在汇报工作时、感谢信或者劝捐信里附上一张月捐表格，以及已经印好地址的免费回邮信封。

（4）电话/短信筹款：短信募捐主要是一次性捐赠，往往发生在紧急情况下，或者圣诞节期间——英国的慈善捐赠季，公众经常会收到劝捐的短信。然而，公益慈善机构的最终目的并不是为了一次性的捐赠，而是为了得到更多潜在募捐者的电话号码。募捐后，会有专门的团队打电话致谢，并介绍该机构的工作，最后鼓励捐赠者签订银行月捐协议。

互联网筹款方式的发展

随着互联网在英国的发展，新兴的筹款方式——网络筹款迅速兴起。相较于传统的筹款方式，网络捐款更加方便，更多人愿意参与网络募捐完成善举。越来越多的英国公益慈善组织也意识到，互联网平台是与公众沟通的有效渠道，它们开始积极搭建自己的网络捐赠平台，同时加强和现有慈善网站的合作。政府也针对如雨后春笋般蓬勃生长的网络捐赠平台出台了相应的管理政策。英国网络捐赠在群众、公益慈善组织和政府的三方助力下呈现出良好的发展态势。

公众积极参与互联网捐赠

据英国相关机构统计，除了政府拨款之外，2017 年英国有 7.6%的慈善捐赠来自网络，并且 21%的网络捐赠是通过移动端进行的，网络捐赠总额较 2016 年增长了 12.1%；公益慈善组织中，来自网络捐赠的部分增长了 18.5%。其中，网络捐赠增幅最大的是基于信仰的公益慈善组织（18.1%）、环境/动物类福利组织（17.6%）以及艺术与文化类公益机构（17.2%）[15]。

单次捐款方面，在 2016 年的所有网络捐款中，10%的捐款等于或超过 800 英镑，40%的公益慈善组织获得了至少一次金额达到 800 英镑的网络捐款。从 2010 年 1 月到 2014 年 12 月，英国平均在线捐款增加了 20%（从 52.87 英镑到 63.69 英镑）[16]。

公益慈善组织布局网络平台

公益慈善组织也更加重视网络捐赠渠道，意图通过慈善网站来加强宣传。目前，英国较为著名的慈善募捐网站有 JustGiving、Everyclick、BT MyDonate 以及 Global Giving UK 等十多家。这些网站除了网页版之外，其中一些还有相应的 APP 应用，方便公众和公益慈善组织使用。

在 JustGiving 的网站上，已经有 8 000 家慈善机构注册，与它捆绑合作。2015 年，BMCHARITY 的点击率也相当可观，点击浏览数超过 10 万，与它合作的 430 多家地方慈善组织可通过 BMCHARITY 在全球进行宣传，甚至有机会接收到来自全球的善款[17]。网络平台为英国慈善公益机构提供了新的收入渠道，增加了它们的善款收入，55%被调查的公益慈善组织声称它们 2017 年获得的网络捐赠进一步增加[18]。

政府对互联网募捐的监管和支持

行业本身的蓬勃发展离不开英国政府的支持。在网络捐赠的发展过程中，英国政府起到了不可忽视的作用。英国设置了募捐标准委员会、募捐协会、公开募捐监管协会，对英国的公益慈善领域进行专业而完善的管理。

其中，募捐标准委员会负责监测并评判公众投诉，同时协同慈善部门提高募捐行为标准；募捐协会由职业募捐人组成，负责编写并出版募捐行为准则，同时对募捐标准委员会做出的评判进行评估；公开募捐监管协会则主要是对公开募捐进行监管。

同时，英国《慈善法》和慈善委员会也对网络募捐做出了相关规定，涉及私人捐赠账户的使用、网络平台如何确保捐赠款项的使用、捐赠退款、捐赠者和募捐者不满及捐赠网站收费规定等领域。英国政府及相关机构的监督使网络慈善活动可以有序运作，这无疑为捐赠者和募捐者以及网络平台的权益提供了保障，并且厘清了它们各自的权责归属。

英国大型互联网捐赠网站和公益日简述

通过十几年的发展，英国的公益慈善网站运营模式渐趋成熟，传统的慈善节日和慈善机构通过网络增强了自己的影响力，互联网公益在英国公众生活中扮演着越来越重要的角色。下面重点介绍一下三个在英国当地最著名的慈善募集网站及慈善节日——红鼻子日。

JustGiving

JustGiving 网站成立于 2000 年，是英国目前最大的慈善募集网站，涉及慈善捐赠的领域非常广泛，任何人都可以作为募款人，不需要付费即可设立募款网页，募款可以用任何理由——包括为慈善项目募款，或为个人原因募款，但须确保它们的“社会公益”的资格。例如，一位残疾人使用该平台筹资，来改造自己的房子，以便更适合残疾人居住。再比如，2010 年，7 岁的英国男孩 Charlie Simpson 通过 JustGiving 为海地地震筹款，前 48 小时便筹集了多达 14.5 万英镑的款项，最后共计筹款 21 万英镑，成为英国互联网捐赠史上的标志性事件[19]。

2013 年，JustGiving 还推出了众筹平台 Yimby.com，正式进军众筹模式（见图 7-4）。在公测期间，Yimby 上提交的项目有 250 个，许诺资金超过 25 万英镑。超过 100 个项目在目标期内成功完成筹资，据称成功率为 64%[20]。

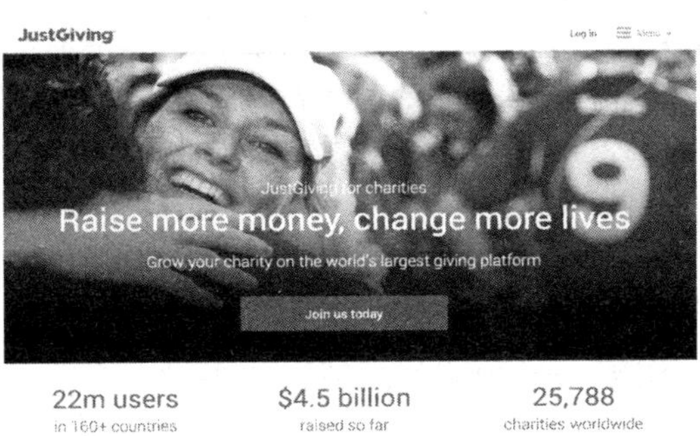

图 7-4　JustGiving 官网

截至 2018 年，JustGiving 的注册用户超过 2 200 万人，遍及 160 多个国家，共筹款 45 亿美元，筹措款项帮助了世界 25 788 个公益慈善项目[21]。捐赠者可以直接在这一网站上捐钱，等到募款期限截止后，网站会将筹到的款项扣除5%作为运营费用，其他款项将直接转交给募款设立人。同时，JustGiving每月会向注册用户收取15英镑。对于每笔金额在1 000英镑及以上的捐款，JustGiving会收取79英镑的服务费。

Everyclick

Everyclick成立于2005年，是为英国慈善机构提供在线筹款服务的互联网公司，Everyclick承诺将获得的一半收入捐赠给慈善机构。2010年，Everyclick推出名为Give as you Live的新项目，在该网站上可以搜索到向慈善机构进行现金返还的在线零售商，即：用户向零售商购买产品后，零售商会向慈善机构捐赠一定比例的零售收入（见图7-5）。通过该网站，用户可以更便捷地找到公益零售商，在购买物品的同时参与慈善公益事业。截至2018年，该网站已为英国慈善机构筹集了987.2万英镑的资金[22]。

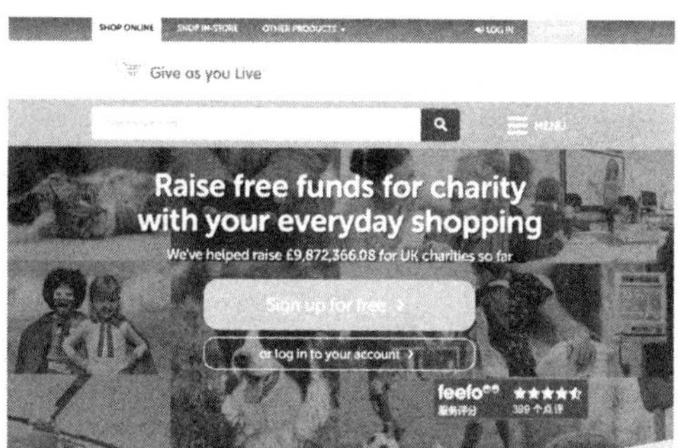

图7-5 Give as you Live官网

BT MyDonate

BT MyDonate是英国电信公司BT Group为英国慈善机构提供的非营利性在线筹款服务，作为BT对社区投资的一部分。BT MyDonate于2011年正式推出（见图7-6）。该网站将获得的全部捐赠（不包括信用卡/借记卡费用）全部转交给公益慈善机构，不收取订阅费和佣金。截至 2015 年 12 月 31 日，BT MyDonate 向 8 750 个公益慈善机构进行捐赠[23]，成为英国最受欢迎的捐赠平台之一。

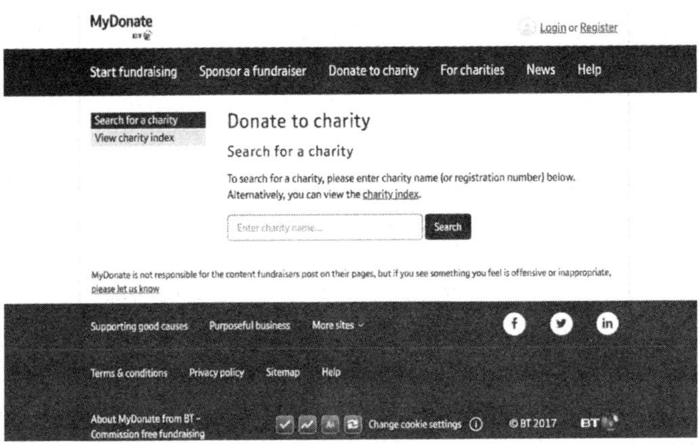

图 7－6　BT MyDonate 官网

红鼻子日

红鼻子日（Red Nose Day）是英国历史悠久的公益慈善活动，具有鲜明的英国特色。1988 年，红鼻子日在英国首次举办，由喜剧救济基金会（Comic Relief）组织，每两年举办一次，至今已有 30 年的历史。红鼻子日一直倡导通过快乐的方式传递社会正能量，最大的特点在于让人们以开心的方式筹集善款，代表性装扮是戴上“红鼻子”、穿上红色怪异的服饰或把自己的头发染红。红鼻子日希望通过一系列幽默逗趣的方式来引起人们对弱势群体的关注，所得善款的 40％将用于帮助英国国内的弱势群体，60％则用于帮助非洲的贫困人群。

创立之初，红鼻子日是英国的全国性庆典，现在已逐步拓展至其他国家，成为全球性的公益节日。美国、德国、爱尔兰、冰岛等国家曾举办了红鼻子日的活动。2017 年 6 月，这个节日也被引入了我国[24]。

英国的红鼻子日的线下活动主要包括慈善筹款晚会直播、烘焙类活动、短剧、红鼻子日限定物品售卖等。除此之外，人们还可以参与红鼻子日的线上公益活动。

线上公益方面：红鼻子日官网上筹款的项目包含疫苗接种、心理健康、教育、家庭暴力、疟疾等多种类型，公众可以通过红鼻子日官网随时进行捐赠。“捐赠”板块中设有 30、50、100、250、500、1 000 英镑六个按钮，用户也可以自己输入捐款金额。网上捐赠的支付方式是银行卡（American Express、Mastercard、Visa 等）或 Paypal。同时，红鼻子日官网也在“新闻媒体和活动”板块中进行名人参与的公益筹集项目直播，网友不仅可以在网上观看直播，还可以通过页面上的链接直接进入捐赠页面捐款。

红鼻子日活动鼓励以学校为单位创建筹款项目，促进各个年龄段的青少年参与到活动中来，通过“线下活动＋线上宣传＋线上/线下筹款”的形式，增强青少年公益慈善意识，同时筹集到款项。红鼻子日将青少年分为幼儿园、小学、中学、青年四个年龄段，针对不同年龄段的青少年提供差异化的筹款方式。

项目筹款方面：英国的红鼻子日公益活动已支持了 2 000 多个项目，项目类型包括无家可归、老年痴呆和年轻人心理健康等问题。举例而言，在非洲，善款将帮助非洲 1 170 万人，解决他们面临的免疫、疟疾、教育、孕产妇保健等问题。

红鼻子日获得了英国公众广泛的参与和支持，2017 年的红鼻子日在线筹款额达到 3 817 万美元（约合 2.5 亿元人民币）。自成立以来至 2017 年，红鼻子日在英国获得的慈善募捐额已经超过 18 亿美元[25]。

英国互联网公益的影响

互联网捐赠的益处

英国互联网捐赠的热度日益上升，这有利于英国公益慈善事业采纳新科技的优势助力自身发展，英国公益慈善活动也更加便民化、透明化；同时，由于互联网捐赠可以看到他人的捐赠数额，从心理学角度也会对公众参与捐赠起到一定的激励作用。

便民化

通过互联网，英国用户只需打开慈善组织的网页或者 APP 就可以进行捐赠，同时也可以在诸多众筹平台上发起募捐，足不出户便可以参与公益慈善事业。在 CAF（英国慈善援助基金会）关于英国公益慈善活动的调查中，26%的人在过去 12 个月中采用线上捐款的形式参与公益慈善活动，线上捐款位列全部筹款方式的第 5 位（见图 7-7）。网络捐赠在 25～44 岁年龄层的用户中最受欢迎，这可能是由于处于这一年龄段的人群大多忙于工作，缺乏时间参与面对面的慈善活动，而不需要路途奔波、几分钟便可完成的互联网捐赠方式就成了他们的最优选择。相关调查发现，19%的老年人（65 岁以上）和 28%的年轻人（24 岁以下）在过去一年中曾进行网络捐赠[26]。可见，由于方便快捷，互联网捐赠方式在各年龄层英国用户中正在流行开来，未来参与互联网捐赠的英国用户人数将更为可观。

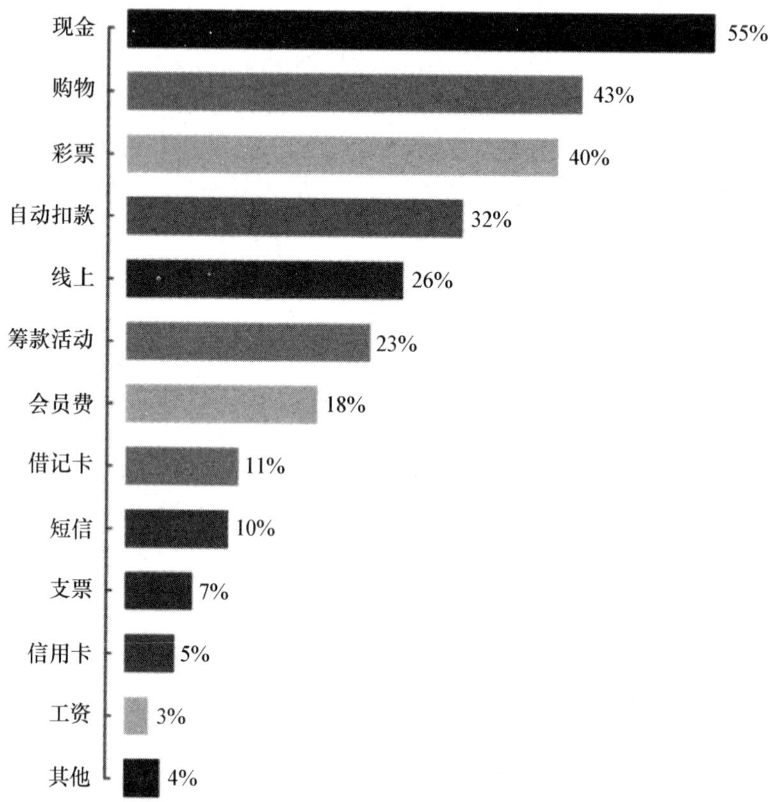

图 7－7　英国人捐款方式选择

资料来源：CAF. 2018 Giving Report [EB/OL]. (2018－03). https://www.caf-online.org/about-us/publications/2018-publications/uk-giving-report-2018.

透明化

互联网捐赠平台在运作的过程中会将细节通过网络全部公开，接受公众监督，捐赠者可以通过多种方式了解自己捐款的用途和去向，这有利于减少腐败的滋生，也有利于提高公益慈善机构的社会公信力，促进公益慈善事业的发展。互联网捐赠平台可以记录下所有募捐者的个人信息——包括银行信息、居住地点等。捐赠者会及时收到捐款回执，上面列明慈善机构的信息、捐赠款额、捐赠时间等，捐赠者可以切实地知道他们的捐款去向。

花式劝捐

互联网的公益慈善尝试依托于互联网快速、便捷、弥合信息不对称的特点，能够汇集到海量的捐助者个人信息、捐赠行为轨迹，而这也会在某种程度上起到促进公益慈善的作用。

曾经有英国学者利用英国大型筹款网络平台的数据证明了“竞争性帮助（competitive helping）假说”。研究表明，男性捐赠者在面对具有吸引力的女性募捐者时，对其他男性的慷慨捐赠会做出竞争性反应[27]。互联网募捐平台会提供募捐者的个人信息（姓名、照片、募捐原因及赞助的机构）和之前捐赠者的相关信息，当一个准备捐赠的用户进入捐赠网页页面，由于“竞争性帮助心理”和“锚定效应”，他会捐出一个不低于前一位捐赠者的金额，这种现象在男性捐赠者面对具有吸引力的女性募捐者时尤为明显。可见，互联网募捐平台因为“竞争性帮助心理”，间接使更多人加入募捐，参与公益慈善活动。

英国互联网捐赠出现的问题

网络筹款虽然有其优势，但也存在一些安全隐患。据英国广播公司报道，2017 年 3 月英国伦敦发生恐怖袭击之后，JustGiving 上出现许多为受害者家属募款的网页，其中包括为死者艾莎·弗拉德家属募款，捐款超过 17 000 英镑。但英国网友搜寻发现，设立该募款网页的人，与一个在 2013 年被判社会福利金诈骗的人姓名相同。JustGiving 注意到，该账户使用人名称在首次设立后也经过多次更改。这一网站上还发现其他几个未经认证的网页在帮艾莎·弗拉德募款。由于担心骗捐，JustGiving 决定将募款网页从募款人手中接收过来。与此同时，该募款网页上还被标注“由 JustGiving 负责认证”的文字，向捐款人确保他们捐的钱最终会交给弗拉德的家人[28]。

无论实践如何发展，法律和监管似乎永远都不够用。目前，英国慈善法在监管方面整体还较为宽松，英国公众也认为网络募捐更多要靠自觉才能杜绝各种网上骗捐行为。

尽管如此，互联网与公益慈善领域的结合已经势不可挡。全球公益慈善事业发展最早的英国，也必然会借助更多的互联网手段对公益慈善事业进行深耕。

英国互联网公益发展总结

英国公益慈善事业在近一个世纪的蓬勃发展中，离不开基督教传统、英国绅士文化、精英意识的精神哺育，我们也可以看到从以富人和教会主导到慈善组织成为主流再到互联网捐赠平台的发展，都体现了英国人在公益慈善方面的博爱精神和自觉意识，浓厚的慈善文化是英国互联网公益慈善持续发展的基础。

同时，英国政府在互联网公益慈善的发展中也起到了重要的监管和引导作用：从旧《济贫法》到新《济贫法》再到《慈善法》的修订和慈善委员会的成立，英国政府不断适应公益慈善事业新的发展形态，调整英国公益慈善方面的法律和政策，最大限度支持英国公益慈善事业健康有序的发展。

公益慈善组织走向互联网平台，是传统筹款方式向互联网时代转变的重要标志。JustGiving、Everyclick 和 BT MyDonate 等大型慈善募集网站的发展，为英国公众参与公益慈善活动提供了极大的便利，传统公益节日如红鼻子日等和互联网的结合，有利于各种公益节日的传播，公益文化也会进一步渗透到英国乃至世界各地。虽然互联网捐赠目前还存在监管不严、骗捐等问题，但相信随着互联网技术的发展和互联网公益慈善模式的改进，英国的互联网捐赠会进入更加安全、有效的发展阶段。

总体而言，在英国悠久的公益慈善传统影响下，在英国社会各界的努力下，英国互联网公益慈善将在英国人的生活中扮演越来越重要的角色，带动更多的英国人投身公益慈善。

第八章　日本：从政府主导走向官民共治

日本公益发展历程

“公益”在日本词典里的一般解释是：社会一般的利益、公共的利益，与私益相对。这与西方的解释没有什么差异。不难理解，对日本来说，“公益”是明治维新之后从西方引入的概念。

在日本公益社团法人及公益财团法人认定的法律条文中，对公益事业有进一步的具体定义：关于学术、艺术、慈善和其他公共利益，有助于促进非特定多数人利益的事业。从这个角度看，日本的“公益”包含了“慈善”及其他，是“大公益”的概念。

虽然“公益”一词在日本语言和文化中出现较晚，然而与中国类似，在更久远的古代日本，与慈善公益相关的活动早已开始。对日本而言，其发展从古至今延绵已有近 1 500 年之久，大致可分为江户时代前、明治维新前后、二战后三个阶段。

前近代：江户时代前，宗教济世与民间互助传统

日本的慈善公益事业，日本学界主流认为可追溯到飞鸟时代初

期（始于公元593年）。当时摄政的圣德太子接受中国的尊王大一统思想，试图建立以天皇为中心的中央皇权体制来挽救贵族间常年纷争造成的社会危机，决定推行一系列改革。其中一项重要举措就是推崇佛教，通过全国统一宗教信仰来削弱贵族的势力。为此，圣德太子建造了日本历史上首家官办寺院——四天王寺，开设了“四箇院”制度（悲田院、施药院、疗病院以及敬田院），被后世认为是日本公益慈善事业的启蒙（见图8-1）。“四箇院”制度来源于佛教的“福田”思想，倡导民众行善积德自然就鼓励了慈善活动。“四箇院”虽然严格意义上不属于民间公益机构，但对之后日本民间公益的发展产生了深远影响。圣德太子之后，道昭、行基、俊乘坊重源、叡尊、忍性、愿阿弥等等佛教高僧，都将这种宗教影响下的慈善思想带到民间践行和推广，广募善款支持架桥、修路、救灾、治病等等各种民间慈善活动，将宗教性慈善事业发扬光大。

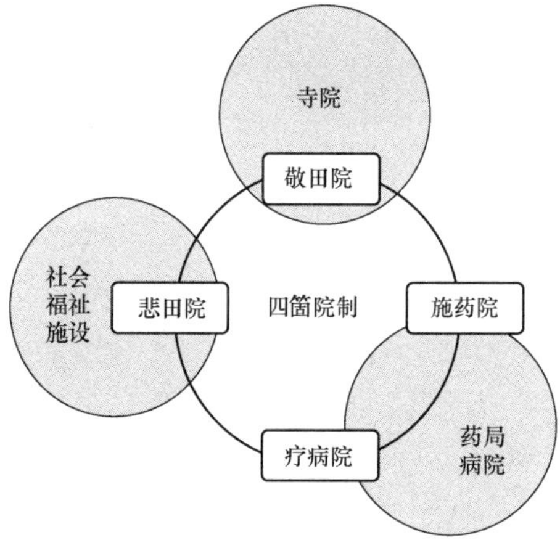

图8-1　四天王寺的“四箇院”制度

资料来源：四天王寺関連サイトリンク［EB/OL］. 四天王寺官方网站.（2018-10-05）［2018-10-05］. http://www.shitennoji.or.jp/link.html.

在以佛教为代表的宗教影响下，加上传统日本社会的组织方式和道德教育，民间形成了各种具有互助互益性质的地方性公益机构雏形，其中最具代表性的就是“讲”（講，こう）和“结”（結，ゆい）。“讲”来源于佛教的读经法事，逐渐发展成“具有相同信仰的人组成的协会”。“结”本意是连接。从镰仓时代起地方开始用“结”来表示居民互帮互助的小型定居点和自治单位，居民活动中可以平等交换劳动力、材料、资金等。当然，当时还没有国民性的“公益”概念，这些组织发挥作用大多局限在地方、小群体范围之内。

近代：明治维新前后，政府主导“公益＝国益”

江户时代开始，德川幕府统治开始加强中央政权，对宗教组织和地方大名政权进行了各种打压和限制，使得之前宗教为引领、地方自治的民间公益慈善活动开始走向衰落。尤其是16世纪进入日本的基督教一度被全面禁教，西方的慈善公益思想随着德川幕府的闭关锁国政策被阻隔在了门外。

明治维新开始后，日本打开国门，开始全面吸收西方模式改造社会。然而，为了发动各方力量以推翻幕府，并且避免之后出现政治真空导致各方争权，明治维新采取了“还政于天皇”的方式，这实际上又形成了强势的“君主制”。在此作用下，明治政府为了强化其“国家”的理念，将“公共利益”这个西方来的新思想与“国家利益”画上了等号并不断进行全面传播，而真正的“公民”概念和“公民利益”被掩盖了。

在这种国家组织方式和意识形态的支配下，明治政府在1896年颁布的首部《民法》中，虽然首次设立了法人制度并分为营利法人和公益法人，但对公益法人的设立要求比较严格——必须经由政府主管部门的许可（许可主义）。即是说，行政机关对公益机构有裁量权，民间并不能擅自开展公益活动。这一机制限制了民间公益机构的大规模发展，社会公益的主要工作集中于国家政府机构。“国家主导公益”一直持续到了二战。

现代：二战后重建至今，新公共哲学鼓励“官民共治”

二战后，日本百废待兴，国家重建单靠政府的力量基本不可能。为了让民间的慈善公益机构和社会团体能够服从指示，统一力量，同时还要避免触犯宪法（日本《宪法》第89条规定，慈善组织和团体不可以援助政府），日本政府在1951年出台了日本首个关于慈善事业的专门法案——《社会福祉事业法》。该法开辟了一条新的社会公益问题解决路径，建立了“社会福祉法人”这样一种新的公益事业经营模式，使得民间力量可以通过成立相应法人或与此类法人合作开展慈善公益活动，为民间参与慈善公益事业揭开了新的序幕。

到了20世纪60年代中期，日本学界率先展开了针对“国家型/行政型公共性”（自上而下）的批判，进而讨论是否应赋予那些由环保、反公害等市民运动逐步形成的“市民型公共性”（自下而上）以正当性。这一讨论来源于对西方“公共哲学”和“现代市民社会论”的研究，促进了日本“公共哲学”流派的产生。其针对公共性的观点至少有两方面：一是主张摒弃“公私二元论”，提倡“公”（政府）、“公共”（领域）、“私”（个人）（见图8-2）[1]。所谓公共领域，是指介于国家和个人之间的一个公共空间，公民们假定可以在这个空间中自由参与公共事务而不受干涉，因此它应该是不被政府垄断、私人独占的第三种同等存在。二是既否定崇尚为公益牺牲个人的“灭私奉公”，也否定为私益不顾公德的“灭公奉私”，转而提倡个人积极而公共开放的“活私开公”[2]。

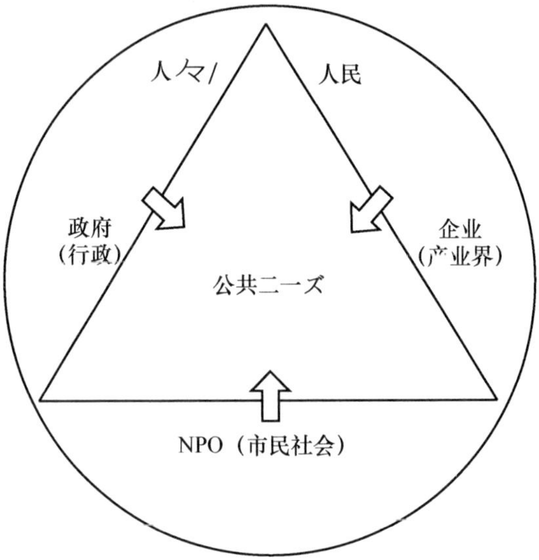

图 8－2 公共三元论的三个部门模型

资料来源：長坂寿久．公共哲学と日本の市民社会（NPO）セクター——「公・公共・私」三元論と3セクターモデルについて［J］．国際貿易と投資，Summer 2007（68）．

日本近期“公共哲学”的兴起，将日本的慈善公益引向了民间复兴、官民共治的新阶段。而其中“公共领域”也就是西方国家的第三部门——非营利组织（NPO），成为政府重点鼓励发展的对象。1995 年阪神・淡路大地震的发生成为一个标志，日本全国上下都表现出了对灾区的关注和支援热情，涌现了很多民间组织与团体。这促使 1998 年《特定非营利活动促进法》（通称“NPO 法”）颁布，为 NPO 的建立提供了合法性。2006 年彻底废除基于《民法》第 34 条的旧公益法人严格的许可制度，转而实施基于更宽松的准则主义（登记备案原则）的一般法人制度和基于认定主义的新公益法人制度，进一步放松了对 NPO 的监管，从而促进了其大发展。到 2010 年，日本政府牵头发布了《“新公共”宣言》，倡导“为了构建基于人与人之间的互助以及富有活力的社会而进行自主协动”，随后推动了包括捐赠税改、公益人培养、培育社会资本等在内的一系列举措的实施，进一步落实了“官民共治”的理念。

规模现状：民间公益复兴态势已成，但体量和深度须待时日

自 1998 年“NPO 法”颁布起，日本民间公益的复兴走上了加速发展的道路。一方面，大量的新老慈善公益团体成为法律承认的法人，这让民间公益活动有了法律保障。截至 2018 年 7 月，日本已有 51 768 家获认可公益法人。另一方面，政府也在加快可享受税收等优惠政策、但需相对严格的官方认定的公益法人的批准，认定法人比认可法人的比例持续上升，如今已有 1 085 家认定法人，占比达 2.1%[3]。

从捐赠量的角度看，近年来日本的捐赠额虽然有震荡，但整体呈现增长态势，其中个人捐赠的表现比较亮眼：一是大灾害引发高捐赠热情，尤其是个人捐赠。2011 年 3 月，东日本大地震导致福岛核电站事故，对日本造成了巨大损失。当年个人捐赠量呈现明显的增长，比上一年提高了近 109%，相对而言，法人捐赠量只提升了 18%多一点，可见日本公民个体对大灾害中互帮互助的积极性很高。二是公民个人的公益行为已经比较普遍。个人捐赠和法人捐赠贡献量基本相当，2009—2014 年两者比例在 5∶7～13∶7 区间调整，但大部分时间接近 1∶1。个人捐赠率超过了 30%，且一度接

近69%（2011年）[4]。

当然，相对欧美大国而言，日本慈善公益还有一定的距离。比如，美国的慈善公益机构数量高达百万级，日本目前只有5万多；美国2016年个人捐赠额占GDP的比例是1.44%，日本只有0.14%[5]。日本民间慈善公益的复兴毕竟才20年，未来还有很大的成长空间。

日本互联网公益发展情况

日本的互联网可能并不如“日本制造”或者“日本动漫”那么全球皆知。实际上，日本互联网的发展与全球互联网是基本同步的，始于1996年雅虎日本（Yahoo! JAPAN）的成立。2004年，新潟县中越地震后，雅虎日本推出雅虎募捐网（Yahoo! ネット募金），标志着日本互联网公益的兴起。从那时开始，日本的互联网公益也随着日本互联网的发展，从桌面逐渐走向了移动。到如今，不仅传统的互联网大企业在开展公益业务，传统慈善公益机构大多也都开通了自己的网站并越来越多地采取了线上募捐的方式，还涌现了不少新型的互联网公益应用甚至走向了全球化。可以说，日本互联网在用自己的方式融合着公益，并与世界相连接。

门户+公益：雅虎日本

雅虎日本是日本的第一家门户网站，由美国Yahoo公司和日本软银公司合资，于1996年4月1日上线。作为Web 1.0时期的代表，雅虎日本并未像同期的很多互联网企业一样，在产业快速发展迭代中被落下，而是通过积极的扩张和成功的经营，从门户向广告、搜索、拍卖、无线增值、网上银行等诸多领域发展，成为日本互联网市场业务范围最广、市值最高的领头羊。

雅虎日本的业务广度，也明显地体现在其对公益领域的布局上。门户、电商、支付、众筹等主要的互联网公益领域，雅虎日本均有布局，并且也都成为日本互联网公益领域的翘楚。根据雅虎日本官方网站的说明，其对公益事业的支持主要体现在平台与应用的五个方面：雅虎募捐网、雅虎基金会、雅虎志愿者、慈善拍卖和善意链接。

雅虎募捐网（Yahoo! ネット募金）：从2004年发生在新潟县中越地震受灾地区的筹款开始，推出互联网募捐支持灾区救助和灾害重建。目前已覆盖灾害/重建援助、儿童、动物/宠物、国际合作、医疗/福利、环境、文化、教育等多种项目类型，提供门户信息展示传播和线上捐赠服务。捐赠方式除了定期捐赠和紧急支持（灾害）之外，还涵盖了购彩票、返礼品等多种方式。支付手段主要有雅虎钱包（信用卡）、T积分和手机（Softbank）三种类型，满足了大部分网民的习惯。2016年网络募捐额超过9亿日元，位居日本前茅[6]。

雅虎基金会（Yahoo! 基金）：2006年成立，旨在纪念雅虎日本服务推出10周年，由雅虎捐款和用户捐款两部分组成。募捐用途主要针对互联网社会的安全和健康发展，以及灾难发生时的紧急支持，为NPO活动提供资金援助计划。为此还设立了专门的部门：一个是IT资助部门，提供传统IT解决社会问题的业务支援；一个是重建援助部门，支持东日本大地震的重建工作。

雅虎志愿者（Yahoo! Volunteer）：2003年4月1日推出，纪

念雅虎日本服务 7 周年，作为企业社会责任的一部分。旨在汇聚志愿组织和活动信息，建立志愿者的交流网络，有助于志愿者找到合适的活动。其发布的信息由三个合作网站提供，而非无门槛的来源，从而确保信息的充实性和权威性。一是 CANPAN，由日本财团基金会运营；二是志愿者平台（ボランティアプラットフォーム），这是全国最大的志愿者招募平台，会员超过 3.9 万人；三是志愿者信息（ボランティアインフォ），重点提供志愿者活动信息并协调志愿者资源。

慈善拍卖（チャリティーオークション）：自 1999 年开始实施，作为企业社会责任的一部分，以网上慈善拍卖所得支持公益活动。2015 年 11 月开始，在拍卖网又专门设立众筹服务“reU funding”，由买家拍下卖家闲置物品，支付资金转为善款捐赠。2015 年度达到近 1.8 亿日元的总拍卖报价，形成买、卖、社会三方共赢（三方よし），支持循环型社会实现的新尝试。

善意链接（Links for Good）：2013 年 6 月 11 日推出，2016 年 9 月 30 日由于业务调整停止。免费提供一年的雅虎展示广告网络服务（Yahoo! Display Ad Network），供非营利组织传播所用。可在雅虎页面专门的位置发布广告，并借助广告投放技术，根据用户兴趣匹配展示。

电商＋公益：乐天（Rakuten）

乐天创立于 1997 年 2 月，从 B2B2C 电商起家，最初仅 6 名员工和 13 个商家。1998 年推出拍卖服务，开始涉及 C2C 市场。2000 年首次公开募股并且加速并购扩张，包括证券公司、旅游网站、职业棒球队等，并推出了积分和信用卡服务，进一步强化了商业交易能力。2006 年建立乐天生态系统愿景，基于乐天会员商业系统，向多元化和海外市场继续扩展。其先后收购了以色列即时通讯 Viber、美国网购数据公司 Slice、新加坡视频字幕社区 VIKI、加拿大电子阅读服务 Kobo、美国数字媒体分发 OverDrive、法国电子商务平台 PriceMinister、美国购物返现网站 Ebates 等，成为日本互联网全球化发展的典范企业。如今乐天服务超过 70 种，已覆盖全球 29 个国家和地区，拥有 12 亿注册用户，全球总交易价值达 12.9 兆日元（2017 年度）[7]。

与雅虎在各种业务中大面积融入公益的方式不同，乐天在互联网公益方面的布局主要围绕其核心的电子商务和支付业务板块，包括乐天市场、乐天支付与乐天银行；此外，还针对其特别关注的领域，建立了两个独立的公益机构："乐天未来的翅膀"公益财团法人和乐天 Clutch 特别基金。

电子商务和支付＋公益

乐天市场借助其电子商务平台和支付工具，为公益机构和活动提供展示和募捐通道。形式上是将公益活动当作商品直接上架，用户点击相应的图标进行购物捐赠或直接捐赠，这有点类似于中国阿里巴巴做的淘宝公益网店。但其背后对接了日本近年特有的"家乡纳税"（ふるさと纳税）制度，更侧重从用户减免税收的角度促进 C 端捐赠的积极性，而非中国电商淘宝那样主要是 B 端商户以公益捐赠促进营销。

"家乡纳税"（ふるさと纳税）创立于 2007 年，允许纳税人向任何他们希望支持的地区捐款，来免除个人所得税和住民税，以此来鼓励日益流向城市的居民向特别是农村等偏远地区捐款以支持其发展。而乐天市场 2015 年对接了这一制度，开始帮各地区政府建立专属网页并上架相应的“家乡纳税”捐赠项目。很多地区还将特产作为捐赠回礼以吸引用户，更贴近了乐天电商的属性，形成了独特的“购物-捐赠-抵税”的模式。正是由于乐天这样的互联网平台，更多用户能很便捷快速地了解各地情况和特色，使得这种非本地远距离多目标（一个用户一年内可选择5个捐赠目标地区）的捐赠和纳税结合成为可能。对用户而言，通过这种方式不仅能支持偏远地区建设，还能减免税务并获得地方特色产品，一举三得，能有效带动其积极性。

通过乐天市场进行“家乡纳税”主要分六步（见图8－3）：(1）找到捐赠目标市政府和答谢物品；(2）注册和登录（非注册会员也可使用，但没有积分补助）；(3）申请捐款：检查答谢物品的介绍页面内容，然后单击“申请捐赠”按钮；(4）收到答谢物品（因非购买，可能需要一周至数月）；(5）收到捐款收据；(6）减税。一站式特殊豁免制度和最终申告两种方式均可。具体捐赠支付方式有三种：乐天卡、乐天银行和乐天积分。其中乐天积分类似雅虎T积分，可以直接捐赠转为对应的金额。三种方式都可以获得税务减免。

专门成立的独立公益机构

“乐天未来的翅膀”公益财团法人：2011年6月1日，由Airio人寿保险有限公司（现乐天人寿保险股份有限公司）捐款成立，主要聚焦于改善和提高孩子的福利。具体活动有：一是提供奖学金支持基金，为年满18岁、刚进入社会的年轻人提供学费、房租等支持；二是提供技术和知识活动，帮助孩子提升竞争力；三是提供咨询、建议和鼓励，应对“孤独感”等心理问题。

乐天Clutch特别基金：2011年东日本大地震后，在数千名希

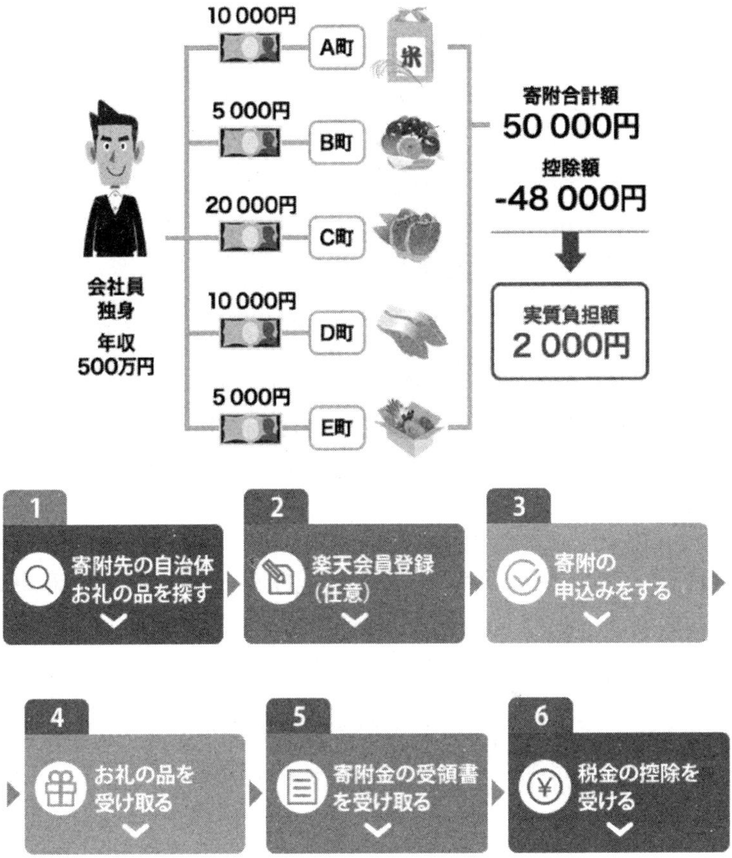

图 8-3　“家乡纳税”机制与乐天“家乡纳税”流程

望提供支援的客户呼吁下设立。除了为赈灾和灾后重建提供募捐外，还逐渐创立了一些专业公益项目。典型如 2014 年启动的“乐天森林”，意在针对金鹰（东北乐天金鹰棒球队吉祥物，就是一只名叫“Clutch”的金鹰）灭绝的危险，开展栖息地生态保护活动。后来联动了乐天电商和旅游等业务，发展成了结合生态购物、生态旅游的持续性公益体系。

社交+公益：连我（Line）

Line是韩国Naver日本分公司2011年6月推出的移动即时通信业务，并成为当今全球主流的社交和通信应用之一，主要流行于日本、韩国和东南亚地区。Line重点结合了日本动漫大国的特点，在社交中融入了独创的卡通角色和表情，结合Line Pay的移动支付功能，逐渐发展出了“社交+动漫+周边+商店”等等独特的模式，也成为日本互联网尤其是移动互联网市场的重要组成。

在与公益的结合上，Line也充分体现出了其业务特点。主要有四方面：一是官方账号，二是表情包商店，三是移动支付，四是通信功能。

官方账号+公益：Line的官方账号类似微信的公众号功能，公益机构能够通过建立Line的官方账号，与Line用户形成连接和互动，实现公益活动的线上社交传播。

表情包商店+公益：Line为公益机构提供定制表情包服务，用户购买指定的表情包，所支付的金额将捐赠给目标公益机构。

移动支付+公益：用户在平台上看到有兴趣的公益活动，可以通过Line Pay直接支付捐赠，与微信支付的捐赠功能类似。

通信功能+公益：Line针对日本灾害较频繁的特点，推出了灾害紧急服务的系列功能和指导，便于用户在灾害发生时进行自救和互助。主要包括：（1）安全通知。紧急情况下可以使用“群组通话”作为紧急联系网络，或借助个人“状态消息”通知当前的情况。（2）下落通知。可通过“公告功能”将重要信息固定在对话框顶部，便于其他人了解当前位置和疏散地点等信息。或将重要信息保留在“注释”功能中，可随时回顾。还可结合地图定位分享位置。(3) 紧急功能。发生大规模灾害时，Line 会自动启动该功能。用户可将信息发送给 Line 官方账号，而其将以时间线的方式将大家的信息进行全网广播（见图 8－4）。

图 8－4　Line 的大规模灾害紧急广播功能

其他典型模式：点击、众筹、行为（线下活动）

点击捐赠（クリック募金）：起源于 1999 年的 Hunger Site，用户通过点击公益网站的免费“点击捐赠”按键进入相应页面（广告、公益项目等信息），赞助商将提供一定量的善款代表用户捐出（通常以 1 日元为单位）（见图 8－5）。sumabo 在 2000 年 9 月建立了日本第一个“点击捐赠”网站，以致力于消除世界饥饿、发展中国家的教育/医疗支持、环境保护等公益活动。目前，已有 800 多万用户参与，捐款总额达 4.5 亿日元[8]。日本用户比较喜欢点击捐赠的方式，因此日本这类公益网站也比较多，大多与国际公益机构相关，并且发展出不同的特色。比如，专注环境保护的地球兄弟（Brother Earth）、用游戏问答增加点击趣味的儿童饥饿救济快乐大米（happyrice）、主推互联网企业赞助的 JWorld 等。

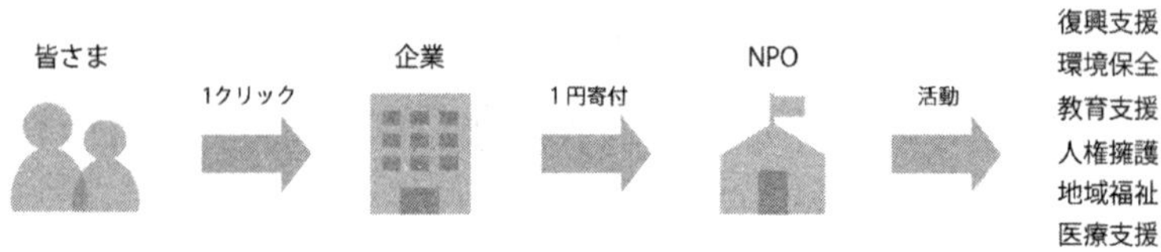

图 8－5　sumabo 的点击捐赠过程示意

众筹捐赠（クラウドファンディング サービス）：近年，随着日本政府对众筹模式的监管放松，众筹模式在日本快速发展起来，由此也产生了专注于公益领域的互联网众筹平台，比如 Readyfor。其创立于 2011 年 3 月，主创人员主要来自东京大学。2014 年成立会社，目前已成为日本最大的公益众筹平台。其上线项目主要分为两类：一类是购买型，与商业众筹类似，付款人能获得相应的实物或服务；另一类是捐赠型，付款人一般无实物或服务回馈，而是以感谢信、表彰等精神鼓励为主。此类平台比较充分地激发了新一代日本人的个人追求和互助精神，截至 2018 年 6 月共支持了 8 300 个项目，筹集了 62 亿日元，筹款额大大高于很多互联网公益平台（见图 8－6）[9]。

行为（线下活动）捐赠：日本互联网公益还有一个特点，就是将捐赠融入用户的生活场景，让用户在日常活动中同时完成捐赠。最典型的就是“餐饮”，这可能与日本人关注饮食文化相关。比较知名的如 Table For Two，成立于 2007 年，旨在解决发达国家和发展中国家一餐之间粮食分配不均衡的问题。主要方式是：捐赠人购买针对性的低卡路里膳食和食品时，每份费用中的 20 日元将通过平台捐赠给发展中国家，用于改善后者儿童的校餐。这其实是将健康饮食和慈善捐赠两者有机结合在了一起，是“一餐双赢”的事情，从而能鼓励更多人参与。而互联网是让这种结合有效实现的重

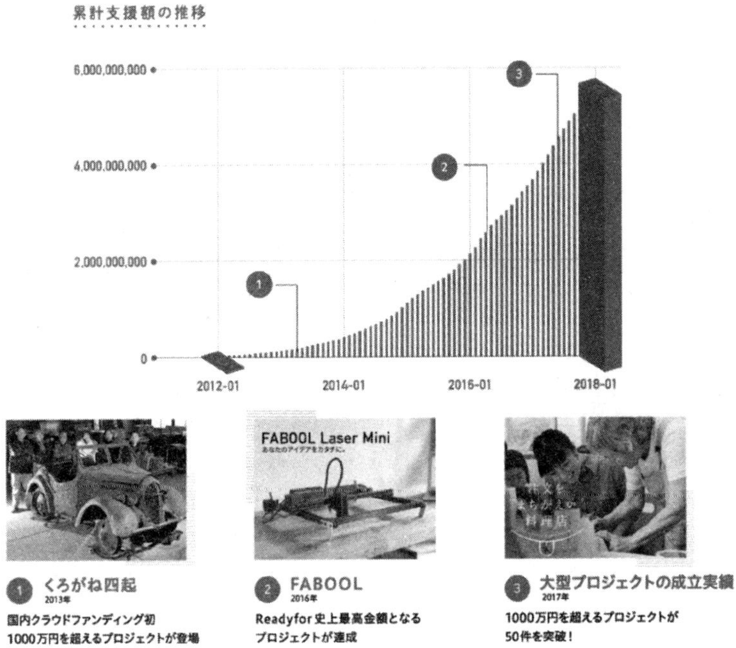

图 8-6 Readyfor 发展历程和筹款总额增长趋势

要手段。一是通过 Table For Two 网站，用户可以方便搜索参与项目的餐厅和食品店家，从而在到目标店消费的同时完成捐赠；二是用户可以直接通过 Table For Two 网站直接捐赠，或者通过链接跳转到合作的线上商店消费捐赠；三是 Table For Two 还与 FiNC Walk 等健康生活类 APP 合作，用户通过走步等健康活动也可以进行捐赠（见图 8-7）。Table For Two 目前也走向了国际，覆盖了包括美国在内的多个发达国家，获得了国际好评。2016 年，合作机构达 641 个，年捐赠人数达 700 万[10]。类似的还有 Table Cross，主体是一款聚焦移动就餐捐赠的 APP，进一步贴近移动互联网用户特点。

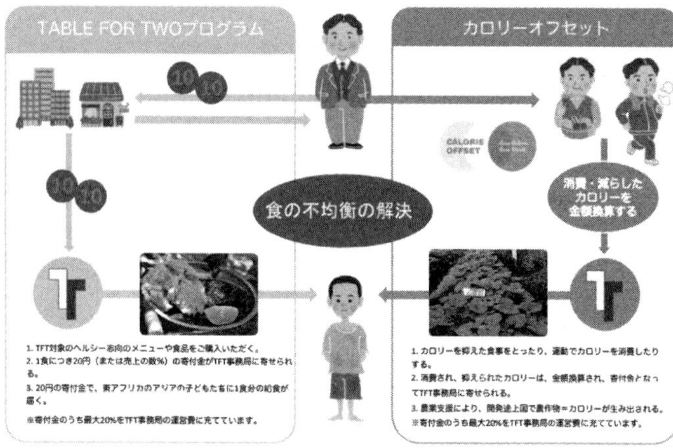

图 8-7　Table For Two 捐赠过程示意

海外引入与吸收：日本捐赠（JapanGiving）、12 月捐赠（Giving December）

日本捐赠（JapanGiving）：由英国的 JustGiving 于 2010 年 5 月上线 JustGiving Japan，后引入新的捐赠方，并于 2015 年 5 月更名为 JapanGiving，沿用至今。JapanGiving 沿袭了 JustGiving 的模式特点，是一个带有社交属性的公益信息传播和捐赠平台。其对所有非营利组织都同等开放，特别利于中小机构降低募捐成本；而用户也可以通过平台捐赠开通“家乡税”的公益项目获得税务减免，因此对用户也有类似前文所提的乐天市场的吸引力。目前，JapanGiving 已累计上线了 1.2 万个项目，募集资金 21 亿日元，号称日本国内最大的筹款网站[11]。

12 月捐赠（Giving December）：这是一项于 2015 年作为私人倡议推出的活动。虽然活动名字和时间与美国的 Giving Tuesday 有相似性，但具体目标和内容差别较大。Giving Tuesday 主要是面向捐赠者的全民年度捐赠活动；而 Giving December 则侧重发动受捐人表达对捐赠者的感激之情，因此主要活动是联合工商界、媒体、非营利组织、学术界和政府等多种机构，通过各种活动和研讨，对公益进行普及和宣传，并促进商业、法律等各实体就上述活动采取自愿行动，推动公益事业的健康发展。互联网在其中的作用，主要在于通过各种线上媒体进行传播。

日本特点及对互联网公益的影响

科技：互联网公益有一定普及但深度不足

覆盖面上，从机构（B 端）角度看，如前文案例所见，目前日本的互联网公益平台各种类型都有了。很多公益团体都有自己的网站。同时，将公益项目接入互联网公益平台的也越来越多。从这个层面而言，日本的互联网公益其实已比较普及。再从用户（C 端）角度看，日本的互联网用户覆盖率全球居前（92%，居全球第 17 位[12]）；同时，日本的信用卡体系与欧美类似，很发达，因此不少用户已经形成通过互联网公益网站进行信用卡或电子支付捐赠的习惯（オンライン寄付，25.8%，2014 年[13]），互联网公益在用户侧也已实现一定程度的普及（见图 8-8）。

模式上，目前日本的互联网公益已比较全面，但大部分还是以桌面互联网为依托，移动互联网公益还没有成为主流。像雅虎、乐天、日本捐赠等主要的互联网公益平台都还没有独立的移动端（APP），主要仍靠网站（Web）来运营。此外，由于日本信用卡体系较为成熟，用户大部分线上捐赠行为还是延续了直接用信用卡的

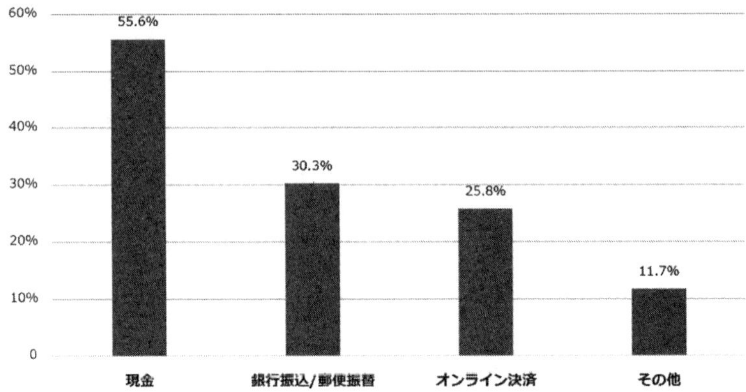

图 8-8　日本主要的捐赠支付手段调查

方式，而非中国的主要靠互联网提供的第三方支付通道（如微信支付）。

总而言之，由于日本较早形成了比较多元和便利的慈善捐赠手段（町内会、募金箱、信用卡等），互联网对公益行业的影响没有那么强烈，更多的作用在于对传统慈善公益体系信息的连接、汇聚以及局部优化。

机制："官民共治"给互联网公益自由发展空间

经过多年的发展，日本政府已经形成了一套比较全面而细致的社会管理体系与制度。日本采用"法人"制度来管理整个社会组织，其中公法人与私法人中"非营利法人"的设置，体现出在"公益"领域向不仅要官治更要民治的转变（见图 8-9）。

如今，"非营利法人"已经成为日本民间公益机构的代名词，在发展当中呈现先细分、后统一的过程。在细分过程当中逐步发展出包括学术科技、文化艺术、公共卫生、就业支持、教育、预防犯罪与维护安全、预防事故或灾害、环境保护等 23 类公益类型，甚

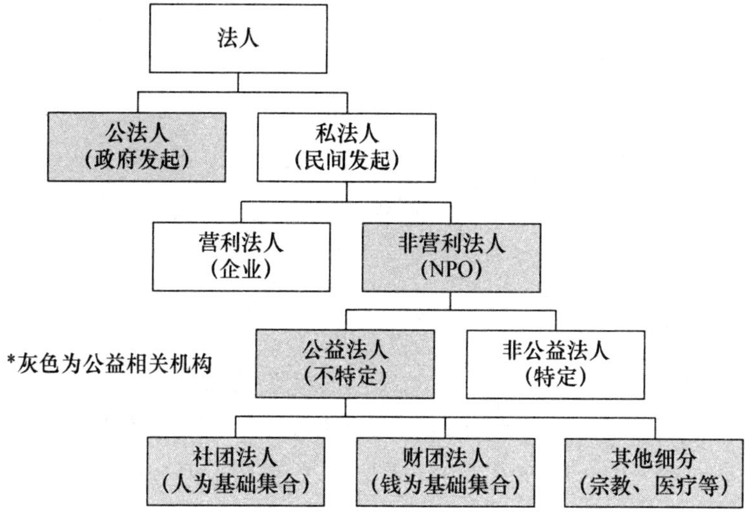

图 8-9　日本法人体系与公益相关机构示意

至包含了促进社区健康发展、促进国家行政管理健全等传统政府属性的公共责任，由不同的政府机构分管，体现出了从“官治”走向“共治”的理念。后由于监管过于细分，各政府主管部门都有不同的制度甚至法律要求；同时，随着公益机构的发展，越来越多的机构体现出多元化的特征。细分监管造成了很多不必要的冲突，影响效率，因此日本政府将公益机构的监管权统一到了内阁府，同时放开了 NPO 组织的认可制度，允许登记备案，达到了一定程度的简政放权的目的，促进民间公益机构进一步快速发展。

对于互联网公益，日本政府目前并没有针对性地设立特殊的法律制度，只要符合通用的公益法人认定法律要求，都可以开展互联网公益活动，这实际上给予互联网公益充分发展的空间。此外，由于日本有比较成熟的捐赠免税制度，个人和机构捐赠都能获得一定比例的税务减免，而线上捐赠的方式能很方便地记录、汇总甚至上报捐赠情况，有利于提高捐赠获得税务减免的效率，因此制度与科技结合的效率提升也推动了互联网公益的普及。

文化：从集体走向个人化社会需要互联网公益重连

从社会文化的层面看，日本独特的传统社会文化，以及近年来发生的变化，也赋予了日本慈善公益某些特质，从而需要互联网公益发挥作用。日本灾害频发的地理位置、多年来形成的较为单一的民族组成、长期主流的封建制度，以及儒佛道多元东方文化的影响，使得日本传统文化中形成了独特的集体主义。这种独特性一方面表现在“小集体”比“大集体”影响大。明治维新以前的集体多是地方性、社区性的“小集体”，使得日本国民形成了“社区互助”的习惯。明治维新后虽然形成了国家的“大集体”，但时间较短，加上二战的战败，一定程度上压抑了当代日本“大集体”的影响力，因此传统上日本社区性的民间公益较为发达，比如“町内会”。这种“互助”文化，在传统日本社会形成了以小社区为主体的慈善公益模式。

另一方面则表现在“集体主义”中孤独的“个人主义”，也就是所谓的“耻感文化”[14] 上。其特征是非常在意别人的评价，行为被外在的社会因素所规范和支配。这种文化其实在中国、韩国等主要的东方国家都有，但在日本逐渐发展成了比较极致的“不给别人添麻烦”的文化，比如日本人日常时时会挂在嘴边的就是“对不起”（すみません）。这种文化一定程度上抑制了日本的公共活动，尤其是像流浪汉、穷忙族等这类陷入生活窘境的日本人，较难主动去寻找、也羞于接受社会救助。有能力施与援手的人也可能因为怕打击对方的“自尊心”而养成了看似“冷漠”的习惯。随着现代大都市的发展，庞大的高流动性人口使得稳定的社区逐渐被瓦解了。新一代年轻人也越来越关注自身的个性化需求，日本文化中的“个人主义”因素越来越明显。邻里、社区甚至家庭关系日益淡漠，社区为主的公益活动也就随之凋落。2010年，日本放送协会（NHK）播放了一部《无缘社会——无缘死的冲击》，就为这种无社缘、无血缘、无地缘的社会现象敲响了警钟。

这种情况下，互联网公益就显得非常必要了。首先，信息社会的人们都在使用互联网，互联网能够将高流动、分散的个体很方便地重新连接起来，由此形成的网络社区在一定程度上替代和发挥了传统地理社区的作用。其次，将公益连接到互联网上，与各种网络社区“居民”的兴趣结合起来，就能比较广泛高效地激发网民的“善意”，从而使得公益在互联网环境中实现传播和实施。最后，互联网没有地域边界，公益活动能够在更辽阔的网络空间中发挥作用，这也贴合了现代公益“无特定对象”的特征，也贴合了日本新一代年轻人关注更广泛社会问题的特点。互联网能够用“公益”将日趋“无缘”的日本社会重新组织起来。

Internet Philanthropy in China

内涵篇

互联网公益重塑原子化社会连接

大道之行也，天下为公。

——《礼记·礼运》

（《礼记》成书于中国先秦至西汉时期）

如今，互联网公益已在世界范围内蓬勃发展。从西方到东方，不同国家都在以各自的方式利用互联网改造和创新着慈善公益事业。

我们不禁产生疑问：互联网公益到底是什么？为什么大家都在利用互联网发展公益？互联网公益是公益发展的必然还是偶然？

为了进一步探讨这些深层次问题，我们需要首先回到公益本身，从公益的内涵和作用开始说起。

第九章　公益的意义

公益有什么意义？如果回溯公益一词，其在不同国家、不同的文化环境中可能有不同的历史含义和解释。到了现代，随着西方对现代公益的不断完善，以及在全球化融合发展的大趋势下，各国对公益的理解和需要应该在日益趋同。理解公益的本质与作用，才能掌握好我们要去的方向。

何谓“公益”

“公益”从字面解释是“公共利益”，可以分解成两个单词来理解：一个是“公共”或“公众”，表明公益是以广大的人民群众为对象，而非特定的群体或个体的“私人”；另一个是“利益”，是指为满足主体生存和发展，对一定对象的各种客观需求。把两个解释合起来，“公益”就可以进一步定义为“为满足公众生存和发展的需求”，简而言之，就是对大家都有好处的事。

在英文中，目前主要有两个单词来表达公益相关含义。一个是“philanthropy”，一个是“charity”。前一个词源自希腊语“philanthrôpía”，最早可追溯到公元2世纪的罗马时代，希腊作家普鲁塔克在解释超人类时使用这个词来表示“爱那些让我们成为人的事物”观念。到 17 世纪，英国哲学家弗朗西斯·培根对这个词进行了现代化改造，认为它是“善良”（goodness）的同义词。而后，18 世纪英国作家塞缪尔·约翰逊将英文“philanthropy”定义为“对人类的热爱”，这一定义被沿用至今。后一个词源自拉丁语“caritas”，在欧洲中世纪（公元 5—15 世纪）开始被用于替代“philanthrôpía”，原意是“基督之爱”，带有浓厚的宗教色彩。后随时间推移，“charity”的意义逐渐转变为“为有需要的人提供慷慨和奉献”。由此可见，两者都有“爱”的含义，但“philanthropy”比“charity”的爱更广泛、无差别。

到中文环境里，目前也有两个词可与之对应解释。一个是公益，一个是慈善。公益适合对应“philanthropy”，代表对全社会、全人类利益的追求；而慈善适合对应“charity”，代表对有需要人群的慷慨帮助。例如，对于一个贫困山区，如果是捐款捐物给这个山区的人，属于慈善行为；而如果是设立相关机构和项目，协助这个山区人民提高教育水平、改善生活工作环境、增加收入来源等，则属于公益行为。也就是业界常说的，慈善是“授之以鱼”，公益是“授之以渔”。这里的“渔”不仅指好的“打鱼办法”，还包括好的“打鱼环境”。

当然，今天很多时候慈善和公益是紧密联系和相关的，很多善举一开始是慈善，后面转变为公益，或者既有慈善也有公益。比如，灾害发生时捐款赈灾是慈善活动，灾害后灾区重建提供长期支教等就成了公益事业。在后面的分析探讨中，为了方便论述的简洁性，如无特殊说明，则不再特别区分“慈善”和“公益”的差异，两个词汇通用。

现代公益的发展

现代公益源自西方，经历了上百年从宗教主导到世俗主导的过程，实现了从狭义的扶弱济贫扩展为广义的社会运营和改良。西方的慈善公益传统主要源自《圣经》的教导，而教会组织成为早期慈善公益事业的主体。在这种宗教主导的模式下，通常是捐赠者将善款捐给教会，然后教会根据情况发放。因此，这一时期的慈善公益，表现为宗教性的"慈善"也就是扶弱济贫的特征。到了 16 世纪，随着欧洲资本主义发展进入快车道，新兴资产阶级推动了宗教改革，教廷和教会的资源和权力受到了很大削弱，使得原来宗教为主的慈善事业再难以持续，慈善公益的模式开始走向世俗化，朝社会性"公益"方向发展。这个世俗化过程又有两个典型路径，一个是以英国为代表的"强政府监督"，一个是以美国为代表的"强社会自愿"。英国在 17 世纪初就由议会和女王分别颁布了《济贫法》和《英格兰慈善用途法规》，通过律法强制征税的方式建立了"纳税人–受助人"的体系，不仅体现出社会性，还体现出国家政府在其中强监督的作用。美国将英国慈善公益思想和事业带到了新大陆，但同时也做了明显的整合创新。源于清教徒"上帝面前人人平等"的理念，美国社会从一开始就一直提倡民间自发性的互帮互助。在此影响下，美国公众形成了积极的慈善公益意识和责任感，并且，自 19 世纪 30 年代起，各种民间慈善公益机构自发性地大量涌现，慈善公益活动从个人走向团体，最终推动了美国现代公益生态的形成。与英国不同，美国至今没有国家层面的统一的慈善法，这也充分反映出了这种让地区、民间自治的思想。

相比西方百年的现代公益历史，新中国的现代公益发展较晚。与西方有所不同，在新中国的现代公益发展中，宗教的影响因素较小，而主要体现为从官方到民间的过程。1981年7月，中国首个现代意义的公益慈善团体——中国儿童少年基金会成立，标志着新中国现代公益事业的起步[1]。之后，爱德基金会、中国妇女发展基金会、中国青少年发展基金会等多家基金会陆续成立，中国慈善公益事业开始迅速发展，也促成了各种民间慈善组织的建立和活动开展。然而在很长一段时间里，政府一直是慈善公益的主导力量。基金会是由政府建立的，规模大、有影响力的慈善组织也多是政府下设机构，民间的力量并未得到有效发挥。直到2004年《基金会管理条例》颁布，中国政府才有意识地放开和鼓励民间力量参与到慈善公益中。之后，各种公益机构尤其是民间组织快速增长，中国的慈善公益事业开始逐渐走向民间。

现代公益对社会的作用

当今世界各国都在不同程度地发展公益，而经济越发达的国家似乎发展公益的热情越大，为什么？这就需要把慈善公益机构放到现代社会环境中，看其发挥了什么作用。

分析社会组织的作用，可以从两个维度出发。一方面是看社会组织的目标，是求“私益”，还是求“公益”；另一方面是看社会组织实现目标的方式，是“强制”，还是“志愿”。以强制求私益，是古代社会君主机制的特点，所谓“普天之下莫非王土”，国家是皇帝的国家，皇帝的利益就是国家的利益，而这个时期并没有也不可能产生真正意义上的公益。现代民主社会则打破了这一桎梏，以三种组织为基础，形成了新的社会结构。其一是以志愿求私益，通过市场自由交易实现公民的个人经济权利，这形成了现代企业制度；其二是以强制求公益，通过自由投票产生公益代理人并在法定范围内行使权利、提供公共物品，实现公民的个人政治权利，这形成了现代政府制度；其三是以志愿求公益，通过自由行动直接提供公共物品，实现公民的个人社会权利，这形成了现代第三部门制度，也就是今天通常所说的公益（见图 9－1）。

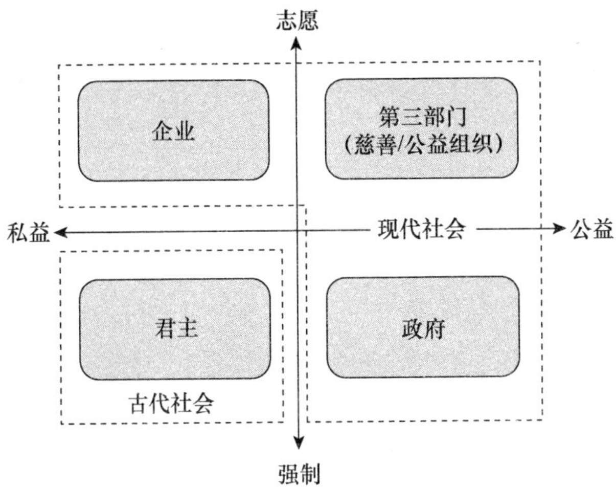

图 9－1　社会组织的四种基本形态

从以上理论逻辑看，现代慈善公益机构是现代社会的必要组成，但其到底发挥了什么功能？目前主要有三类说法：第一类认为是“提供公共物品功能”，即以非政府方式做公益，也就是传统意义上的民间公益；第二类认为是“构建公民社会功能”，即推动社会现代化实现的必然组成，甚至是公民社会本身；第三类认为是“推动可持续发展功能”，即克服现代政府失灵和市场失灵，发挥“后现代”的作用。这三类定义实际上体现了现代公益机构发展的累进叠加过程，而如今的公益机构很可能同时具备多项功能。由此可见，作为社会“第三部门”的慈善公益机构，在发展过程当中承担的社会功能呈现多元化趋势，在社会运作中自然也就将发挥越来越重要的作用。

第十章　社会原子化的影响

现代社会并非十全十美。近年来，全球范围都出现了各种新的社会现象和问题，其中呈现出一种较为普遍的“分离”趋势。国家层面的英国脱欧、社会层面的日本“无缘社会”、群体和个人层面的中国“空巢青年”等，都体现出了这种传统社会连接减弱甚至切断的分离特征。那么，这种趋势究竟是什么？什么因素导致了这种趋势？这种趋势对社会尤其是公益有什么影响？

原子化社会

这种社会分离、失联的趋势，其实正是近代社会学日益关注的“社会原子化”（social atomism）的现象。所谓“社会原子化”，是指由于人类社会最重要的社会联结机制——中间组织（intermediate group）的解体或缺失，而产生的个体孤独、无序互动状态和道德解组、人际疏离、社会失范的社会危机[1]。这一概念最早可追溯到古希腊和古罗马时代的朴素唯物主义哲学，由哲人德谟克利特（Democritus）和卢克莱修斯（Lucretius）创造，认为“社会倾向于由一群自利的、自给自足的个体组成，作为独立的原子运作”[2]。

到了近现代，随着工业革命的大发展和城市化进程的推进，“社会原子化”的研究有了进一步发展。典型人物是德国社会学家齐美尔(Georg Simmel)，其在考察了当时德国首都柏林的情况之后写下了《大都会与精神生活》（1903 年），提出：“城市居民的生活长期处于紧张刺激和持续不断的变化之中，这导致居民逐渐缺乏激情、过分理智、高度专业化以及人与人之间原子化。”

以上两类定义，实际上代表了社会原子化的两条基本演进路径。其一是个体主义导致的原子化，其二是极权主义导致的原子化。个体主义导致的原子化，是从个体需求的角度出发，由于片面强调个人的平等与自由，极端情况下会使得个人越来越关心“私益”而漠视“公益”。正如托克维尔所言，个体主义“是一种只顾自己而心安理得的情感，它使每一个公民与其同胞大众隔离，同亲属和朋友疏远。因此，当每个公民建立了自己的小社会以后，他们就不管大社会而任其自行发展了……个体主义首先会使公德的源泉干涸”[3]。极权主义导致的原子化，则是从政权需求的角度出发，由于片面强调政权对社会的管理，极端情况下会使得个体被迫完全对政权忠诚而消除个体需求，从而成为整个组织当中的一个“原子”。美国政治理论家汉娜·阿伦特（Hannah Arendt）在其专著《极权主义的起源》中提到：“极权主义运动是原子化的、孤立的个人的群众组织。……个体成员必须完全地、无限制地、无条件地、一如既往地忠诚。”

由此可见，不论是从个体出发，还是从集体出发，片面追求某一方面的需求而忽视其他，都将导致社会原子化危机。因此，仅有从个体需求出发的企业或从集体需求出发的政府，现代社会都不可能长期健康稳定地运行。作为第三部门的慈善公益机构，就是其中必要的平衡和纠正的力量。而社会原子化，就是由于缺少了这个力量，或者说这个力量不够强，没能发挥好将个体连接起来的“中间组织”作用。

科技的副作用

导致社会原子化的原因是多方面的。除了上文谈到的现代社会体制本身内含的片面性风险之外，现代科技的高速发展也在一定程度上为此提供了工具、创造了环境，甚至加速或放大了社会原子化的效果。

科技的历史与人类文明一样久远。从石器时代制造出第一个石制工具开始，每一次科技的进步、新发明的出现，都推动了人类社会的发展。但同时，科技本身也是中性的。比如创造出的刀，可以做菜，也可以杀人。因此，在科技进步的过程中，难免也会对人类社会造成某些副作用。

对于当今社会而言，信息技术革命是最大的动力，同时也对社会造成了越来越明显的冲击和影响。信息技术革命与以往技术革命的最大差异，在于信息技术革命将产品创新和生产从物质世界转到了数字世界。这一方面当然是大大降低了成本，提升了效率，使得广大的消费者都能快速、低门槛地使用信息产品，极大丰富了市场，也丰富了民众的生活；另一方面也使得传统的社会连接、面对面的现场连接，逐渐变成了隔着屏幕、数字化的非现场连接，而使得人与人的直接关系实际上变得越来越碎片化、疏远，甚至越来越不重要，因为一切似乎都可以通过网络来获得。例如，无聊了可以上网看视频、饿了可以上网订外卖、没钱了可以上网找工作……

当很多事情都可以方便地在网上独自进行、必要的社交都可以非现场实现时，如果同时现实社会成本又比较高（比如出行、购物、办事等），个人从便利角度看都会趋向于选择网络，甚至逃避到网络中，从而走向个人原子化的状态。比如，当今从日本到中国甚至到欧美都在不断发展和壮大的“御宅文化”，就是这一影响和趋势的明显体现。越来越多的年轻人专注于追求私人空间和个人兴趣，而对社会公共问题和责任的兴趣则日益削减。英美年轻一代有兴趣参与投票选举的人员比例近来逐年递减，也从侧面反映了这个问题。

传统公益面临挑战

社会原子化对慈善公益事业的影响，会比对政府和企业的影响大。求私益的企业是个人获得收益的主要来源，而具有法律权威的政府对个人又有强制公益的功能，对这两者，个人即使原子化也难以避免，除非完全脱离社会自给自足。而对于“自愿求公益”的第三部门而言，原子化的个人可以很容易完全脱离而不受控制和影响。因此，一旦社会原子化成为趋势，首先受到冲击的就是民间慈善公益。而这又会造成社会“中间组织”的衰退，从而进一步加剧了社会原子化。如果没有有效的干预，将形成恶性循环，从而最终摧毁慈善公益乃至整个稳定的现代社会。

因此，对于慈善公益机构而言，除了要从政府和企业那里获取支持并相互协作之外，更重要的在于带动公众、个人的“自愿公益”，避免或者减弱“社会原子化”。这就需要现代公益深入民间大众中，了解他们所关心的问题，分析背后的社会组织和环境因素，提供并支持实施改良方案。从短期的慈善事业变成长期的公益事业，这对于年轻的中国慈善公益机构来说十分不易。整体而言，主要有两方面的挑战：

一方面来自慈善公益行业本身的不足。中国慈善公益机构虽然发展很快，但类型和数量还不够多，大量的民间组织资源有限，能力也不足，对于很多社会公益问题还没有形成长期、专业化的研究和解决机制，在社会运营中发挥的影响力还比较有限。比如，相对于公益机构，更多的人才还是优先选择到大企业工作。这个问题的解决不仅依靠慈善公益行业和组织自身，更需要政府和企业的支持，让优质的人才和资源能够持续流向慈善公益，支持其成长。

另一方面来自科技的影响和冲击。如前文所述，信息科技发展促使越来越多的人，尤其是新一代年轻人走进网络，加大了社会原子化的风险。而传统公益主要基于线下、现场的活动方式，其运作难以触达线上的人们并适应他们的在线化的行为习惯，从而无法发挥对在线化公众的号召力和影响力，难以抵制社会原子化的影响。

第十一章　互联网公益重塑社会连接

既然科技的发展在一定程度上助推了个人主义，而传统公益又受限于资源和能力等，无法充分发挥社会“中间组织”的作用，那么单靠科技或公益任何一方，都无法有效解决社会原子化的问题。唯有将互联网和公益放到一起，才可能在数字化趋势下的社会中重新建立多元、稳定、持久的“中间组织连接”，让公众、企业、政府等各方都能积极参与到公益活动中来，从而保证社会的可持续发展。

互联网公益的必然

互联网公益对慈善公益事业及对互联网行业而言，都具有重要意义，也都是必然的选择。

一方面，公益需要互联网。在现代社会的三大类基石组织中，企业已经率先开启了互联网化并取得了社交、电商、出行等诸多领域的成果，政府也正在积极利用互联网建设数字政府，简化行政方式，提高便民服务能力。对慈善公益事业而言，拥抱互联网、融入互联网技术、采用互联网的沟通和运营方式，才能跟上整个社会线上化的步伐，才可能吸引更为广泛的群体持续关注、参与和支持慈善公益活动。

另一方面，互联网也需要与公益结合。如前所述，互联网作为当今科技的重要创新，其本身具备中立属性。因此，互联网在正面促进社会发展的同时，也自然带来了副作用。副作用的缓解和抵消，需要给技术赋予正向的价值观和伦理，而利用互联网开展公益就是一种很好的方式。将互联网引入慈善公益事业，在具体的应用中就能为社会创造更多的正向价值。

重塑社会连接

现代社会本身潜在的原子化风险，以及以互联网为代表的现代科技对此一定程度上的放大，使得今天我们的数字化社会很多传统连接在解体。互联网与公益的结合，核心的作用就在于重塑社会连接。这个连接的本质是在中性的信息连接之上，融入正向的情感连接，形成更强的社会纽带，从而使得数字化社会朝良性运作方向发展。主要体现在三个维度：

第一，连接公众与社会。现代社会是一个数字化社会，越来越多的公众活动在网络上发生。互联网将慈善公益事业带到线上，用互联网的方式表现社会公益问题，能够更有效地引起公众的关注和参与，从而让公众与社会保持连接。

第二，连接商业与公益。传统商业企业以追求利润为核心目标，企业发展过程中必然会出现与社会公益冲突的情况，比如对环境的破坏。互联网公益为企业与公益事业的连接创造了更便捷的方式，更多企业可以借助互联网公益平台很方便地与公益机构及项目对接，通过网络捐赠等手段快速支持公益。

第三，连接官方与民间。在数字化社会的影响下，传统政府与民间、公众的连接实际上在弱化。互联网公益有望为政府和民间搭建桥梁，政府通过支持和参与互联网公益能够更及时地了解民间情况，而民间也能借此向政府反映问题，从而建立一个官方同民间沟通与合力的新渠道。

让公益插上科技之翼

互联网与公益能够成功结合，更在于互联网能为公益注入科技原力，让慈善公益事业的效率、质量和价值得到显著升级。

首先是效率升级。传统公益以线下为主的传播和募捐方式效率较低，即便用了电视广告、银行汇款等一些早期数字化手段，也没能实现“传播-捐赠”的高效贯通。而互联网大大提高了传播效率，直播、短视频平台上的一段视频，微博、公众号的一篇文字，都可能在很短时间内形成传播热点。并且这些内容往往会在不同的互联网平台上往来流转，数十倍、上百倍地放大传播效果。此外，网络支付工具也大大提高了捐赠效率，在电脑、手机上点几下，捐款就能快速完成。互联网公益平台则最终将传播和捐赠这两项重要功能连接在了一起，实现了线上“传播-捐赠”闭环的高效运作。

其次是质量升级。互联网对信息的高效传播作用，为公益机构公布信息、实现信息公开透明，提供了一个低成本、高效率的发布渠道。当然，信息低门槛快速传播的同时也增加了舆论风暴风险，因此，是否能及时准确发布信息、回应社会关切，对公益机构而言就异常重要。当前社交媒体等的开放性让公众能有效参与监督，而未来区块链等新技术的发展也可能让信息公开更安全和透明。在这些开放性技术和应用的支持下，经得住监督、效果显著的公益项目自然会被留下。

最后是价值升级。互联网技术为公益项目的创意提供了更为广阔的发挥空间，提高了慈善公益与商业及社会其他活动广泛高效对接、扩大价值的可能。创意是公益慈善活动的重要构成元素，传统的公益慈善活动已经与体育、时尚、文化表演等社会活动有所结合，但一般而言，举办的成本较高，参与者也比较有限。而借助社交媒体等互联网普及平台，这些公益创意活动就能以较低的成本在极短的时间内触达数以亿计的用户，极大地扩大了影响力范围，并能深入融入大众的日常生活场景之中。

由此可见，无论是从公益的角度，还是从互联网的角度，互联网公益的结合都是社会发展的必然选择。本质上，就是利用新技术最大化发挥慈善公益“第三部门”的社会作用，让社会在新技术环境中保持可持续的健康发展。

Internet Philanthropy in China

未来篇
互联网公益将走向何方

知识真正的归宿……是为了在生活中使用和受益，同时在慈善中完善和管理它。

——**弗朗西斯·培根**

英国哲学家、思想家、作家

（摘自费朗西斯·培根《伟大的复兴》一书序言，1620 年）

从 2008 年汶川地震算起到今天，中国互联网公益刚好经历了十年的高速发展期。在这十年间，中国的网络捐赠额已从几千万元增长到了数十亿元，成为中国公益发展的重要推动力。

然而，正如我们所看到和经历的，中国互联网公益规模快速扩大的同时，公益生态环境不成熟、参与者的能力和经验没能及时跟上，出现了公益项目的信息失真或夸大、盲目筹款和捐赠、低效执行与反馈等问题，对公益行业造成了不少负面影响。十年一个阶梯，如今互联网公益到了应该思考下一个阶段发展的时间节点。

面向未来，有三个关键问题需要思考：一是科技，即未来的新技术力量，如何能更有效地作用于公益；二是机制，即未来的公益运营机制，如何以网络化方式开展；三是文化，即未来的公益文化，如何借助互联网塑造。

第十二章　中国公益的关键问题与挑战

科技的应用

科技是第一生产力，对慈善公益来说也一样。互联网对公益范围的扩展和效率的提升作用已经显现，而大数据、人工智能、区块链等新技术的涌现，也为未来公益的进一步技术升级提供了可能。

然而，对于年轻的中国公益生态而言，大量的 NGO/NPO 尤其是中小型组织还面临较大的“技术鸿沟”，新科技的融入存在一定的障碍。

一是信息化程度较低。根据 NGO 2.0《中国公益组织互联网使用与传播能力第五次调研报告》（2016 年），虽然已有超过 90% 的被调 NGO 表示会用微信等互联网工具获取和传播公益信息，但是深入到组织内部的运营上，信息化普及率就比较低了，例如，会用网盘等共享文件的大约 50%，会用志愿者管理工具的不到 40%，而会用项目管理和捐赠者管理工具的不到 20%。参差不齐的信息化基础，将影响新技术的采用。

二是技术人员缺乏。与很多传统行业类似，慈善公益也缺乏信息技术人才，并且由于缺乏商业企业的金融激励手段（奖金、股票等），更难吸引高质量的科技人才。根据上述 NGO 2.0 的报告，只有 20%出头的被调 NGO 有专职的技术人员，大约 60%的是兼职者或志愿者，剩下近 20%没有任何技术人员支持。超过 60%的被调 NGO 认为，缺少互联网专业人员是制约其利用互联网做公益的主要因素。

因此，对于互联网公益未来的发展，第一个挑战就是商业激励和科技储备的缺乏，公益如何能快速、有效地融入新技术。

信任的构建

随着中国慈善公益监管的放开，越来越多的 NGO/NPO 正处于不断建立和发展过程中。公益参与者的增加将会不断丰富公益生态，也会使得生态变得更加复杂。要让复杂的公益生态健康发展，合理高效的互信机制就显得尤为重要。

从 2009 年到 2018 年 9 月的近十年间，中国的社会组织（包括社会团体、民办非企业单位和基金会）从 23.6 万增长为 76.7 万，增幅高达 225%[1]。除了传统的救灾、扶贫、教育、医疗、环保类公益机构之外，文化艺术、社区发展、社会创新等更广泛多元的社会组织也在不断成立。庞大的生态，意味着复杂的互动。

而当公益生态连接上互联网后，互联网本身低门槛、高效率的信息传播能力，也给这个复杂的生态带来了负面信息被快速放大的风险可能。比如郭美美事件对红十字会公信力的巨大冲击、罗尔事件对个人网络求助的放大和拷问等，都展现出了在没有合理机制约束的情况下科技破坏力的一面。

可见，互联网公益面临的第二个挑战，就是面对日益复杂的生态和信息爆炸的负面影响，如何建立一套互信机制，使得多方的互动能够既快速又准确无误地完成，以及如何建立一套良性竞争的机制，推动行业整体向着更高水平发展。

文化的沉淀

虽然中国慈善公益自 2008 年以来获得了大发展，尤其互联网公益发展之迅速让全球瞩目，然而如果深入结构和人均情况看，中国的民间慈善公益水平与发达国家相比还有较大差距。比如，2016 年中国个人捐赠仅占 21%[2]，而美国是 72%[3]；中国的人均捐赠额 2016 年是 97 元[4]，在全球十大经济体中排名最后，仅占排名第一的美国 8 094 元[5]的约 1/90。

这些现象表明中国的民间公益水平还较低，深层的原因之一在于中国还没有形成广泛的社会公益文化，导致很多人还没形成稳定的公益意识和习惯。英国慈善援助基金会（CAF）2017 年调查报告显示，中国国民的捐赠意愿指数为 14%，在全球 139 个主要国家中排名第 138 名，几乎垫底。与西方源自宗教形成的悠远公益文化有别，中国的现代公益并未继承太多本国宗教的因素，而对西方现代公益制度的引入又缺乏西方基督教为主的宗教基础，因此中国公益文化的形成目前还缺乏比较明确的信仰根基。此外，现代互联网的蓬勃发展催生了新的文化类型，以“二次元”为代表的各种亚文化正在成为网络社会的主流。这些以各种不同的偶像、话题、爱好等形成林林总总的网络“圈群”，有着各自独特的兴趣、语言甚至信仰（包括公益在内）的传统行业，如果要真正融入互联网，就需要适应和融合这些新文化的特征。

公益文化的塑造，正是互联网公益面临的第三个挑战。以什么作为中国的公益文化根源，如何贴近新一代网络化民众的文化诉求，这是未来公益需要进行的最高层次的探索。

第十三章　科技：技术快速转化为社会福祉

不断涌现的新技术，是人类社会持续进步的动力源。对于慈善公益来说，拥抱科技有利于最大限度地发挥科技的社会公共价值，避免新技术受限于过分的商业私益而损害社会公共利益。未来科技与慈善公益融合发力点，主要体现在四方面：高效、真实、可信和向善。

高效

技术进步的主要作用，是带来社会效率的提升。在社会持续网络化和数字化的趋势下，如何通过信息技术来进一步提高公益的运营效率，是未来公益与科技融合需要重点考虑的问题。从经济学的角度，可以从生产资料、生产工具和生产者三个关键要素来把握信息技术对公益的效率提升作用。

生产资料：公益大数据

与其他行业一样，网络化和数字化正在为公益创造一类新的生产资料——大数据。狭义上的公益大数据主要是公益活动的传播、捐赠和执行数据，通过这些数据的汇总分析，可以洞察公益活动的现状和趋势，为公益活动的设计、传播推广和执行方法等提供参考和建议；广义上的公益大数据还包含了公益活动参与方各自背后的数据，包括捐赠人和受捐人的画像数据、公益机构的经营数据、公益活动所属行业的状态数据（如环境、灾害、教育、医疗、政务），等等。这些数据的汇总分析，将为社会治理、行业发展、机构经营乃至个人生活的改善优化提供支持。

案例

JustGiving——大数据个性化筹款

JustGiving 的高速发展，得益于其与社交网络的集成、对移动捐款的支持、众筹模式的采用等对各种互联网创新玩法的积极拥抱。随之而来的是各种公益活动、捐赠、互动等海量数据的涌现，JustGiving 看到了其中的价值，希望能通过数据科学进一步提高筹款效率，从而开展了大数据个性化筹款。借助大数据算法，JustGiving 主要实现了三点优化：

增加平台页面的种类和数量。因为人们对慈善公益活动的偏好越来越多样，比如不是每个人都想参加慈善马拉松，也许有的就想在自己的生日做点公益，号召朋友们不用送礼物了而改为捐款。基于大数据分析，就可以指导新型页面的设计。

提供个性化页面和使用指导。筹款并不是天天做的事情，对大部分人来说筹款也并不容易。很多人对慈善公益并不专业，不知道上传什么图片，不知道如何讲述故事。他们也不知道应该设立什么目标，或者联系什么人。对这些用户，大数据可以支持根据他们的特点设置的个性化页面，并且提供做什么、不做什么的指导。

识别那些触动某些捐赠人的特定原因。比如借助大数据分析，能够发现一些用户会不断刷新筹款页面，以查看达到目标的百分比。其中，少数人希望成为最早的捐赠者之一，一旦达到目标的5%，就不太可能捐赠；另一些人会等到目标上升到95%或更高，以便他们可以作为“英雄提供者”出现，捐出一笔金额，让活动达到目标。找出了特征，就可以针对性地进行活动推送等，从而促进捐赠人行动。

近期公益大数据的主要应用探索，典型的就是上述案例的精准筹款。在中国国内，包括中华少年儿童慈善救助基金会、爱佑慈善基金会等在内的活跃在互联网公益平台的机构，都在积极汇聚数据并尝试进行应用，比如爱佑慈善基金会就已经建立了自己的数据中心并成立了数据应用技术研究院。当然，在进行公益大数据创新的同时，还应该充分考虑数据安全和隐私保护的问题。有效建立数据隐私等级和应用规则，才能保证公益大数据的健康发展。

从远期看，公益大数据更有价值之处则在于跳出公益项目运营效率本身，支持社会重大公共问题解决效率的提升。包括疾病防治、城市疏导、环境治理等，都应该是公益大数据未来重点发展、大放异彩的领域。

生产工具：人工智能的公益应用

海量数据处理需要优质的算法，公益行业也不例外。以机器学习为代表的新一代人工智能技术的发展成熟，为公益数据的高效处理以及应用创新提供了可能。作为数字世界的“生产工具”，人工智能可以在不断连接上网、形成数据的慈善公益各领域起到提升效率和促进创新的作用。狭义上，人工智能的公益应用是就公益机构和项目自身而言，智能算法能够帮助其提高运营效率，比如对公益活动运营数据的自动化分析处理；广义上，人工智能本身已经成为超越商业的国际政治和社会问题。而人工智能与公益的结合，则是在更广泛的层面探索科技对社会的正向价值。针对重要的社会公共问题，用人工智能技术来支持和解决，正在成为引导科技发展的重要手段。

案例

微软——用人工智能解决社会公共问题

微软（Microsoft）认为，人工智能与社会的正向结合，可以对世界产生持久、积极的影响。通过与残障辅助、医疗健康、教育和环保等领域的机构合作，创建包容性的解决方案，能够实现人工智能对社会的正向价值。

人工智能用于残障辅助。微软基于语音识别、图像识别等技术，结合无障碍设计，为残障人士提供辅助沟通和活动的应用。如微软与法国 Equadex 公司合作开发了一款非语言儿童象形图应用程序 Helpicto，通过语音–文字–语义–图像的智能转化，实现正常人与语言障碍人士的交流。例如，通过这个软件与自闭儿童沟通，问“你想吃苹果吗”，软件就会自动生成三个关联图像：孩子的头像、吃的动作和苹果，从而便于自闭儿童的理解和反馈（见图 13－1）。

人工智能用于医疗保健。微软利用机器学习，来帮助医疗服务提供者解决当今最具挑战性的疾病问题。如微软 InnerEye 项目，利用机器学习构建了用于三维放射图像自动定量分析的创新工具，实

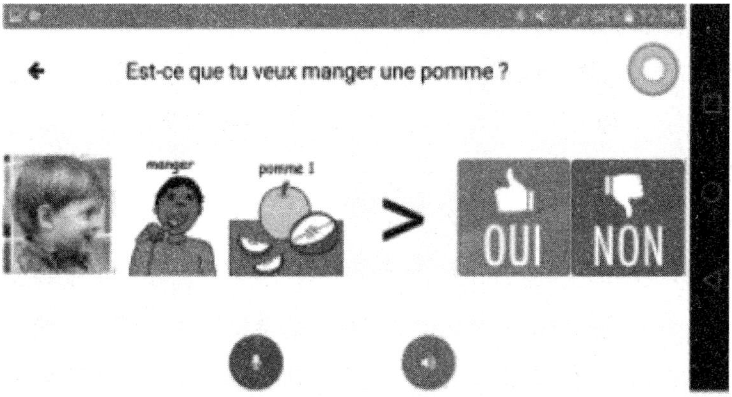

图 13-1 Helpicto 应用界面示意“你想吃苹果吗”

现对肿瘤自动绘制和快速诊断，支持治疗计划制定和手术精准导航。

人工智能用于教育。微软借助人工智能技术，来帮助学生和教育工作者应对信息获取和教育实施的挑战。比如在印度，微软尝试与当地政府合作，借助机器学习来分析学生的情况，对高辍学风险的学生进行预警，帮助学校降低辍学率；在英国，微软通过 Torino 项目创建了视障儿童也能使用的物理编程语言，帮助他们拓展职业道路。

人工智能用于环保。微软借助云和 AI 工具，帮助各类机构组织推动地球可持续发展。比如绘制高精度、动态的土地覆盖地图，支持生态保护工作开展；基于对土地环境数据的监测分析，支持农业可持续发展；通过对生物信息持续自动采集，监测生物多样性分布情况。

中国的公益机构和与人工智能相关的科技公司，也在积极合作探索人工智能在慈善公益中的应用，其中医疗和教育是最受关注的领域。比如，腾讯的医疗人工智能解决方案“腾讯觅影”，就在2018年7月加入了“爱肺计划”公益医疗项目，利用人工智能技术提供早期肺癌免费公益筛查和指导服务。

未来人工智能与公益的结合，将会随着人工智能的发展和应用的成熟，在社会问题的方方面面不断深入展开。而在人工智能技术远未成熟、负面影响尚难把握的当前，公益对人工智能技术的积极尝试和探索，用正向价值观来框住新技术，某种意义上可能比草率地直接进行商业市场化要更加合理。

生产者：信息技术与公益的复合人才

对于慈善公益行业而言，在科技发展导致社会日益革新之际，优质人才的吸收和培养是不被淘汰的根本。与大部分的传统行业类似，慈善公益也需要科技与行业两方面的人才，尤其是复合型新人才来支持发展。然而，慈善公益机构的非营利属性使得其相对于商业营利机构而言薪酬水平等相对有限，一定程度上限制了对高素质特别是新技术人才的吸引力。如何吸引和培养稳定、专业的人才团队，是慈善公益机构能否持续健康发展的关键。

案例

英国皇家国立盲人协会（RNIB）——建立变革性的数字团队

RNIB是英国著名的老牌慈善机构，为盲人提供各种支持。近年来互联网普及带动了各行业数字化转型，RNIB也积极加入了转型之列。

为了有效推动转型，RNIB着手打造了自身的数字团队。该团队最初是由各种兼职“网络官员”组成的松散组织，后来逐渐发展成了拥有超过 10 位全职专家，涵盖数字内容和数字营销的大型专业团队。在发展过程中，RNIB 还通过午餐研讨会、员工杂志和内联网文章、演讲、会议等各种方式，将专家的数字化能力扩散到整个组织机构，取得较好效果。

随着数字技能扩散的进行，各部门员工逐渐掌握了数字工具的使用（如制作自己的数字内容等）。数字团队开始向数字化运营标准的制定者转变，帮助机构及各部门建立运营标准和监控方式，从而让整个组织的数字化运营能够彻底贯彻和执行。

中国的慈善公益机构，近年来同样越来越重视数字化人才的引入和专业团队建设。比如，中国扶贫基金会 2015 年就成立了专门的移动互联网部，全面支持互联网公益项目的开展。这类新部门基本都是由互联网和公益界的人才混合组成，通过实际工作带动了互联网和公益融合能力的发展。

当然，要建立数字化团队，首先要解决的是吸引数字化人才的问题。在薪酬没有特别竞争力的情况下，公益机构管理层的数字化意识树立、组织文化的包容性和对人才成长的持续支持等“软能力”，就成为机构吸引人才的重要内容。未来，随着年轻一代越来越追求个人价值的实现，贴合年轻人价值观的公益机构将会走得更远。

真实

网络化、数字化虽然能提高公益的传播效率，但同时公益活动线下的很多信息在数字二维化过程中实际上丢失了。传统平面以文字和图片为主的传播，虽然能通过有效的文案写作和传播方式让人们快速了解公益活动的主要信息，但受众想要进一步体验活动更直观、具体的内容却很难。

数字现实技术（包括虚拟现实 VR、增强现实 AR）的出现，正在解决这一问题。通过将二维平面模拟为三维空间，结合各种传感器，数字现实技术能够为受众营造出“身临其境”甚至“超越现实”的体验，扩展了数字世界的可能性。这对于公益活动的推广意义重大，受众能够很容易借此深入了解公益活动的内容，而不用花高额的成本去实地考察，因此很多公益机构都在开展相关尝试并取得了良好的效果。

案例

虚拟现实与沉浸式影像为公益组织提供新的叙述方法

随着虚拟现实（VR）技术的发展成熟，360 度环景影片等沉浸式叙事方法迅速被慈善公益界所采用。从联合国等全球组织到比尔·盖茨等慈善家，近年来都在积极推出基于 VR 技术的沉浸式影像内容，以增强公益活动的传播效果。VR 在慈善公益行业的应用面较广，目前归纳起来主要有 5 类：

激发同理心。VR 影像能让受众更真实、具体地体验和理解公益内容，从而激发大家的同理心。比如，英国阿兹海默症研究机构（Alzheimer's Research UK）设计了 VR 应用“走过失智”（A Walk Through Dementia），以帮助人们了解失智症的复杂性，透过失智症患者的视角体验其生活的挑战；英国国家自闭症协会（National Autistic Society）推出了类似的 VR 应用“过多资讯”（Too Much Information)，让购物中心的顾客从自闭症孩童的角度体会他们在商场的压迫、眩晕等感受，让大家能进一步理解自闭症的影响。

提升捐款动机。VR 的沉浸式叙事，能够集中受众的注意力，减少周围干扰信息的影响，有利于促成捐赠。比如，国际特赦组织（Amnesty International）为募款人员配备不到 15 英镑的 VR 装置，在街头募捐中为人们展示叙利亚的照片，有效实现定期捐赠增加 16%；美国公益组织“水慈善”拍摄了一部关于埃塞俄比亚的水源污染的 VR 宣传片《资源》（*The Source*），并在纽约大都会博物馆的一场慈善晚宴上播放。影片讲述一名 13 岁的女童和家人首次取得干净水源的人生故事，成功打动了在场观众并获得超过 240 万美元的捐赠承诺。

协助提高受助人满意度。用 VR 的方式帮助受助人了解他们获得的服务，增进他们的多元体验。比如被送入安养院（hospice）是令人担忧的经历，因此英国最古老的安养院利用 VR 技术组织了虚拟临终关怀之旅，以便让患者及家人了解其设施、员工和服务内容，从而对他们的服务放心（见图 13－2）。

图 13－2　皇家三位一体安养院虚拟临终关怀之旅

学习工具。与很多新 IT 技术一样，VR 正在成为一种有效的教学工具。目前已经在越来越多的课堂、医学实验室应用，并开始向提供信息和咨询服务的慈善机构发展。比如，英国心肺复苏协会（Resuscitation Council）设计了互动式 VR 应用“救生 VR”，目的在于当有人心跳停止时，引导人们完成应遵循的步骤。

感谢重要的支持者。慈善公益机构还能采用 VR 内容，来感谢其重要的支持者，并鼓励遗产捐赠。比如，英国癌症研究协会（Cancer Research UK）以独特方式运用 VR，在汉普敦宫花展（RHS Hampton Court Palace Flower Show）中设计了一座“VR 生命花园”，以花海向其支持者致敬，并感谢 10 万多名将遗产捐赠给该协会的人，同时也庆祝该协会因支持者的捐款而达成的进展。

在中国，VR 在慈善公益领域也有了一些应用尝试，比如成都大熊猫繁育研究基地用 VR 影片宣传大熊猫保护，深圳市宝安心康乐特殊儿童中心用 VR 社交训练课程辅导自闭症儿童等，但与国际相比，应用范围还比较小，未来发展的方向和趋势还有待进一步探索。

可信

区块链技术是一项分布式数据库技术，其主要特点是：（1）去中心化。在区块链系统中，交易一经确认会即时向全网进行广播，每一个节点都将收到的交易信息同步记录在账本上。因此，数据对链上所有节点公开，可追溯且防篡改。（2）匿名性。由于节点之间的交换遵循固定算法，其数据交互是无须信任的（区块链中的程序规则会自行判断活动是否有效），因此交易双方无须通过公开身份的方式让对方对自己产生信任，能够保护隐私并提高交易效率。（3）加密。区块链技术一般使用非对称加密算法，可以对用户的身份信息进行公钥和私钥加密处理，在保证信息安全的同时也能验证用户身份。

对于慈善公益而言，区块链技术的这些特点非常适合解决一些核心问题。去中心化可以帮助实现公益信息的公开透明，保障公益活动的可信度；匿名性可以有效保护公益参与人的个人隐私，尤其是一些不愿留名的捐赠人；加密可以确保公益信息的安全，同时还能有效验证公益参与人的身份。这些问题的有效解决，对以“信任”为基石的慈善公益来说意义重大。因此，区块链技术刚兴起后，业界率先进行应用探索的领域之一就是慈善公益。

案例

用区块链实现公益信息流转的透明可信

区块链技术对慈善公益的意义，主要在于授信机制不依赖于中心化的某个机构，而是依赖于全网所有节点的共识，能够实现信息流转的全网透明可信。具体应用主要体现在三个方面：资金流、物流和人流。

资金流——善款流向的实时监督：一个基于以太坊的捐赠平台Giveth已经受到海外公益界广泛的关注。Giveth平台完全建立在以太坊的智能合约系统之上，用户几乎能够实时监督钱款的使用，大大改变了钱物信息公开的方式（见图13－3）。通过以太坊的区块链技术，捐赠人在捐款后也可以一直保有对于善款的产权，直到善款被机构分配，而善款的分配需要征求捐赠人的意愿。如果捐赠人不同意机构对于善款的使用，可以否决善款的分配计划，甚至撤回对于该机构的捐赠。这样的机制保证了捐赠人可以实时了解善款的使用信息，如果善款使用信息不更新到捐赠人，那么机构将无法取得捐赠人的授权使用这笔善款，促使机构对捐赠人进行信息披露。同时，由于区块链技术的特性，捐赠人也不必担心信息被篡改或是丢失，保证了捐赠人对于善款流转的信任。

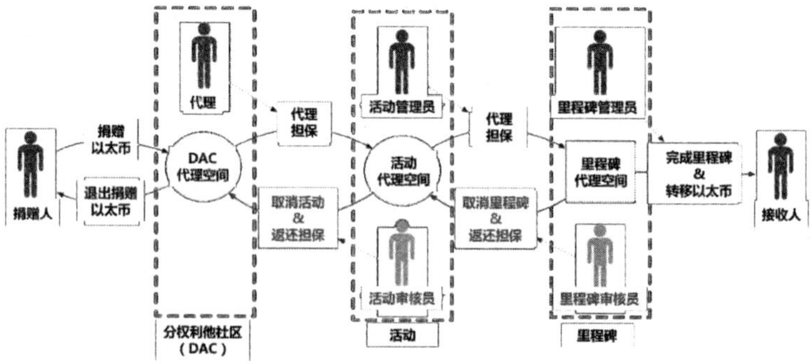

图 13-3　Giveth 借助区块链实现对善款流向过程的多角色审核

物流——捐赠物资分配的全程掌握：据美国农业部经济研究局估计，美国消费者每年浪费约 6 000 万吨食物。一家名为 Goodr 的公司因此决定借助区块链技术，将企业和餐馆的剩余食物及时送到当地的慈善机构。基于 Goodr 的区块链应用，提供食品的商家可以在有多余食物时发出信号，将其打包发送给慈善机构，并在过程中追踪配送情况，以及获取如何减少食品浪费的信息。慈善机构则可以清楚了解所获得的免费食物来源、生产日期等信息，从而能更有效地掌握捐助者和食物的情况。

人流——受助人的精准识别：人口贩卖尤其是儿童贩卖是一个世界性的问题。为此，联合国发起了一个“世界身份网”（The World Identity Network）的试点计划，以利用区块链技术来打击摩尔多瓦的儿童贩卖。首先为儿童建立个人数字身份，并将其个人身份与其他家庭成员联系起来。因贩卖者往往会给被贩卖儿童一个假身份证来进行贩运，使得儿童身份难以追查。区块链的防篡改和信息可追溯性，能够有效增强被贩卖儿童被识别的可能性。其次为集成身份系统设置一个区块链平台，实现在区块链上的数据保护。当未成年人未经父母许可试图出国时，系统将自动形成一个不可变的记录，从而帮助发现可能的贩运者。最后是自动通信功能。贩运的潜在或实际受害者往往处于被隔离、缺少支持和帮助的环境，这时候结合人工智能技术进行受害者的行为检测和识别分析并自动发起通信，也能够有效发现贩运者，干预甚至阻止贩卖案件发生。

区块链技术在中国也引起了业界的特别关注，围绕公益信息流转透明化的应用尝试与国际基本上在同步开展。比如资金流方面，爱佑慈善基金会 2018 年 8 月上线了区块链救助公示平台，实现包括救助金额和去向等救助数据的实时公开；物流方面，京东公益在 2017 年 9 月与美丽中国支教公益项目合作，应用区块链技术实现物资公益捐赠流程的追溯；人流方面，腾讯可信区块链研究院在 2017 年 10 月推出了“公益寻人链”平台，通过链入多家寻人机构与网站，实现部分寻人公益项目的数据分享，提高了寻人运作的效率。

区块链对信息透明的作用，对慈善公益这一天然具备公共属性、需要公众监督的行业来说特别契合，未来必将继续深入影响整个行业的信息流转机制，推动慈善公益行业“信任网络”的建立和完善。

向善

从本质上而言，科技对人类是一种中性的存在。科技发展可能对人类有益，但也可能带来伤害。从农业、工业到信息业，技术的飞跃确实推动了人类文明的进步，但也直接或间接地带来了新型疾病、社会矛盾、环境恶化等问题。互联网代表的信息技术也不例外，在极大地丰富和便利人们生活的同时，也带来了信息过载等新的广泛性社会问题。而随着现代科技越来越融入社会，怎样善用科技，成为每个社会角色都需要思考的事。

案例

腾讯——科技向善

作为中国互联网代表性企业的腾讯，其实很早就开始注意到要将科技应用到社会公共事业中。早在 2007 年腾讯公益成立之前，腾讯就利用 QQ 开展了公益活动的传播和筹款活动。腾讯公益成立后，更是积极将公益平台对接到微信、微信支付等主营业务上，并率先开展了人工智能、区块链等新技术在公益寻人、筹款等应用上的创新。

2018 年 1 月，腾讯启动了科技向善（Tech for Social Good）项目，进一步体系化地开始探索科技在社会中的正面应用。该项目聚焦新技术带来的尖锐、迫切的社会问题，旨在搭建一个国内外业界多方对话、研究、行动平台，寻求最大范围内对科技向善的社会共识、建设性意见与解决方案。该项目包含了三个核心板块：T 调查（T-Survey），公众对新技术以及互联网产品服务的认知态度的年度调研；T 对话（T-Meet），对互联网科技与产品带来的社会问题进行针对性讨论的定期论坛；T 计划（T-Foundation），发布科技向善系列学术和创意支持计划。

在首届科技向善的 T-Meet 大会上，腾讯主要创始人张志东进行了主题发言。他从一个资深互联网技术人的角度，阐述了对数字化社会“过载”问题的思考。他认为，科技给人们带来了巨大的赋能力量，同时也放大了人性的弱点，带来如信息过载、人际过载等问题。技术和产品应该做的就是把这些社会问题作为重要的事，联合各类专家去解决。比如，腾讯针对手机游戏开发了成长守护平台，以防止青少年游戏过载。张志东表示，希望通过科技向善这个实验性项目，未来能吸引更多的人参与到用科技解决数字化社会阵痛的事业中来。

在科技加速发展的趋势下，无节制的滥用可能带来的风险越来越高。人工智能、生物科技、基因工程……这些新技术一旦失控，其后果将难以估量。因此，近年来世界各国都开始日益关注对科技的正面引导，纷纷提出科技向善、人工智能向善等倡议并付诸行动。科技向善，将是关系到全人类福祉的事业，也是未来科技发展所必须遵循的标准。

第十四章　机制：公益治理体系走向多元与完善

用户参与机制

互联网公益兴起后，公众参与公益的模式呈现多样化、个性化的态势。而随着互联网与公益的融合日渐深入，用户参与公益活动的机制也出现了新的发展趋势。

一方面，公众的互联网公益活动会与互联网产品、互联网服务产生更紧密的关联，成熟、完善的捐赠人激励体系将会加速成型。

近年来，已经有许多互联网公司开始设置公益账户，把用户的公益行为记录下来，并和公司提供的其他服务相联系，其中最为突出的是蚂蚁金服推出的“蚂蚁森林”和“蚂蚁庄园”。用户通过蚂蚁金服进行公益活动，可以提升“蚂蚁森林”和“蚂蚁庄园”的游戏体验；而用户在体验这两款小游戏的过程中也会产生公益效益。在这种机制下，使用互联网服务和参与公益活动就形成了双向的正反馈，起到了彼此激励、促进的作用。

除了蚂蚁金服以外，腾讯、滴滴、美团、快手等互联网企业也在积极探索公益账户的建立，将用户使用互联网产品的行为和公益活动有效结合起来，建立起更长效、更完整的激励机制。未来，在用户知情权和隐私权得到充分保障的前提下，可能还会出现跨公司、跨产品的公益账户打通，全方位地为用户的公益行为提供激励。通过跨公司、跨产品打通的公益账户，用户互联网生活的方方面面都能和公益行为联系起来，使用户无时无刻不处于做公益的状态。在更远的未来，用户的公益账户甚至有可能和国家的信用、奖励体系产生有效的结合，形成一套更加完善的用户激励机制。在互联网公益发展浪潮的下一阶段，建立一套更加丰富、成熟的捐赠人激励机制将是大势所趋。

另一方面，公益机构可以通过新兴的数字技术，构建更加完善的捐赠人服务体系。

传统的公益模式中，由于捐赠人和公益机构的连接不够紧密、信息传递的成本很高，除了机构和项目的周期性反馈以外，绝大多数公益机构很难为捐赠人提供更多高质量的后续服务。

而在移动互联时代，公益机构能够通过信息化的手段，为捐赠人提供一系列新型捐赠人服务，使得捐赠人有更强的参与感和获得感。例如，公益机构可以通过智能合约等新型的数字化手段，使捐赠人在捐赠后仍然可以部分掌握善款的使用权，让捐赠者更加直接地参与到其善款的分配和使用中，改善了传统上捐赠人在进行捐赠后参与感缺失的现象。再比如，公益机构可以更好地通过互联网工具和捐赠人建立紧密连接，通过数字化的技术手段了解捐赠人的深层次需求，并根据捐赠人的需求，提供个性化、定制化的捐赠人服务，提升捐赠人的获得感。在数字化技术和手段的加持下，公益机构的捐赠人服务体系在未来将会呈现更加丰富、多元的态势，并且不断趋于完善。

透明机制

信息公开透明对于公益机构的重要性毋庸置疑。公益信息公开透明可以增强捐赠人的获得感，促进捐赠人更加深入、长久地参与到公益活动中；同时还可以帮助公众参与到公益机构和公益项目执行的监督中，约束项目执行人的行为，降低谣言传播的可能，也促进公益项目执行效率的提升。

公益机构和公益项目的信息公开透明，长期以来一直是困扰公益行业的主要痛点之一。传统上，公益信息的披露主要通过公益机构发布财务和执行报告来完成。这类报告很多内容比较简单，对具体的项目关注也较少，不能使公众切实了解机构、项目的运行情况。同时，这类报告触达面窄，很少有人能够接触到报告的全文，使得通过传统手段进行公开往往达不到预期的效果。

而在互联网公益时代，公益机构信息公开透明的机制已经发生了明显的变化，公益机构的透明度得到大幅提升。相较传统媒介，互联网的触达面广，信息传播的效率高。公益机构运用互联网进行信息披露，触达的用户群体更广，传播的效果也更好。在近几年，通过互联网进行信息公开已经是公益行业的主流做法。

一些有能力自建官网的公益机构从较早起就开始定期将年报、审计信息在官网进行公开，方便公众查阅、监督。随着微博、微信公众号等新型媒介日益成熟，中小型的 NGO 也能够通过第三方平台，积极披露财务、管理信息，实现信息的公开透明。而腾讯公益等互联网平台所提供的透明工具甚至能够帮助公益机构实现公益项目的公开透明，改善了传统上信息透明只针对机构的情况。

经过互联网公益浪潮的洗礼，使用互联网手段提升信息公开水平已经成为公益界的共识。无论是基金会，还是社会团体、民办非企业单位，都在主动拥抱互联网媒介，进行积极的信息公开与披露。而《慈善法》的出台更是意味着公益透明机制的构建上升到了国家政策法规的层面。在政府和公益生态各方的积极努力之下，一套以慈善法相关规定为主体、包含平台规则和行业通行标准的公益透明机制正在逐步成型。

然而，由于起步较晚，我国的公益透明机制仍是一个在不断快速演化的体系。在行业发展、技术进步、公益文化走向成熟、公益理念创新等因素的影响下，公益透明机制也在不断进行着动态调整，朝着更加完善的方向演进。经由这些因素的共同作用，公益透明机制的发展在未来也可能出现几个新的趋势。

首先，在公益行业透明机制的探索过程中，民间公益力量将发挥重要的作用。

在我国，早期由于缺乏官方的标准和指导，行业对于信息公开的重视程度不高，信息公开的探索是由各家公益机构自行开展的，没有形成一套全行业认可的信息公开机制。后来，随着行业的发展，对于行业通行的信息公开准则的呼声也越来越高。政府部门顺应行业发展要求，相继出台了《基金会管理条例》和《慈善法》等相关的法律法规，对于公益信息的公开提出了要求。政府相关法律法规的要求也成为透明机制建设的起点和根基。

然而《慈善法》和《基金会管理条例》里对于信息公开的要求多为方向性的指导，规则的细化程度不高，可操作性不强，对于不同类别的机构也没有做更多差异化的要求，而且主管部门暂时也没有出台相应的执法措施。这就为信息公开准则的细化、信息公开机制的完善留下了巨大的空间。

也正因此，在探索公益信息公开体系构建的道路上，民间力量肩负起了更多的责任，也做了许多有意义的工作。尤其是近年来，随着公众对于公益信息公开透明的关注度不断提升，行业对建立能得到广泛接受的信息公开机制的需求也日益高涨。业内诸多机构对公益信息披露机制的建立做出了一些尝试和探索，其中比较突出的有前文介绍过的基金会中心网、腾讯公益等互联网平台。许多互联网平台和大型的公益机构已经成为推动行业透明化进展最重要的力量。可以预见，在行业管理机构较少直接参与透明机制细则建立的情况下，民间力量将会在其中发挥非常重要的作用。

其次，未来公益透明机制的重点将会从结果透明转向结果透明和过程透明并重。

公益活动过程的透明对于公益行业而言是十分重要的。仅仅是结果透明仍然无法从根本上杜绝弄虚作假、随意使用善款现象的发生，而过程透明则可以成为结果透明的有效补充，提升信息公开透明的真实性和有效性。

这一轮的互联网公益浪潮已经促使许多机构实现了结果透明。但是，除了少数专业化、信息化程度很高的机构，公益机构管理和公益项目执行过程信息仍然无法做到公开透明。其主要困难在于公益机构对于过程透明的重视程度不高以及公益项目执行过程难以留痕。对不少中小型机构而言，即使机构有进行过程公开的意愿，由于过程无法留痕等因素的限制，过程透明也很难实现。

互联网技术的发展为公益行业实现项目过程透明提供了有利条件。一方面，互联网的传播手段会有效降低信息公开的成本，使更多的机构可以对项目执行过程信息进行披露；另一方面，互联网所提供的数字化工具能够更加有效地帮助公益机构更好地记录中间环节，做到步步留痕，为过程的信息公开奠定了有力的基础。数字技术的发展也会促使更多的机构重新认识过程透明的意义和可行性，从而进一步推动行业共识的形成，促进过程透明机制的发展。

由于公益项目过程信息公开的重要性和互联网技术发展为过程信息公开带来的有利条件，下一阶段的公益透明机制中，过程透明将会承担更加重要的作用。

再次，未来公益透明机制将会兼顾财务透明和效果透明。

现存的公益透明机制主要强调的是机构财务信息的透明，对于项目执行效果并没有做明确的要求。事实上，现在不少公益机构已经能够参照商业机构的信息披露方式发布年报，用结构化的方式对机构本身的运营情况和旗下项目的执行信息进行披露。有的机构还会聘请第三方进行独立审计，并把审计报告通过互联网等手段进行公开。公益机构、公益项目的财务、管理透明已经取得了不小的突破。未来，随着行业专业化程度提升，机构财务整体透明度还会持续提升。

然而，项目效果透明进展则比较缓慢。这当然是由许多客观因素的限制所导致的。传统的信息披露方法，无论是年报还是审计报告，都主要聚焦于机构的管理和财物使用这两个方面。对于项目的效果信息，这些信息披露的手段往往难以涉及。而且更重要的是，对于不少领域的公益项目，比如儿童素养教育类、特许需要人士关怀类、生态保护类项目，项目的执行效果评估成本高、周期长，机构对这类项目的效果评估重视不够，在前互联网时代机构也很难做到及时、精确地反馈这类项目的执行效果。

未来的公益透明机制将会强化项目执行效果信息透明的地位，

做到财务信息和效果信息并重。

互联网所提供的数字化工具和方法有助于项目执行效果透明的突破。第一，使用互联网进行信息披露，大大降低了信息披露的成本，提升了信息披露的效率；第二，互联网所带来的大数据方法和技术能更好地提升项目评估的质量，也能降低项目效果评估的成本；第三，互联网技术也能方便捐赠人对长期项目进行持续的跟踪，阶段性地了解项目执行效果。

同时，互联网公益的发展也在促使更多机构意识到项目效果透明的重要性。而随着公益文化的不断成熟，也会有更多捐赠人愿意出资支持项目效果的评估。在互联网的助力下，进行项目效果透明的各种主客观条件都已更加完备，未来的公益透明机制会在财务透明的基础上更多地强调项目效果透明的重要性，推动更多的公益项目进行项目评估和公开，推动项目执行朝更高效、透明的方向发展。

最后，未来的公益信息透明机制将会更好地利用公益机构和公益项目的透明度信息，为捐赠人的捐赠决策提供有价值的信息参考。

随着互联网公益的发展和公益机构专业化程度的提高，公益界的信息披露总体水平有了很大的提升。这一方面是由于《慈善法》的公布和实施为公益机构的信息公开做了明确的规定，另一方面是因为腾讯公益等互联网公益平台积极探索信息披露的行业准则，推动互联网公益生态朝着更加透明的方向发展。

然而，在现阶段，公益机构的信息披露水平高低对于捐赠人的影响还不突出。机构的信息公开仅仅是一个行业准入的门槛，而没有与其他公益行为直接关联。捐赠人，尤其是公众捐赠人，在进行捐赠时往往不会参考机构信息公开的内容，而是完全出于同理心的自发式的活动。这也使得一些机构对信息公开工作的重视程度仍然不够。这些机构进行信息披露仅仅是满足法律或者是互联网平台的信息公开要求，没有充分意识到信息公开的重要性。甚至有些机构会认为进行信息公开是额外的成本负担，在披露的过程中敷衍了事。

未来，新的公益信息透明机制会更频繁、更高效地利用公益机构公开的信息，在公众参与公益活动的各个环节都嵌入机构的信息公开水平的展示，给用户更加精确和完备的参考信息。而机构的信息公开水平还可能会和机构所享有的权益挂钩：公益透明度高的机构会得到更多的资源支持，而信息公开不力的机构则会受到一定的惩罚。这种奖惩机制也会进一步推动公益机构的透明化发展。

事实上，公益界出现了将机构透明度和其他公益行为相连接的探索，其中最引人注目的是腾讯公益在过去几年中推出的将机构信息公开水平和“99 公益日”准入、用户捐赠紧密联系的新机制。在 2017 年，腾讯公益首先推出了“99 公益日”的准入机制，在腾讯平台透明度不达标的机构不能参与“99 公益日”的活动。这种机制能够督促在信息公开方面尚有较大差距的机构补齐短板，积极进行信息公开。而腾讯公益于 2018 年 3 月上线的“冷静器”功能则在用户进行捐赠时强制跳出机构的信息反馈情况，使捐赠人在捐赠钱物时能够了解机构的基本信息和透明度水平，为捐赠人做出更好的决策提供支持。

腾讯公益的探索代表的是一种新的趋势。随着公益行业信息公开水平持续提升，如何更好地利用机构公开的数据就成了透明机制下一步关注的要点。未来，公益机构进行信息公开透明将不仅仅是为了满足法律法规或是互联网平台的要求。不断演进的新机制将会把公益机构的透明度信息和公众捐赠等活动更紧密地联系起来。使公益机构的透明度信息发挥更大的效用，是未来透明机制发展的一个主要趋势。

竞争机制

公益的本质是对于社会资源的再分配。社会资源有限，公众的爱心有限，所以社会资源和公众爱心都是稀缺资源。因此，不同的公益领域、不同的公益模式、不同的公益机构间都会存在竞争。这种竞争是由公益活动资源再分配的本质所决定的，是无法从本源上加以消除的。当然，公益机构之间有合作，有互助，也有共赢，但是竞争是根深蒂固地存在于行业之中的，这是一个不能也不应回避的问题。

有竞争就必然有相应的竞争机制和准则。良好的竞争机制能够促进机构间的良性竞争，推动机构不断提升自身能力；而不完善的机制则有可能导致恶性竞争。互联网催化了公益机构间的竞争机制的演化，公益机构的竞争准则正朝着更加完善的方向发展。

一方面，公益机构间的竞争将由筹款能力竞争转向综合能力竞争。公益领域、公益机构间最重要的竞争是对于捐赠资源的竞争，即筹款能力的比拼。而现阶段，筹款能力在事实上更多表现为激发公众和捐赠人同理心的能力。

近年来，虽然我国公众的公益参与度有了明显的提升，但是公益文化相较欧美成熟的公益文化仍然有差距。公众进行捐赠时更多的是被同理心所驱使，而不是以解决社会问题为导向。许多捐赠人在进行捐赠时，不一定会进行深入、理性思考。而且，由于在过去公益项目信息披露不完善，公益项目的执行效果信息不透明，所以这些很难成为捐赠人进行捐赠的参考。这就使得公益机构间的竞争是以快速激发公众的同理心为导向的，对如何更高效地使用捐赠、如何做好后续的项目效果评估、如何进行完善的信息披露等工作重视程度不够。

在互联网公益的影响下，公益机构间的竞争机制有望发生显著的变化。互联网的出现使得公益机构能够通过网络进行信息披露，也提升了公众对于公益项目进展和效果的了解。新的透明机制还会进一步把机构的透明度信息加以积极利用，使得机构的项目执行效果、透明程度真正成为捐赠人捐赠时的重要参考。

在这种机制的作用下，公众在选择公益项目进行资助的时候会更加重视项目的信息披露水平，也会重视项目的执行效果。一个机构如果在这两方面明显落后于其他机构，就很难得到公众持续的支持，难以和其他机构进行竞争。

因此，新机制下公益机构间的比拼将会是全方位的。仅仅依靠激发公众同理心而获得大量支持的模式在未来不会成为主流。公益机构将会在筹款、执行、透明、捐赠人服务等多个方面展开竞争。这种新的竞争机制将会推动公益机构补齐短板，持续提升自身的综合能力。

另一方面，未来的竞争准则也将会更加突出创新和创意的作用。在互联网公益出现前，公益行业整体比较传统与保守，公众公益活动参与度也较低。公益机构间的竞争往往取决于机构自身资源和募款渠道的比拼。在这样的机制下，创新模式和创意的作用并不明显，机构进行大胆突破的动力不足。

而借由互联网的传播力量，创新的模式可以进行快速复制，好的创意更是可以被无限放大。在互联网时代，锐意创新的机构往往能够取得巨大的成功。像“益行家”“蚂蚁森林”这样的公益产品借助新颖的理念、创新的产品设计取得了巨大的成功，而“小朋友画廊”这样的公益项目更是凭借着极强的创意成为公益爆款。公益行业的竞争机制已经在互联网时代悄然改变。创新与创意在公益行业竞争中的作用将日益凸显，拥有突出创新能力的机构将会在互联网公益时代取得更大的竞争优势。

而在更远的未来，公益机构间的竞争可能会由资金资源的竞争转向注意力资源的竞争。传统公益慈善通过对钱物的二次分配和转移来解决社会问题。过去的十年中，互联网公益利用技术力量极大提升了这一过程的效率，其中表现最显著的是筹款速度与金额的提升。同时，互联网公益项目在社交网络的传播扩散，也起到了社会心智聚合、善意扩散的作用。

未来，随着新能源、大数据、量子计算和人工智能等新兴技术的发展和大规模普及，生产效率会大幅提高，物质资源可能会非常充裕。换言之，钱物资源相对会越来越便宜，而人的注意力资源则会越来越珍贵，即心智将超过钱物，成为解决社会问题的关键力量。公益活动的核心内容将逐渐由钱物资源的再次分配转向注意力资源的分配。因此，未来公益竞争的机制也将发生转变。在物质资源更加丰裕的未来，公益机构将由竞争公众的钱物资源转向竞争公众的注意力资源。在拥有强大综合能力的基础上，能够精准、高效获取公众注意力资源的机构将更可能在未来的竞争中脱颖而出。

公益机构组织/管理机制

在互联网的影响下，社群公益日渐兴盛，而社群公益则可能会催生出新型的项目组织、管理机制。

公益社群是由公益活动的积极参与者发起与组成的，具有较高的活跃度与非常鲜明的自组织特征的公益团体。相同的公益志趣是将公益社群中的个体聚合在一起的最主要因素。传统模式下，即使两个捐赠人资助了同一个公益项目，他们之间也很难产生有效的连接。随着移动互联网的兴起，同一项目的不同捐赠人之间的连接成本可能只是一次微信名片的转发或者是二维码的扫描，连接成本被大幅降低，大量以相同公益志趣为基础的社群正在形成。

随着人与人之间连接成本的进一步降低，因为相同的志趣而进行连接的方式将更为普遍。社群会成为公益的核心力量来源，许多公益机构将日益社群化。社群和公益机构的边界也会更加模糊：一个社群可由社会问题聚合成一个公益机构，而一个公益机构也可以演化成一个社群，将其服务的对象、支持方、机构聚合在社交网络。未来公益的重点方向在于对人的动员和聚合，而社群在其中将会承担起日益重要的作用，成为人的注意力分配乃至公益活动进行的主要载体。

受到社群公益的影响，各类公益机构的组织、管理形态也会进一步演变。在互联网技术的助力下，未来行业中可能出现新公益活动组织、管理形态，如公益活动参与人在项目制下快速集合开展项目，完成项目和后续的评估、反馈工作后即解散。这种公益活动的组织形态相较于传统的公益模式更为灵活，而其轻量化的模式也能推动更多人身体力行地参与公益事业。在这种模式之下，公益志愿者与公益活动专业从业者之间的明确界限将被打破。通过网络进行协作，人人皆有可能成为公益从事者。

第三部门与第一、第二部门的协作机制

多年来，我国一直面临着三部门发展不协调、第三部门发展不充分的问题。同时，三部门间的分工和协作也一直存在着大量问题。一方面，由于主客观条件的限制，第三部门通常独立开展解决社会问题的工作，在许多工作中没有充分实现与其他两部门的分工合作，存在一定的重复“造轮子”的现象，导致了一定程度的资源浪费；另一方面，第三部门更多地承担辅助性的工作，其工作的开展极其依赖于第一、第二部门所提供的基础设施和各项资源，但第三部门却难以为其他两部门的发展提供支持。“第一、第二部门搭台，第三部门唱戏”这种局面长期持续，第三部门暂时未能发挥更大的作用。

随着中央政策的支持和相关法律法规的不断完善，在互联网的推动下，第三部门与第一、第二部门的协作机制也在发生着积极的变化。第三部门更多地与其他两部门进行协作，也更加积极地发挥着自身的优势，开始走出公益之外，为其他两部门的运转提供支持，这其中一个比较典型的案例是腾讯“为村”。

“为村”是由腾讯基金会发起的乡村公益项目，其前身是基金会的“筑梦新乡村”项目。早在 2009 年，腾讯基金会发现有不少乡村地区由于缺乏连接的手段，无法与网络世界有效地连接，没有享受到数字技术发展所带来的红利，在数字化发展的浪潮中与发达

地区的差距越拉越大。秉持帮助乡村地区更好地发展的初心，腾讯基金会发起了“筑梦新乡村”项目，该项目旨在以民族文化保育和传承为核心，开展互联网企业西部乡村帮扶的创新尝试，探索互联网企业利用自身核心优势，汇聚公益力量，推动西部乡村教育、文化、经济综合发展的新模式。经过几年的探索，“筑梦新乡村”项目不断发展，并逐步演变成为“为村”项目。

“为村”最重要的特点是连接。腾讯“为村”依靠腾讯的技术和资源优势，设计了多层的架构，上至省级总号，中至市、区县、乡镇级区域总号，下至每村一个村号，通过多个运营层级的联动，实现了全国“为村”的互联互通。同时，腾讯“为村”指引村民、基层村委、党员干部和专业人士等实名认证加入，打通了村民与外界、外出务工村民与家乡、基层党员干部与群众之间的联系，为乡村居民基本解决了连接的问题。

“为村”平台建立后，就成了乡村社交的重要通道。许多之前没有连接进入网络的村民能够通过“为村”的平台接入移动互联的网络中，大大促进了乡村社交的发展。“为村”通过提供连接实现了其公益的初心，但其作为基础设施的作用又超出了公益之外，起到了支持第一、第二部门的作用。

一方面，各类线上线下的互联网培训活动通过“为村”提供的基础设施开展，提高了乡村基层干部、“为村”管理员和村民的移动互联网能力。随着乡村干部和村民互联网素养的提升，“为村”的党建之家成为直达基层的党员服务平台；“为村”智慧村务提升了村务效率，实现了村务信息的透明公开；“为村”便民服务使村民能够足不出户就通过互联网享受到多项公共服务。“为村”所带来的连接的提升，协助党委和村委会实现了乡村治理水平的显著提升。

另一方面，根据村庄的互联网发展阶段，“为村”平台对接相应的企业资源，引入市场化机制和外来资本，协助村民用市场化的手段，以社交电商、乡村旅游文化名片等形式，推动乡村产业发展，破解精准扶贫所面临的信息鸿沟难题。“为村”所带来的连接的提升，也激发了乡村企业的活力，促进了乡村经济的发展。

腾讯“为村”项目始于公益，兴于公益，但是又不止于公益。在政府的大力支持下，“为村”已经在文化传承、乡村治理、乡村经济发展等领域发挥了重要的作用。腾讯“为村”搭建的连接平台作为基础设施，协助第一、第二部门更好地发挥功能；三部门一道形成合力，促进了乡村地区的整体全面发展。

在未来，将会有更多类似于“为村”的案例，第三部门将不仅仅止于“唱戏”的角色。在相关法律法规的指引和支持下，第三部门将会更多地配合第一、第二部门进行“搭台”的工作，为其他两部门提供支持，并更充分地与其他两部门进行协作，在实现我国治理能力和治理体系现代化的过程中发挥更重要的作用。

第十五章　文化：塑造“感–理–融”三重文化内核

中国自古以来的公益文化

中国传统公益慈善事业的思想渊源主要包括道家的行善积德思想、佛家的轮回福报思想以及儒家的仁爱仁政思想。其中，作为中国两千年正统思想的儒家伦理道德对中国公益慈善观的影响最为深远，传统的公益慈善事业也在这种文化氛围中体现出以宗族为单位、政府控制、非社会化的特点。

道家：行善积德思想

道家认为，“道”是天地之法，常人不可预测，天道赏罚应时，会奖善惩恶，“天道无常，常与善人”，他们更是将“善”与人们梦寐以求的“长生”联系起来劝诫人民行善助人，“欲求长生者，必欲积善立功”，“若德行不修，而但务方术，皆不得长生也”。行善方得长生，而德行不修的人则与长生无缘，这种带有奖励和惩戒性质的慈善观一方面以功利的目的鼓励人们助人，另一方面也对民众形成自发自觉的公益慈善意识有所不利，让人们不可避免地在帮助他人的同时索求自身利益。

佛家：轮回福报思想

功利性的公益慈善观在佛家中的体现更为明显。佛家慈善思想的核心是行善的功德论，并提出因果报应说，“业有三报：一现报，现做善恶，现受苦乐。二生报，今生作业，来生受果。三后报，或今生受业，过百千生方受业”，认为善因结善果、恶因结恶果，因果循环往复，形成业报轮回。人们在这种思想的引导下逐渐形成了“今生修善德，来世升入天界；今生造恶行，来世堕入地狱”的想法，在这种想法的震慑下，人们广结善缘，注重救济和施舍，民间慈善活动和社会公益事业得到发展。

儒家：仁爱仁政思想

儒家学说的核心内容是“仁”，“仁”的基本出发点是“爱人”，它要求人们不仅要爱自己，还要关心自己的家庭，爱自己的亲人。具有宗法特点的儒家思想催生了一些家族慈善救济行为，如范仲淹建立的“义田”：他利用自己积攒的俸禄在其家乡购田一千亩，作为宗族公产，开义庄义田救济全族之风。这种立足于家族的慈善观念与现代公益的社会广泛性颇有相悖之处，传统的慈善公益事业并没能走出地方乡梓观念的局限。

从孔子的“为政以德”，到孟子的“仁政”学说，均要求统治者实行爱民、护民的“仁”。孟子认为“三代之得天下也以仁，其失天下也以不仁。国之所以废兴存亡者亦然”。就是说，君主之治天下，必须有“仁心”、行“仁政”。儒家思想成为官方哲学后，统治者对“仁政”更为推崇。宋元时期，朝廷主办各种慈善救济机构如居养院、安济坊、慈幼局、婴儿局、广惠仓、举子仓、漏泽园等。这也导致了社会性的公益慈善事业没有脱离政府的干预和严格控制，公益的社会性没有得到很好的发展。

中国两千年的古代慈善文化，其核心内涵的塑造就是对儒释道三家思想的吸纳与融合。然而，无论是儒家的“仁义道德”、佛家的“因果轮回”，还是道家的“行善长生”，其实都是从个人自身的角度出发来号召大家行善，与从他人、从公共利益角度出发的现代公益内涵均有较大的差异。加上在古代中国长期的皇权政治下，自上而下的庞大的政府组织对社会控制严密，这就在一定程度上限制了公共领域民间组织的产生和活动参与，从而使得现代公益的社会自觉意识没能规模化发展起来。

中国现代的公益文化

中国现代公益文化的真正起源，实际上是从 19 世纪 40 年代鸦片战争后中国被迫打开国门开始的。伴随着战争，西方文明开始向中国渗透，基督教带着西方慈善事业在中国大陆逐渐传播展开。而后，历经戊戌变法、国民革命到中华民国成立，各类慈善学校、医院、公所等具备现代慈善公益特征的组织纷纷成立，“博爱”与“人道”等西方慈善公益思想逐渐汇入中国公益文化之中。随着二战与国共内战的爆发，国内外人道主义救助等活动增加，进一步推动了慈善公益的发展。1949 年中华人民共和国成立之后，很长一段时间内，由于国家实行计划经济，政府包揽了大部分公共事务，使得民间公益缺乏生长土壤，大众的公益意识和文化也就没能继续发展。直到1978年改革开放之后，中国走向市场经济，真正现代的慈善公益机构开始出现，现代慈善公益文化才又开始在华夏大地生长起来。

由此可见，真正意义上的中国现代公益文化，发展到现在不过短短40年，远没有形成统一完整、根深蒂固的全民共识。中间既有古代中国从善利己的传统，也有西方博爱利他的思想；既有从国家视角的普遍责任，也有从民间视角的自治互助……各种思想与文化不断地相互碰撞与融合，形成了当前中国公益文化“多面向”的特点。对此，中国公益界和学界也有各种观点和讨论，大体可以归纳成三种主要类型：强调公益纯粹性的道德主义、强调公益效率效益的市场主义、强调公益包容性的大众主义。

道德主义强调追溯公益的价值观本质，以此作为现代公益文化的核心。康晓光教授是这一派主张的代表人物，他认为公益的本质是利他，而对“利他”的诠释和实现，东西方文化有着根本的区别。西方的根源是基督教的“博爱”，是不区分自己和他人的无差别之爱；东方的根源则在儒家的“仁爱”，主张“己欲立而立人，己欲达而达人，己所不欲，勿施于人”，是从自己出发“推己及人”的爱。康晓光教授认为，儒家的“仁爱”符合人性，推崇再挖掘并发扬儒家思想和道德观来塑造中国的现代公益文化，即：“追求生命的不朽。而实现不朽的途径，就是三不朽，立德、立功、立言。就是说，通过你造福社会，造福人类，通过事业影响千秋万代，让更多人受益，让你的影响你的作用持续存在下去。”[1]

市场主义则是从当前公益机构存在的问题出发，强调用市场化的思维和方式来发展公益。这是近年来在中国公益界兴起的一派新主张，以南都公益基金会理事长徐永光为代表人物。在徐永光看来，当代中国公益存在着两大根深蒂固的问题：公益行政化、公益道德化。行政化造成公益效率低下，并且阻碍民间组织的创新可能；道德化则容易绑架民众，限制公益改革优化。市场化则是提倡尊重商业规律，公益也要强调效率和投入产出。其专著《公益向右，商业向左》，核心就是阐述了市场主义的观点。“公益向右可以转型为社会企业，用商业的手段来解决社会问题。商业向左讲求社会责任，企业要执行自己的战略公益。”[2] 在他看来，这是理想的中国现代公益理念与实现道路。

大众主义关注公益的社会性，提倡公益要在社会运转中发挥平衡器的作用。因此一方面要唤起大众的公益之心，另一方面要避免道德绑架、个人逐利等引起的异化，实现“自利”和“利他”相结合的平衡发展。李小云教授是这一派的代表，他提出了“朴素公益”的概念，主要是指公益大众性的问题。在他看来，公益是“民间”“民主”“民生”的聚合。“民间是指大众，民主是机制，民生是目标。从本质上讲，公益就是民间、民主和民生。因为公益不能代表政府，它是融合社会的隐形契约，大家一起来做，不要强迫，有钱出钱，有知识出知识，这个民间的力量汇聚在一起就是巨大的民主力量，政府不敢小觑。还有，公益的目标就是解决民生问题。现在来看，解决这个问题有难度，任何政府都有困难。公众越监督，政府变得越小，越没有资源，解决起来越是困难。让政府越来越大，它的官僚体系又做不好。公益力量要跟政府一起合作改善民生。”为此，中国公益文化要突破有限的中产阶层“精英文化”，而要形成根植于本土、穿透不同阶层的广泛“大众文化”。也就是说，中国的公益文化需要挖掘传统文化的根源，并与当今的大众尤其是草根文化相融合。

诚然，当今的中国公益文化还在不断碰撞和成型之中。但越来越多的国人已经开始重拾传统文化的精髓，并积极拥抱现代西方的思想。相信通过未来不断的实践和总结，中国将会打磨出全民共识、中西共通的公益文化明珠。

中国公益的三重境界

第一重——感性

由于地理原因和传统的文化观，中国人没有形成如西方一般以逻辑为基础的理性主义，而是产生了以象形、托物言志等感性特征为主的感性文化。中国文化发源于内陆大河流域，那里自然条件好，资源充足，适合人类生存，人们通过社会成员间的相互合作便可生存。因此，长期以来人们形成了相互依存的关系，形成了人与人之间的顺应型和依赖型的民族文化[3]。这种文化的重要表现就是感性主义和从众心理。而在中国盛行两千年的儒家文化进一步加深了这种从众观，儒家文化的宗法观念要求人要遵守宗族的规定，为宗族利益考虑，个人意识退居二线，这就不利于个人理性主义的产生。

这种感性主义体现在社会的方方面面，公益慈善也不例外。人们出于“所以然”去参与身边的公益慈善活动，每次自然灾害后人们通过各种途径为灾区人民捐献爱心，迅速发展的众筹平台也成为人们帮助有需要的人的有效途径，各种公益慈善组织活跃于中国社会事业的各个领域。但是，这种碎片化的公益事件只能在短期内触动内心情绪，并不能使人养成持续的捐赠习惯。

由于监管、网络信息难以核实等方面的问题，人们的爱心可能会被不怀好意的人利用，如河南省太康县的一对夫妇利用重病幼女骗捐、苏州小伙谎报母亲病情在“轻松筹”平台求助、罗尔骗捐等各种骗捐事件层出不穷。受欺骗的群众捐款的意愿大大降低。当年郭美美事件后，社会捐款环比下降50%，对社会公益的发展产生了严重影响[4]。这些事件的发生和后果提醒我们，依靠理性和判断力参与公益的时代该来临了。

第二重——理性

大型互联网公司有助于理性公益文化的形成和发展，它们依靠技术手段在捐赠平台上设置有利于理性捐赠的机制，逐步引导网民养成理性捐赠的思维模式和行为方式，但社会理性公益文化的培养不可能只依靠互联网公司，一种文化的扎根需要社会各界的努力，政府、公益慈善组织、新媒体、公众自身都要为理性公益的发展做出一些改进。

（1）政府法律不断完善，对慈善组织和网络捐赠的监管更加有力。

自2005年以来，随着相关法律法规的不断修订，针对骗捐诈骗等问题有了更加严密的法律制度。针对蓬勃发展的互联网捐赠，政府在2016年指定首批13家慈善组织互联网公开募捐信息平台“白名单”后，2017年7月，民政部再次出台《慈善组织互联网公开募捐信息平台基本技术规范》《慈善组织互联网公开募捐信息平台基本管理规范》两项推荐性行业标准，明确要求在平台上进行募捐的主体应是获得公开募捐资格的慈善组织，同时平台不应为不具有公开募捐资格的组织、个人提供公开募捐信息发布服务[5]。政府的严格监管为慈善组织和互联网募捐的公开性与透明化提供了外在保障，这不仅提升了群众的信任感，也提供了群众可以依据募捐信息进行理性判断的条件。

（2）公益慈善组织和互联网的发展保障公众自愿选择权。

公益慈善组织的壮大为群众参与公益慈善提供了更加多样的选择。捐助人参与公益慈善事业是出于自愿，他们有权选择自己信任、感兴趣的公益机构进行捐助，也有权拒绝对某些公益慈善组织进行捐助。公益慈善组织深入社会的各个领域，使每一个捐助人可以在自己喜欢、感兴趣的领域进行捐赠，这种基于兴趣和热爱的公益慈善行为才是长久的、经常性的、可持续的。

互联网的发展提供了募捐方式的多样性，慈善不再局限于街头募捐和慈善拍卖等传统方式，网络募捐大大便利了公众参与公益慈善的行为。现在国内一些知名网站和慈善组织都设立了微信、微博公益平台，众筹网站也逐渐规范化。在2018年的腾讯“99公益日”中，短短3天内，超过2 800万人次爱心网友通过腾讯公益平台捐出善款8.3亿元，2 000多家企业捐出1.85亿元，为5 498个公益项目贡献力量[6]。互联网的发展为公众参与公益慈善事业提供了更为方便新颖的参与渠道，网络信息的广泛性也为公众选择自己感兴趣的公益项目提供了条件。

（3）公民权责意识的树立，从热情到专业，实现有效利他主义。

人们参与公益慈善事业不再是出于浓厚的功利心，希望借此获得回报，或者只是源于情感冲动。作为现代社会的一员，参与公益慈善事业是我们的责任。社会的正义原则要求现代社会中的每个人都有权利在陷入困境的时候得到社会救助，这也有利于维护社会的稳定。与此同时，救助他人、乐善好施就成了一种社会义务。基于权力和责任相统一的意识，越来越多的公民开始自发地、习惯性地在自己所关注的领域参与公益慈善活动。

当人们选择捐款时，他们需要考虑捐多少和捐给谁的问题，专业化的捐赠者会使自己的捐款发挥最大的效益，实现有效利他主义。感性主义下，公益慈善注重捐赠者的善意而不注重捐赠后的成效，有效利他主义则是从社会和生活的各个层面评价各种公益慈善的项目和每笔捐赠的用途，去思考如何最大化每个人能给社会带来的正向改变。

在有效利他主义的理念下，捐赠者会将捐款捐给最需要的人，而不是谁离我越近、与我有关系就捐给谁。在选择捐赠的公益慈善组织时，他们会比较各个公益机构是否能最大化运用这些捐款，并捐给效率最高的机构。公众的专业化反向推动了公益慈善组织的专业化，更专业的形象才能使公益机构在理性公民中获得更多的信任和支持。

公众更加理性、专业地参与公益慈善事业，是有效利他主义和资源利用最大化的要求。在理性公益发展的过程中，政府、慈善组织和新媒体的跨界合作为公民理性提供了外部保障，中国公益文化也渐渐摆脱了传统文化的狭隘，向社会主义文化发展。

第三重——融性

所谓融性，又称共融，可以说指的就是“无分别心”，公益与非公益之间的界限变得不那么清晰，公益彻底融入中国人的日常生活和内心世界。

早在两千多年前，中国便有人提过社会共融的问题。墨子说：“视人之国，若视其国；视人之家，若视其家；视人之身，若视其身。”佛家也提出“同体大悲”的概念，也就是把别人的需要看成自己的需要，解决别人的问题就像解决自己的问题。在这种情况下，公益不再是出于善心和获得价值感的一种仪式，做公益慈善也就无所谓成败、对错，而是融入个人的生活习惯中，为大家付出就是为自己付出，公益慈善变成像一日三餐一样的基本生活方式。

从社会层面来说，慈善事业的产生和发展是人类文明进步的表现，也是社会供给满足不了社会需求的结果；然而，随着科技发展和世界经济的继续向前，社会对公益慈善的强调会越来越少。慈善事业的最大成功和最终境界是有朝一日社会可以不再强调它，不再单独辟出一个领域称之为“公益”“慈善”。也许到那时，人类已经进入大家的基本需求都能得到充分满足、可以出于本心自觉加入公益慈善事业的时代，公益作为一种底层的理念彻底融入人们的生活和社会的血液里。

中国公益从感性境界，到理性境界，再到共融境界，需要公民自身公益素养的不断提高。现阶段，中国公益还处在从感性向理性过渡的阶段，互联网公益的出现加快了这种过渡的进度，“带动了一代网民的公益理念实现了‘由指尖，到心间’的转变”[7]。

互联网公益迈向理性时代

互联网文化有“用户如上帝”、弥合信息不对称、技术更新换代快等特质，进入公益领域后，互联网的这种技术文化特点与公益文化相互补充、相得益彰，形成独特的互联网公益文化。随着互联网公益发展进入成熟期，其由感性向理性发展的特点和诉求愈加明显。

“用户如上帝”的文化鼓励用户理性参与

互联网文化讲求用户就是上帝，要尽可能满足用户需求、提高用户体验，因此众筹平台、微信公益和微博公益等各种网络公益平台的出现，为用户参与公益提供了更为方便和快捷的体验，大大降低了用户参与公益的成本和门槛。绝大多数的中国人可以通过互联网直接参与到公益慈善事业中，无论是捐款——哪怕是十元钱、一元钱——还是用行动支持，例如公益马拉松、翻花绳、冰桶挑战等，本质上都降低了人们参与公益的门槛，丰富了人们参与公益的形式，让更多的人能够参与进来。用户参与公益的体验越来越好，对公益事业也越来越热情，这有利于公民公益素养的提高和理性公益习惯的养成。

每一个“上帝”在互联网世界还拥有自己的各种专属“ID”，他们通过自己的专属账号和密码在各种互联网应用中间穿梭，独立自主地进行选择；同时，互联网时代的人们（或者说“上帝们”）还产生了大量记录个人生活消费、生活感悟的用户原创内容（UGC）。这些“数字公民”可谓理性公益文化的最初推动者。

多方信息资源消弭信息不对称现象

互联网为用户提供了海量信息，在极大程度上消弭了信息不对称的现象；用户除了可以参考其他捐赠人的留言之外，还可以参考专门的慈善评级机构的评价，最终做出理性判断。在美国，已经出现了 GiveWell 这样的公益研究机构（见图 15－1），该机构通过学术研究和数据分析来检验特定的慈善做法所产生的效用，将诸如"每挽救一条生命的成本"或"1 美元给受益者带来的经济帮助"等指标用于评价公益机构和公益项目的效率。2016 年，他们评选认为 Against Malaria Foundation（为疟疾高风险地区购置经杀虫剂处理的蚊帐提供捐款）是最为高效的[8]。这种评级机构的出现，极大提升了公益慈善事业的效率，推动互联网公益文化向理性公益进一步迈进。

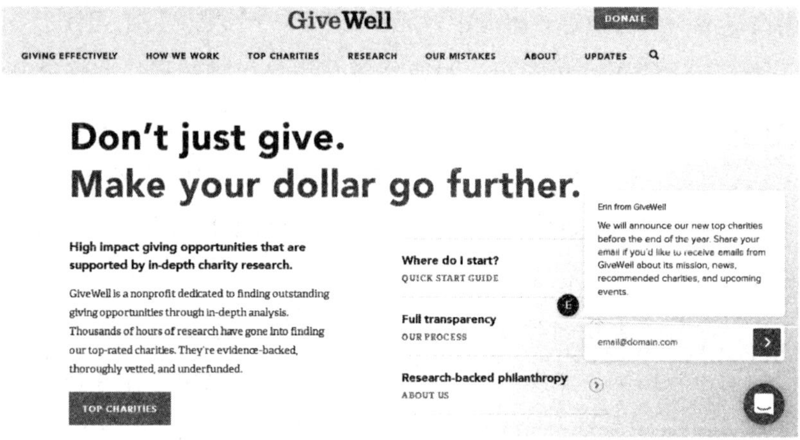

图 15－1　GiveWell 官网

可见，公益慈善事业发展的成熟度越高，公益文化、公益慈善习惯就会越理性。中国互联网公益通过互联网技术手段，极大提升了公益慈善事业的效率。随着未来公益慈善实践的深入和政府监管机构立法的完善，中国互联网公益也可能出现类似于 GiveWell 这样的公益研究、评价机构，中国互联网公益文化将向理性公益进一步迈进。

科技进步有望保障公益理性

互联网技术的日新月异也成为实现理性公益的得力助手。如区块链技术在公益领域的应用有利于解决信息不对称的问题，整个公益过程可以被分成若干个节点，每个节点有相应的认证手段，基于技术的手段使得区块链有信息难以篡改的特性，能够为公众提供更多更准确的信息，从而保障他们开展理性公益活动。

互联网公益平台推动塑造理性公益时代

在互联网时代，中国良好的科技发展环境缔造了一批大型互联网企业，这些企业拥有庞大的用户群，并且具有领先的信息技术优势，网络价值高，对塑造理性公益产生了巨大的影响。

互联网企业对平台巨大的掌控力使他们能为公众参与公益提供引导，帮助人们培养公益理性。比如，腾讯公益上线的“冷静器”就是一次小小的尝试——它可以在捐款人捐款前跳出有关此公益项目的立项时间、执行效果、财务披露、项目进展等方面的信息，使捐款人在对公益项目有了足够的了解后，再做出是否捐款的决定。

这一方面保障了捐款人的知情权，另一方面也防止捐款人“头脑一热”而冲动捐款。对公益项目有足够了解的捐款人，在捐款后会持续关注项目的进展，确保自己的捐赠被有价值地运用，重视项目创造的真正价值并判断项目是否值得继续支持。如果他们感到自己的财富能被最大化利用，他们会更深入地参与项目，成为长期捐款人，让理性公益成为自己的一种生活方式[9]。

同时，互联网企业也依靠强大的平台力量监督公益机构和公益项目，使其更加专业化和透明化。互联网公益平台加强对公益项目的审核，推出一系列透明化项目并不断升级，监督公益机构爱惜羽毛，做好“专业披露、透明呈现”，要求公益机构履行信息公开的义务，主动接受社会监督，最终给捐款人一个满意的交代。一个理性的、专业的组织，才能高效利用捐赠，维护好自己的公信力，进而获得公众的支持。互联网企业助力公益机构规范、透明发展，进而促进公益文化进一步向理性公益发展。

尾声 理性公益，久久为功

2018年9月5日，就在本书撰写接近尾声之际，第四届“99公益日”正式启动。启动仪式上，陈一丹做了题为《理性公益正当时》的致辞。陈一丹先生基于“99公益日”四年的发展历程，认为中国互联网公益到了新的历史转折点。如果说过去互联网公益的成功在于激发了广大民众的公益激情，那么下一个十年的核心与关键，就在于要将这种突发的激情升华为持久的“理性公益”，而腾讯公益未来将着重致力于此，在便捷、透明、开放的公益平台基础之上，进一步做好行业的基础建设、连接器、工具箱，从而全方位帮助中国公益行业实现从自发到自觉、从感性到理性、从热情到专业的发展过程，打造科技时代下的“理性公益”。

以下来自陈一丹先生的致辞：

1. 升级透明制度，巩固公益生态根基

2018年“99公益日”，为了进一步推动公益行业的透明化制度建设，腾讯公益从“99公益日”规则共建、产品透明度组件升级到“回响计划”项目披露，用技术手段让每一份善心源于情怀，更源于对项目的信任，从而付诸行动让社会问题得以更好地解决。

在规则上，2018年“99公益日”开门取经，让各方参与者一起制定规则，共推互联网公益健康发展。2018年的活动跨度近3个月，先后举办思想汇沙龙、线上公开征集、规则委员会提案会、规则委员会专业评审会，近80位“99公益日”参与者、学者、专家、媒体、咨询、律师等行业内外伙伴参与建言，收集到线下线上231条建议。经过专家的评审与意见，最终形成2018年“99公益日”规则。

在产品上，腾讯公益平台在过去11年中不断探索，用技术的手段让不同的公益项目透明地呈现在公众面前。2018年财务披露组件再升级：腾讯公益引入专业第三方——德勤，帮助公益伙伴高效做好“专业披露、透明呈现”。

在项目上，2018年“99公益日”发起“回响计划”，针对过去受较大关注的公益事件，通过视频记录，为大家带去项目的透明改变；同时，从单个项目的改变，引发大家对社会问题的关注与思考。

我们在一届又一届的“99公益日”中，不断查缺补漏，固化点滴成果，使之成为制度性安排，让数亿用户的每一份善念都能发于真心、成于理性、恒于透明。

2. 推动全民互动，促进生活美好改变

2018年“99公益日”通过多种多样的方式，打造多元化的公益参与场景；借助企业、媒体、腾讯自身产品的合力，将“99公益日”的影响力从线上延展至线下，从公益行业延伸到社会大众，从公益平台拓展到社区邻里。

2018年，还增加家乡公益、爱心加倍卡、集小红花、捐行为公益、明星短视频互动等新功能，意在用轻松互动的形式

发动全国数亿热爱公益的网民便捷、快乐、理性参与公益。“99公益日”把公益融入原生场景里，从衣食住行出发，将公益和人们日常休闲场景相结合，让公益就在身边。

各类慈善公益组织机构是公益发展、连接大众的核心纽带和关键力量。组织强则事业兴。2018年，腾讯基金会将继续拿出2亿9 999万元配捐金额，另外新增1亿元作为支持慈善公益组织的成长基金。

无论是科技、教育还是公益，都殊途同归，我们的愿景都是让社会变得更加美好。线上线下融合交互，将各方爱心汇聚成革新力量，必将梦想变成现实。

3. 让“理性公益”成为主旋律，世界和你紧密相连

4年间，“99公益日”经历今非昔比的快速成长，也带动一代网民的公益理念实现了“由指尖，到心间”的转变。公益由指尖开启，逐渐沉淀为心间的理性，让一时感动变为长久习惯，由情怀驱使走向理性判断。所以，我们认为“理性公益”将成为公益行业下一波的核心与关键。

腾讯公益上线“冷静器”功能，就是“理性公益”的新尝试。“冷静器”意在鼓励用户捐款前多想一秒，多查看项目具体情况，理性捐助。

在互联网行业有一个规律：交互链条每多一个步骤，往往会不可避免地流失用户。甚至有人说“冷静器”是“首个拦着不让你捐款”的功能。“冷静器”上线半年，平台的捐款率虽然有一定的下降，但“推动公益透明”这件事，我们必须得做。

我们发现，善良的产品更能帮助发现善良的心。透明、有

效，是每个人内心深处的期许，过去你看到一个项目是心动，现在通过理性的捐助，你可以做到的还有伴随小孩成长，可以去提建议，可以去持续捐款，看到更多公益里的自己。

再以“家乡公益”为例，远赴繁华城市打工的你，无论多远，家乡依然是你依恋的地方。你可以去关心家乡的发展，带动身边的人反哺家乡。这也是每个人内心与世界连接的累积和成长。

“99公益日”走到第四年，我们更加鼓励项目通过完备的理念、高效的执行和透明的反馈去获得更多公众的支持和认可。在这个过程中，不能得到公众信任的项目就会慢慢被淘汰。

可以预见，平台将迎来一个整理期，这是生态良性循环的必经过程，也是新的机遇。我们可以更加沉下心来，继续完善互联网公益的基础设施建设，创新互联网平台，推动行业进一步提升，以理性公益为未来蓄力。

理性公益，由情感出发，走向理性持续，不是关心公益的数字欢呼，而是专注于公益的理性循环。锲而不舍，驰而不息。持之以恒，久久为功。

附录　中国互联网公益大事记（1995—2018）

2018 年

● 12 月：由腾讯基金会主办的第三届互联网公益峰会召开，展望互联网公益未来发展。

● 9 月：民政部印发《“互联网＋社会组织”行动方案（2018—2020 年）》，官方进一步推动“互联网＋”社会公益事业的全面深入发展。

● 9 月：腾讯获评第十届中华慈善奖，“互联网＋公益”模式受肯定。

● 9 月：2018 年“99 公益日”举行。本次“99 公益日”首倡“理性公益”理念，公众参与再创新高，同时有超过 2 000 家企业参与。

● 9 月：蚂蚁森林宣布推出“绿色星球计划”，让低碳融入生活日常。

● 8 月：水滴筹与北京市红十字血液中心联合推出全国首个网络无偿献血“筹血季”项目。

● 7 月：菜鸟牵头发起为期一周的城市超人补给站活动。

● 6 月：腾讯公益联合中国文物保护基金会、中国敦煌石窟保护研究基金会、敦煌研究院以及新华公益，发起敦煌“数字供养人”互联网公益活动。

● 6 月：生态环境部宣传教育中心、阿里巴巴公益基金会、高德地图三方联合发布“美丽中国，我是行动者”互联网公众参与平台——环境地图，在高德地图客户端正式上线。

● 6 月：高德地图推出“身边公益地图”，打开导航地图即可查看身边公益项目。

● 5 月：民政部公布第二批互联网募捐信息平台，新增美团、滴滴、水滴公益等 9 家平台。

● 5 月：中华儿慈会“E 公益联盟”在京启动。

● 4 月：联合国环境署和微博宣布联合发起设立中国地球卫士青年奖。

● 4 月：腾讯公益发起首个“行为公益季”。“行为公益季”是“99 公益日”外又一个连接企业、用户、公益机构的全民参与性互联网公益项目，其首届主题为“走路就是做公益”。

● 3 月：2018 年腾讯公益“透明组件”发布，对 2017 年“透明组件”进行了大幅升级，细化了不同类型机构的信息披露规则，并推出捐赠“冷静器”功能。

● 2 月：中国联通联合中国儿童少年基金会发起公益主题活动“1M 流量向留守儿童捐赠生活包”。

● 1 月：支付宝官方宣布上线公益账户，每个普通用户的公益足迹和爱心“资产”均可被记录和查询。

2017 年

● 12 月：阿里巴巴脱贫基金正式启动，欲探索“互联网＋脱贫”的新模式。

● 11 月：社会公益自然保护地联盟大会在北京召开。腾讯、阿里巴巴等成员机构，分享了互联网公益在自然保护领域的应用与经验。

● 10 月：京东公益首次“出海”，开通海外捐赠渠道。

● 9 月：今日头条推出以“一分钟，一份爱”为主题的“捐时间”公益项目。用户在今日头条 APP 上的阅读时长将自动转化为“公益金”，可随时兑换为救助物资。

● 9 月：阿里巴巴集团联合“CCTV 慈善之夜”发起“95 公益周”，并发起“人人3小时，公益亿起来”的倡议。

● 9月：美团、饿了么分别设立“青山计划”专项基金、“蓝色星球”计划，倡导公众关注生态环境，参与环境保护。

● 9月：2017年“99公益日”举行，首创“捐公益币”等指尖公益新玩法，“99公益日”公众捐赠首次大幅超过配捐。

● 8月：由爱佑基金会和WABC无障碍艺途共同发起的“小朋友画廊”项目在微信朋友圈广泛传播，在24小时内筹集资金超过1 500万元，成为公益爆款。

● 7月：腾讯公司发起“长城你造不造”计划，结合自身业务与平台优势，运用互联网科技保护与传承长城文化。

● 7月：中国扶贫基金会、阿里巴巴和蚂蚁金服三方共同发起“顶梁柱”公益项目。

● 7月：民政部再次出台《慈善组织互联网公开募捐信息平台基本技术规范》和《慈善组织互联网公开募捐信息平台基本管理规范》两项推荐性行业标准。

● 7月：蚂蚁金服在旗下支付宝平台上线“蚂蚁庄园”。

● 6月：腾讯基金会发起的第二届中国互联网公益峰会在北京举行，邀请60家主流机构共襄共议互联网公益未来。

● 5月：腾讯可信区块链方案落地“公益寻人链”，连接腾讯内部多个寻人平台。

● 5月：ofo宣布接入公安部儿童失踪信息紧急发布平台“团圆”系统3.0版。

● 4月：“人人公益”假冒公益非法集资10亿元被查封，广东省公安厅“飓风5号”打击网络传销和非法集资活动告捷，共侦破相关案件60余宗，涉案金额60余亿元。

● 3月：腾讯公益推出“透明组件”，成为首家推出结构化、系统化的信息公开准则的互联网公益平台，并依据“透明组件”制定了“99公益日”准入规则。

● 3 月：以“物爱相连”为主题的“京东公益物资募捐平台”发布会在京举行。

● 2 月：暖东京东公益互联网资金募捐平台正式对外发布。

● 1 月：北京世纪好未来教育科技有限公司上线“希望在线”教育公益平台。

2016 年

● 12 月：支付宝医疗服务平台上线“器官捐赠登记”功能。

● 12 月：支付宝首个区块链公益项目面世。

● 11 月：新华公益在线募捐服务平台正式上线。

● 9 月：2016 年“99 公益日”举行，腾讯公益优化捐赠和配捐规则，引入企业配捐，逾 3 600 个公益项目得到资助。

● 9 月：《中华人民共和国慈善法》9 月 1 日起正式实施，其中对网络募捐做了明确规定。

● 8 月：蚂蚁金服在旗下支付宝平台上线“蚂蚁森林”，通过虚拟“碳账户”促使用户参与环保公益活动。

● 8 月：民政部发布了《民政部关于指定第二批慈善组织互联网募捐信息平台的公告》，腾讯公益、淘宝公益、蚂蚁金服公益、新浪微公益等 13 家平台获官方认定。中国互联网公益行业进入了规范化发展阶段。

● 7 月：中国首届全球 XIN 公益大会在杭州召开，旨在鼓励草根公益组织，支持全球环保行动，关心中国 4 000 余万乡村儿童和乡村教师。

● 7 月：菜鸟网络启动中国首个实现捐赠物全流程追踪的在线捐赠系统——“一键公益”项目。

● 7 月：滴滴启动里程捐赠项目，帮助用户实现“出行即捐赠”。

● 6 月：菜鸟网络联合全球 32 家物流合作伙伴启动致力于减少快递业碳排放和资源浪费的“绿动计划”。

- 6月：由腾讯基金会、南都基金会、陈一丹基金会联合倡导发起的首届中国互联网公益峰会于深圳举办。国内39家公益机构的第一负责人齐聚深圳，以“新环境下，社会组织的新机遇与新挑战”为主题进行了深度讨论。
- 6月：腾讯联合国内20余家主流媒体，共同发起“中国互联网公益媒体联盟”。
- 6月：大病社交筹款工具——“水滴筹”创立。
- 5月：公安部儿童失踪信息紧急发布平台“团圆”系统正式上线，儿童失踪信息的发布有了官方渠道。
- 5月：高德地图发起“走失儿童”公益活动。
- 5月：百度携手青基会启动全国首个“智能微校”项目，旨在解决偏远地区学校的发展问题。
- 4月：腾讯推出“守护者计划”，打击电信网络诈骗。
- 4月：阿里巴巴联合中国扶贫基金会、爱德基金会和中华少年儿童慈善救助基金会共同开启“公益宝贝2.0”计划。
- 2月：今日头条发起面向全国的公益寻人项目——头条寻人。

2015年

- 12月：阿拉善SEE基金会携手腾讯电脑管家、手机管家以及腾讯基金会，发起治理三江源垃圾污染的“清理＋”行动。
- 12月：阿里巴巴集团与中国残疾人联合会共同开启“橙就未来”互联网助残就业计划。
- 11月：我国首款儿童失踪微信预警平台“中国儿童失踪预警平台”上线。
- 9月：腾讯公益联合数百家公益机构、知名企业、明星名人、顶级创意传播机构共同发起首届“99公益日”，旨在通过移动支付、社交场景和趣味互动发动网友以轻量、便捷、快乐的方式参与公益，同时引入配捐机制，激发了公众参与热情。首届“99公益日”爱心网友捐款1.279亿元，共有205万人次参与捐款。

● 8月：腾讯公益推出“运动捐步”，用户可以将积累的步数捐出，由企业进行配捐，开启行为公益浪潮。

● 8月：大病救助筹款平台“轻松筹”上线。

● 7月：京东众筹正式启动“公益众筹＋”计划。

● 6月：滴滴打车、招商地产与中国社会福利基金会“免费午餐基金”共同发起“家在情在，一路同行”公益活动。

● 5—8月：2015腾讯益行家古长城户外挑战赛举行。本届益行家活动的主题是“关注行走、关注长城”。经过前期筹款比赛后，共有300支队伍共1 200人参与了于甘肃张掖举行的本届益行家挑战赛。

● 5月：百度携手世茂集团、上海慈善基金会等再度开启“公益一小时”，为“重症孤儿”筹款。

2014年

● 11月：腾讯“为村”移动互联网乡村计划出炉。

● 10月：QQ推出“QQ全城助力”，在“黄金72小时”中拯救被拐儿童。

● 10月：阿拉善SEE“穿越贺兰山”为环境治理进行公益筹款。

● 9月：微信发起“The Voice Donor：为盲胞读书”公益活动。

● 8月：腾讯公益微信平台“一起捐”上线，这是基于社交关系链的全新劝捐模式。

● 8月：关注罕见病渐冻人的冰桶挑战赛风靡中国。

● 5月：QQ邮箱、腾讯公益共同发起“最亮的明天”暖灯行动，用户通过删除旧邮件节约能源的方式置换爱心，由腾讯公益捐资帮助贫困地区的学校改善照明环境。

● 3—7月：2014腾讯益行家挑战赛举行。活动联合全国15所知名高校，号召在校大学生及往届校友参加为期两个月的筹款比赛，为100所“益行运动场”募集善款。最终，每校选出1支代表队参加于西藏林芝举行的益行家藏地益行挑战赛。

● 1月：深圳壹基金公益基金会通过微信AA收款发起了“为火灾儿童筹集壹基金温暖包”的募捐活动。

2013年

● 10月：新浪微博正式启动“微博益起来”大型公益活动，倡导全民公益。

● 9月：友成企业家扶贫基金会开始“双师教学”试点，探索基于远程视频的双教师教学模式。

● 9月：“壹基金月捐”正式入驻支付宝钱包。

● 6月：互联网捐步平台之行善APP上线。

● 4月：四川雅安地震发生30多小时后，百度上线“全网寻人平台”。

● 1月：腾讯基金会举办“腾讯月捐亿力量媒体发布会”，宣布腾讯公益平台捐赠总额突破1个亿。在发布会上，陈一丹提出“全平台公益”的理念，开放腾讯全产品拥抱公益，并携手全行业，共建全平台公益生态。

2012年

● 12月：中基透明指数（FTI）首次发布，成为衡量基金会透明程度的重要指标。

● 6月：腾讯“筑梦新乡村”项目启动，计划5年投入5 000万元。

● 6月：百度和80万家百度联盟伙伴共同发起“百度公益一小时”活动，传递爱心公益力量。

● 5月：“微博打拐公益基金”设立。

● 2月：新浪微公益正式上线，提供“一站式”救助服务。

● 1月：互联网公益联盟成立，成为首个由行业协会发起的互联网行业公益组织。

2011 年

● 12 月：阿里巴巴集团成立民间慈善基金会——阿里巴巴公益基金会。

● 11 月：上海联劝公益基金会发起公益徒步筹款活动“一个鸡蛋的暴走”。

● 6 月：郭美美事件在新浪微博发酵，引发公众广泛关注和讨论。

● 4 月：百度公益开放平台上线，推动中国公益事业信息化进程。

● 4 月：搜狐宣布以搜狐微博为平台发起“搜狐微博随手公益平台”，同时宣布成立“搜狐随手公益基金”项目，推动民间公益发展。

● 2 月：百度正式推出“百度寻人”公益互动开放平台。

● 2 月：“随手拍照解救乞讨儿童”微博引发“微博打拐”事件。

● 1 月：北京百度公益基金会经北京市民政局审核批准成立。

2010 年

● 9 月：阿里巴巴开放淘宝公益平台，更多公益机构开始加入。淘宝网捐款 1 000 万元，在中国红十字会总会设立“中国红十字会·淘宝公益基金”。

● 8 月：百度发起了北京百度公益基金会。

● 8 月：全国首个公益互动社区向日葵俱乐部上线。

● 7 月：由 35 家知名基金会联合发起的基金会中心网上线，其宗旨是建立基金会行业信息披露平台，提供行业发展所需的能力建设服务，促进行业自律机制形成和公信力提升。

● 3 月：众多网站和媒体参与“地球一小时 2010”活动。

● 1 月：腾讯网友爱心基金启动。

2009 年

● 12 月：资助型公募基金会——上海联劝公益基金会成立。

● 8 月：搜狐网、安利和中华环境保护基金会举行搜狐白社会“绿光森林”环保公益项目活动，活动提倡低碳、环保的生活方式。

● 7月：爱德与腾讯公益正式共同发起“网助成长——e万行动农村孤儿助养项目”月捐计划。

● 6月：腾讯公益慈善基金会发起“腾讯新乡村行动”，通过腾讯的网络资源、平台优势和影响力，为西部贫困地区的教育和经济发展提供长期支持。

● 5月：“腾讯月捐”正式上线，多家知名公益机构在腾讯公益平台推出月捐项目。

● 3月：中国绿化基金会启动中国网络植树节。

● 3月：“地球一小时”活动首次来到中国，“熄灯一小时”关注气候变化问题。

2008年

● 11月：陈一丹首次提出“公益2.0”的理念。“公益2.0”指的是通过对互联网技术和传播优势的利用，打造“人人可公益，民众齐参与”的新型公益模式。

● 10月：中国扶贫开发协会村络工程办公室联合搜狐公司共同举办“网络传递更多爱绿色电脑扶贫行动”活动。

● 6月：通过腾讯网络捐赠平台，爱德基金会与腾讯公益共同发起对“e万行动”孤儿的助养项目。

● 5月：易宝公益圈创立，以电子支付推动网上捐款和互联网公益事业发展。

● 5月：汶川地震期间，腾讯财付通、支付宝等紧急开通网络捐赠渠道，到年底网络募款超6 000万元。

2007年

● 12月：中国社会工作协会和搜狐公司共同发起“爱在蓝天下”公益宣传活动。

● 6月：腾讯公益慈善基金会成立，这是中国互联网公司在民政部注册的第一家全国性非公募基金会，并推出腾讯公益平台。

● 6月：搜狐正式成立中国首个“博客基金”；推出了搜狐公益博客群，这是中国首家以博客为载体的专业公益平台。

● 5月：暴风影音、快车联手金山毒霸等知名软件共同启动“中国电影万里行”活动。

● 4月：搜狐博客建立第一个互联网公益博客群，弥补了公益频道的不足。

2006年

● 12月：中国红十字会在全国范围发起“魔豆宝宝爱心工程”。

● 11月：首个旨在净化网络空间的互联网公益品牌“净蓝丝带”正式推出。

● 9月：搜狐公益频道以专题形式建立，成为首个商业网站的专门公益频道。

2005年

● 12月：名为“魔豆宝宝小屋”的网店在互联网上出现，癌症晚期店主逐渐获得网友关注。

● 5月：中国互联网协会组织开展了“互联网公益日”活动。

● 3月：“救救翔子”慈善捐款活动由搜狐与环球先锋报共同策划，搜狐邀请合作伙伴NBA的知名球星共同参与，网上发起为“翔子”捐款的活动。

● 3月：搜狐发起“心系西藏 情暖学子”捐赠活动，向西藏登山学校捐助电脑200余台，用于改善西藏地区的电化教学条件，推动西藏网络教育普及。

● 1月：搜狐网、《明星-BIGSTAR》、《娱乐现场》联合发起倡议，搜狐网、光线传媒、中华慈善总会、国家广电总局、中国明星羽毛球队联合举办为东南亚海啸受灾国家赈灾活动。

2004 年

● 10 月：民政部开通中国第一个政府公益网站“中国捐助网”。

● 8 月：搜狐广东站与南方都市报携手，开展网上“责任中国”有奖主题征文活动。

● 7 月：广东省开平市网民张妙娥在天涯社区实名发布一则名为《全天下的朋友恳请进来》的帖子，是国内首个有记录的个人利用网络求助实现规模性募款的案例。

● 3 月：国务院发布《基金会管理条例》，并于 2004 年 6 月 1 日起施行；《条例》对基金会的类型做出明确区分，具有公募资质的基金会才能开展公开募捐。

2003 年

● 5 月：“非典”肆虐期间，腾讯公司为小汤山医护人员提供专用的 QQ 号码用于即时共享医疗信息，并通过 QQ 视频与家人进行安全交流，这是国内最早的社交与公益结合的案例。

● 5 月：“奉献爱心，抗击非典”倡议出台——搜狐联合中华慈善总会等公益组织，向全国社会公益组织、社区组织和广大志愿者发布抗击“非典”倡议书。

2002 年

● 12 月：搜狐以“母亲水窖”工程独家网络合作单位身份，与中国妇女发展基金会、中青在线联手发起“倾情慕水”公益行动。

● 5 月：地方门户网站千龙网专门开通了整合公益信息的公益频道，成为中国网络媒体第一个综合性公益频道。

2001 年

● 6 月：安利（中国）举办“生命 20 小时”——海峡两岸拯救江苏省白血病患者陈霞的公益行动。

● 1 月：新版“上海市慈善基金会网站”（scf. 88547. com）正式开通，网站常年设有网上助学、网上助困、在线捐赠以及在线申请等项目。

2000 年

● 4 月：搜狐与中国青少年发展基金会推出“保护母亲河——绿色希望工程‘搜狐网友爱心行动’”，通过搜狐网动员全社会各阶层，以“五元钱一棵树，两百元一亩林”的捐款方式，捐建“保护母亲河——绿色希望工程‘搜狐网友爱心林’”。

1999 年

● 6 月：《公益事业捐赠法》发布，自 1999 年 9 月 1 日起施行。

● 3 月：天涯社区成立之初就涉及公益慈善领域，开设了天涯互助板块；后先后于 2001 年、2005 年和 2009 年，分别开设了环保先锋、志愿者和公益同行等板块。

1998 年

● 11 月：“绿色北京”建立，这是最早发源于互联网的中国民间环保组织。

● 10 月：《民办非企业单位登记管理暂行条例》发布并施行。

1995 年

● 2—4 月：山东姑娘杨晓霞疑病救助与清华女生朱令铊中毒确诊，借助互联网成“善举”，是我国互联网公益的启蒙性事件。

注　释

前言

［1］“Of this kind is pity or compassion… ［t］he greatest ruffian，the most hardened violator of the laws of society，is not altogether without it.” SMITH A. The Theory of Moral Sentiment ［M］，1759.

［2］MURPHY C. Are We Rome? The Fall of an Empire and the Fate of America ［M］. Wilmington：Mariner Books，2007.

［3］NIEDERER F J. Early Medieval Charity ［J］. Church History，1952，Vol. 21，No. 4：285－295.

［4］DAVIS A J. The Social and Religious Meanings of Charity in Medieval Europe ［J］. History Compass，2014，Volume 12，Issue 12：935－950. http://doi.org/10.1111/hic3.12207.

［5］这里的《公益用益法》为英国议会通过的 Act（43 Eliz I，c. 4）。

［6］CARNEGIE A. The Gospel of Wealth ［J］. North American Review，1889，Vol. 148，Issue 391：653－665.

［7］KOLBERT E. Gospels of Giving for the New Gilded Age，Are today's donor classes solving problems or creating new ones? ［J］. The New Yorker，American Chronicles，August 27，2018 Issue.

［8］DAVIS K. Tycoon Medievalism，Corporate Philanthropy，and American Pedagogy [J]. American Literary History，2010，Vol. 22，No. 4（Medieval America）：781－800.

[9] ANHEIER H K. Nonprofit organizations：theory，management，policy [M]. New York：Routledge，2005.

[10] https://nccs. urban. org/data-statistics/quick-facts-about-nonprofits.

[11] These obligations were categorised in the twelfth century by the theologian and jurist Maimonides，in Mishneh Torah，a guide to the laws of Judaism. Here he set out "eight degrees of charity"，where the least meritorious is giving grudgingly and the highest level of generosity is to give someone a job or help in some other way to make them self-supporting. Maimonides also encouraged anonymous giving.

[12] ICNPO，International Classification of Nonprofit Organizations，国际非营利组织分类，是约翰·霍普金斯大学的非营利部门比较项目的研究成果之一，后收录在联合国（2002）《非营利机构手册》（Handbook on Nonprofit Institutions）中。

楔子：被“画”卷入公益活动的你

[1] 郑晶敏. 半天筹款 1 500 万，刷屏社交圈的“小朋友画廊”有何秘诀 [EB/OL]. 第一财经周刊.（2017－08－31）[2018－09－30]. https://www. cbnweek. com/articles/normal/18602.

[2] 闵文，殷盛琳. 小朋友画廊：你可能有的质疑回应都在这里 [EB/OL]. 南都周刊.（2017－08－30）[2018－09－30]. http://news. ifeng. com/a/20170830/51802130_0. shtml.

[3] 项仙君. “一元购画”刷屏，发起人苗世明：“罗一笑事件”不会重演 [EB/OL]. 南方网.（2017－08－29）[2018－09－30]. http://kb. southcn. com/content/2017－08/29/content_176938085. html.

[4] 腾讯公益的传统与特色 [EB/OL]. 腾讯公益网.（2007－07－18）[2018－10－10]. http://gongyi. qq. com/a/20070718/000017. htm.

第一章 中国互联网公益大史记

[1] 瀛海威 [EB/OL]. 维基百科. (2018-07-26) [2018-09-30]. https://zh.wikipedia.org/wiki/瀛海威.

[2] Graham Cormode and Balachander Krishnamurthy. Key differences between Web 1.0 and Web 2.0 [D/OL]. First Monday, Volume 13 Number 6, 2 June 2008. [2018-09-30]. http://firstmonday.org/ojs/index.php/fm/article/view/2125/1972.

[3] Darcy DiNucci. Fragmented Future [J/OL]. Print Magazine, 1999 (4): 32. [2018-09-30]. http://darcyd.com/fragmented_future.pdf.

[4] Tim O'Reilly. What Is Web 2.0 [EB/OL]. O'Reilly Media. (2005-09-30) [2018-09-30]. https://www.oreilly.com/pub/a/web2/archive/what-is-web-20.html.

[5] 5 main features of Web 3.0 [EB/OL]. ExpertSystem. (2017-01-31) [2018-09-30]. https://www.expertsystem.com/web-3-0/.

[6] 黄向东. 从杨晓霞、朱令的网络求医到医学信息传递站 [J/OL]. INTERNET 世界, 1996 (2). http://www.cqvip.com/read/read.aspx? id=2415807.

[7] 北京市互联网信息办公室, 首都互联网协会. 互联网公益影响力 [M]. 北京: 北京日报出版社, 2015.

[8] 李健. 千龙网正式开通综合性公益频道 [EB/OL]. 北京晨报. (2002-05-26) [2018-09-30]. http://tech.sina.com.cn/i/c/2002-05-26/117259.shtml.

[9] 2005 年互联网公益日捐助及表彰情况介绍 [EB/OL]. 中国互联网协会. (2007-04-28) [2018-09-30]. http://www.isc.org.cn/gyjs/hlwgyr/listinfo-1916.html.

[10] 关于搜狐, 企业公民 [EB/OL]. 搜狐. (2018-09-30) [2018-09-30]. http://corp.sohu.com/s2006/qiyegongmin/index.shtml.

[11] 天涯简介 [EB/OL]. 天涯. (2018-09-30) [2018-09-30]. http://help.tianya.cn/about/history/2011/06/02/166666.shtml.

[12] 天涯公益 [EB/OL]. 天涯公益. (2018-09-30) [2018-09-30]. http://gongyi.tianya.cn/.

[13]《求助帖杂谈惊现》后续报道：关注张妙娥 [EB/OL]. 天涯. (2004-07-06) [2018-09-30]. http://bbs.tianya.cn/m/post-lookout-213-1.shtml.

[14] 2006年及以前腾讯公益大事记 [EB/OL]. 腾讯公益. (2018-09-30) [2018-09-30]. http://gongyi.qq.com/tccf/memo/memo_2006.htm.

[15] 马化腾：春节期间微信全球月活跃用户数破10亿 [EB/OL]. 腾讯科技. (2018-03-05) [2018-09-30]. http://tech.qq.com/a/20180305/005666.htm.

[16] 中国灵山公益慈善促进会. "2008—2018中国公益慈善十年十大热点"评选结果出炉 [EB/OL]. 中国发展简报. (2018-06-25) [2018-09-30]. http://www.chinadevelopmentbrief.org.cn/news-21489.html.

[17] 腾讯公益慈善基金会介绍 [EB/OL]. 腾讯基金会. (2018-09-30) [2018-09-30]. http://gongyi.qq.com/jjhgy/about/about.htm.

[18] 公益时报. 汶川地震十周年系列：中国公益十年数据观察 [EB/OL]. 凤凰网公益. (2018-05-13) [2018-10-05]. https://gongyi.ifeng.com/a/20180514/44990609_0.shtml.

[19] 中国灵山公益慈善促进会. "2008—2018中国公益慈善十年十大热点"评选结果出炉 [EB/OL]. 中国发展简报. (2018-06-25) [2018-09-30]. http://www.chinadevelopmentbrief.org.cn/news-21489.html.

[20] 互联网推动中国"平民慈善"通过支付宝向玉树捐款 [EB/OL]. 人民网. (2010-05-06) [2018-10-05]. http://media.people.com.cn/GB/40606/11532136.html.

[21] 什么是公益宝贝 [EB/OL]. 淘宝网服务中心. (2018-10-05) [2018-10-05]. https://service.taobao.com/support/main/help_quick_new.htm?spm=323.93297.437447.11.37849a9dVQ4CRm&sceneSeq=&q=%25E5%2585%25AC%25E7%259B%258A%25E5%25AE%259D%

25E8%25B4%259D.

[22] 羊城晚报. 郭美美事件 3 天毁掉红会 100 年 [EB/OL]. 新浪新闻. (2011-11-16) [2018-10-05]. http://news.sina.com.cn/o/2011-11-16/150623476066.shtml.

[23] 东方早报. 新浪微博注册用户突破一亿 [EB/OL]. 新浪财经. (2011-03-03) [2018-10-05]. http://finance.sina.com.cn/stock/usstock/c/20110303/03199462932.shtml.

[24] 微公益 [EB/OL]. 新浪公益. (2013-09-25) [2018-10-05]. http://gongyi.sina.com.cn/gyzx/2013-09-25/145745632.html.

[25] 麦肯锡. 数字时代的中国：打造具有全球竞争力的新经济 [EB/OL]. 中国产业经济信息网. (2017-12-12) [2018-10-05]. http://www.cinic.org.cn/hy/yw/412981.html.

[26] 中国慈善家. “冰桶挑战”一周年 814 万究竟花哪去了 [EB/OL]. 中国青年网公益频道. (2015-08-05) [2018-10-05]. http://gy.youth.cn/lyb/201508/t20150805_6964746.htm.

第二章　互联网公益平台的兴起

[1] 美通社. 5·12 汶川地震一周年易宝公益圈再掀网民捐赠热潮 [EB/OL]. (2009-05-12). https://www.prnasia.com/story/19673-1.shtml.

[2] 微博（microblog）是一种允许用户即时更新简短文本（通常少于 140 字）并可以公开发布的微型博客形式。它允许任何人阅读或者只能由用户选择的群组阅读。随着发展，这些消息可以通过很多方式发送，包括短信、即时消息软件、移动应用程序、电子邮件或网页。一些微博也可以发布多媒体内容，如图片或影音剪辑等。本章节中论述的微博微公益指由新浪微博发起的互联网公益平台，“微博”一词特指新浪微博。

[3] 语出约翰·多恩创作的布道词《没有人是一座孤岛》(No Man Is An Island)。

[4] 新浪公益. 互联网公益让人的善良有处安放 [EB/OL]. (2018-02-

26). http://gongyi. sina. com. cn/gyzx/2018-02-26/doc-ifyrwsqi3139093. shtml.

［5］瓷娃娃罕见病关爱中心成立于 2008 年 5 月，是一个从事公益性、非营利性社会工作的民间公益组织，致力于为罕见病群体开展关怀和救助服务。

［6］中国互联网络信息中心. CNNIC 发布《第 19 次中国互联网络发展状况统计报告》［EB/OL］.（2007 - 01 - 23）. http://www. cnnic. cn/gywm/xwzx/rdxw/2007nrd/201207/t20120710_31508. htm.

［7］截至 2018 年 10 月 8 日，腾讯公益平台历史善款总额达到 4 726 049 239 元，历史爱心总人次达到 204 846 683，数据来自腾讯公益官网，https://gongyi. qq. com/.

［8］“差序格局”一词是费孝通先生提出的，旨在描述亲疏远近的人际格局，如同水面上泛开的涟漪一般，由自己延伸开去，一圈一圈，按距离自己的远近来划分亲疏。

［9］本小节节选自阿里巴巴公益. 众益时代：2016 阿里巴巴公益报告［EB/OL］，2016. http://www. alijijinhui. org/Uploads/file/20161213/584fbc06d4dd2. pdf.

［10］三晋都市报. 蚂蚁金服公益平台捐赠人次超 2 亿［EB/OL］.（2017-09-06）. http://www. sohu. com/a/190029846_102825.

［11］中华网. 3 亿蚂蚁森林用户年种树百万亩系国土绿化行动［EB/OL］.（2018-03-12）. http://news. china. com/socialgd/10000169/20180312/32179027. html.

［12］以新浪、搜狐为代表的“四大门户”网站，是信息资讯业务形态的代表；携程、艺龙等服务预订平台是互联网在线预订业务形态的代表；美团、滴滴是本地生活服务 O2O 平台的代表；“互联网＋实体产业”的代表企业以非互联网企业居多，如海尔、优衣库等。

第三章　公益机构的互联网“阵痛”与“转型”

［1］中国境内的公益机构主要由基金会、社会团体、民办非企业单位和境外基金会驻中国代表机构四大类构成。本章内容主要聚焦于基金会、社会

团体和民办非企业单位这三类机构。

［2］杨团. 慈善蓝皮书：中国慈善发展报告（2017）［M］. 北京：社会科学文献出版社，2017.

［3］按照资金使用方式划分，基金会可以分为资助型基金会、运作型基金会和混合型基金会。资助型基金会将筹集到的资金主要用于资助其他公益机构运作公益项目，运作行基金会主要将资金用于基金会自有公益项目的运作和开展，混合型基金会则是前两者兼而有之。资助型基金会虽然在我国起步较晚，但却是公益生态的重要组成部分。在我国，资助型基金会大部分是非公募基金会。近年来，一些大型的传统公募基金会也开始积极转型为运作型或混合型基金会。

［4］闫冰. 做公益没钱？资助型基金会在这里！［EB/OL］. 公益时报.（2015-07-22）.［2018-09-30］. http://news.foundationcenter.org.cn/html/2015—07/92131.html.

［5］联合劝募在狭义上是指通过一个专责募款的机构，有效地集结社会资源，通过专业的、高度问责的方式将资源按需分配给合格的公益组织，并且代替捐赠人监督善款使用情况的筹款模式。这种模式发源于英国，在西方国家的公益生态中扮演重要的角色。由于国情的不同，联合劝募在我国的实践与西方国家有一定的差别。在本书中，联合劝募是指公募机构通过共享公募权与非公募机构合作，共同进行筹款的模式。

［6］数据来源：腾讯公益平台.

［7］中国扶贫基金会携手有赞，探索“互联网＋扶贫”［EB/OL］. 站长之家.（2017-03-01）［2018-09-30］. http://www.chinaz.com/news/2017/0301/665729.shtml.

［8］中国扶贫基金会. 中国扶贫基金会年度报告［R］. 北京：中国扶贫基金会，2018.

［9］［10］中国扶贫基金会携手有赞，探索“互联网＋扶贫”［EB/OL］. 站长之家.（2017-03-01）［2018-09-30］. http://www.chinaz.com/news/

2017/0301/665729. shtml.

[11] 数据来源：腾讯公益平台. 本书中的机构和项目在腾讯公益筹款数据均为机构从腾讯公益接收善款数据，未减去后期用户申请的退款。

[12] [13] 数据来源：中国扶贫基金会.

[14] 腾讯 QQ、腾讯公益打破吉尼斯世界纪录 [EB/OL]. 腾讯公益. (2015-01-30) [2018-09-30]. https://www. chinaz. com/news/2015/0129/381526. shtml.

[15] 区块链实时图 [Z/OL]. 爱佑慈善基金会. [2018-09-30]. http://blockchain. ayfoundation. org/indexPC. html.

[16] 数据来源：阿拉善 SEE 基金会.

[17] "创绿家"项目 [EB/OL]. 阿拉善 SEE 基金会. (2015-10-26) [2018-09-30]. http://www. see. org. cn/Foundation/Article/Detail/25.

[18] 阿拉善 SEE 基金会. 阿拉善 SEE 基金会 2017 年度年报 [R]. 北京：阿拉善 SEE 基金会，2018.

[19] 数据来源：阿拉善 SEE 基金会.

[20] 数据来源：腾讯公益平台.

[21] [22] [23] 数据来源：阿拉善 SEE 基金会.

[24] 蔚蓝地图："互联网+环保"的能量 [EB/OL]. 新浪公益. (2016-11-14) [2018-09-30]. http://gongyi. sina. com. cn/gyzx/2016-11-14/doc-ifxxsmif2988443. shtml.

[25] 阿拉善 SEE 基金会. 阿拉善 SEE 基金会 2014 年度年报 [R]. 北京：阿拉善 SEE 基金会，2015；阿拉善 SEE 基金会. 阿拉善 SEE 基金会 2017 年度年报 [R]. 北京：阿拉善 SEE 基金会，2018.

[26] 数据来源：阿拉善 SEE 基金会.

[27] 真爱梦想基金会官方网站 [Z/OL]. 真爱梦想基金会. [2018-09-30]. http://www. adream. org/.

[28] SGS 为真爱梦想公益基金会颁发国内首张 NGO 基准审核证书 [EB/

OL]. 美通社. (2017-12-12) [2018-09-30]. https://www.prnasia.com/story/197213-1.shtml.

[29] 蓝方. 上海真爱梦想基金会被评为最透明 NGO [EB/OL]. 财新网. (2012-12-03) [2018-10-24]. http://China.caixin.com/2012-12-03/100467638.html.

[30] 潘江雪：把爱当作一场认真的修行 [EB/OL]. 长江商学院. (2017-03-07) [2018-09-30]. http://www.sohu.com/a/128098450_181327.

[31] 数据来源：真爱梦想基金会.

[32] 2017 真爱梦想年报 [R]. 上海：上海真爱梦想公益基金会，2018.

[33] 火堆公益官网 [Z/OL]. 火堆公益. [2018-09-07]. https://www.huodui.org/.

[34] [35] 杨团. 慈善蓝皮书：中国慈善发展报告 (2017) [M]. 北京：社会科学文献出版社，2017.

[36] 机构简介 [Z/OL]. 友成企业家扶贫基金会. [2018-09-30]. http://www.youcheng.org/about.php.

[37] 双师教学项目评估报告发布会在京召开 [EB/OL]. 新华公益. (2016-12-12) [2018-09-30]. http://gongyi.gog.cn/system/2016/12/12/015278408.shtml.

[38] 互联网携手公益 开启大众慈善 3.0 [EB/OL]. 未来网. (2016-04-30) [2018-09-30]. http://news.k618.cn/dj/201604/t20160430_7260679.html.

[39] 迎接互联网给公益带来的新变化 [EB/OL]. 光明网. (2016-05-23) [2018-09-30]. http://news.gmw.cn/2016-05/23/content_20211197.htm.

[40] 基金会数据总览 [Z/OL]. 基金会中心网. (2018-10-07) [2018-10-07]. http://data.foundationcenter.org.cn/data/sjzl.shtml.

[41] 数据来源：南都基金会.

[42] 腾讯基金会，腾讯研究院. 腾讯公益十周年报告 [R]，2017.

[43] 社会团体与民办非企业单位的区别 [Z/OL]. 法律快车. [2018-09-30]. http://www.lawtime.cn/ask/question_2065158.html.

[44] [45] [46] 上海市志愿者协会概况 [Z/OL]. 上海市志愿者协会. [2018-09-30]. http://www.volunteer.sh.cn/website/Documents/Sov_Introduce.aspx.

[47] 数据来源：中华社会救助基金会.

[48] 新媒体工作坊 [Z/OL]. NGO 2.0. [2018-09-30]. http://www.ngo20.org/3.

[49] 数据来源：NGO 2.0 书面访谈.

[50] 公益工具箱 [Z/OL]. NGO 2.0. [2018-09-30]. http://tools.ngo20.org/.

[51] 公益地图 [Z/OL]. NGO 2.0. [2018-09-30]. http://www.ngo20map.com/.

[52] 公益创客团 [Z/OL]. NGO 2.0. [2018-09-30]. http://www.ngo20.org/5.

[53] WABC 无障碍艺途有两个组成部分：一部分是负责项目执行的城市艺术中心，属于民办非企业单位；另一部分是上海艺途基金会，属于非公募基金会。所以，WABC 无障碍艺途既有基金会的属性，又有民非机构的属性。因为公众熟知的项目执行部分属于民办非企业单位的职责，所以这里把 WABC 无障碍艺途放在民办非企业单位里介绍。

[54] [55] 数据来源：WABC 无障碍艺途.

第四章　企业与公众的被“激活”

[1] 公益慈善 [Z/OL]. 顺丰速运官网. [2018-09-30]. http://www.sf-express.com/kr/sc/about_us/about_sf/Philathropy/.

[2] [3] 数据来源：顺丰公益基金会书面访谈.

[4] 数据来源：腾讯公益平台.

[5] 和顺丰一起，关注中国乡村教育 [Z/OL]. 腾讯公益. [2018-09-

30]. http://gongyi. qq. com/m/html5/home_list. htm? id=117.

[6] 99公益日试水“公益+快递”2 000万份爱心已上路[EB/OL]. 腾讯公益.(2017-09-02)[2018-09-30]. https://news. qq. com/a/20170902/115087. htm.

[7] 数据来源：腾讯公益平台.

[8] 数据来源：中国扶贫基金会.

[9] 李翔. 时间的朋友：速度、价值观和选择[EB/OL]. 百家号.(2018-01-01)[2018-10-24]. http://baijiahao. baidu. com/s? id=1588376244475322510&wfr=spider&for=pc.

[10] 数据来源：快手企业社会责任部门.

[11] 中国慈善联合会. 中国慈善捐助报告[R]. 北京：中国社会出版社，2017.

[12] 腾讯基金会，腾讯研究院. 腾讯公益十周年报告[R]，2017.

[13] 任晓宁. 今日头条上线公益项目[EB/OL]. 中国新闻出版广电网.(2017-09-27)[2018-10-05]. http://www. chinaxwcb. com/2017-09/27/content_361797. htm.

[14] 手机管家公益版发布：清理手机垃圾就能做公益[EB/OL]. 雷锋网.(2015-12-17)[2018-10-05]. https://www. leiphone. com/news/201512/FAX6guqF2p5GXHxV. html.

[15] 初夏. “清理+”引发全民公益热潮 超2 000万网友参与[EB/OL]. 飞象网.(2017-05-05)[2018-10-05]. http://www. cctime. com/html/2017-5-5/1285498. htm.

[16] 王一名. 社企的时代现象：公益+商业+互联网[EB/OL]. 善达网.(2015-10-13)[2018-10-05]. http://www. shanda960. com/shandaguan/article/5039.

[17] 教育部，国家语委. 中国语言文字事业发展报告(2017)[R/OL]. 百度百科.(2017-07-18)[2018-10-05]. https://baike. baidu. com/item/

中国语言文字事业发展报告%282017%29/22032052? fr=aladdin.

[18] 微信号：voicedonate.

[19] 为盲胞读书，将良好动机转化为有效行动 [EB/OL]. 腾讯公益. (2015-05-18) [2018-10-05]. http://gongyi. qq. com/a/20150518/027250. htm.

[20] 杨雪丹. 花一分钟为盲人读书，微信平台上公益可以这样做 [EB/OL]. 钛媒体. (2015-05-18) [2018-10-05]. http://www. tmtpost. com/1007828. html.

[21] 杨斌.《市民》杂志：安猪：人人多背一公斤 [EB/OL]. 天涯论坛. (2006-06-09) [2018-10-05]. http://bbs. tianya. cn/post-books-80025-1. shtml.

[22] 许可. 有一种感动叫曹警官寻人 [EB/OL]. 三秦网. (2017-04-24) [2018-10-05]. http://www. sanqin. com/2017/0424/293561. shtml.

[23] 宋金金. 网络寻人 找“西安莲湖曹警官” [EB/OL]. 市场信息报. (2017-04-24) [2018-10-05]. http://www. sohu. com/a/136099303_256547.

[24] 宋宇. 冯骥才：有故土，才记得住乡愁 [EB/OL]. 南方周末. (2016-05-15) [2018-10-05]. http://www. infzm. com/content/117062? b0h.

[25] 实战经验 | 互联网众筹如何运用于乡村振兴工作中 [EB/OL]. 搜狐. (2018-01-19) [2018-10-05]. http://www. sohu. com/a/217737482_737595.

[26] IPE 历程 [EB/OL]. 公众环境研究中心. (2018-10-05) [2018-10-05]. http://www. ipe. org. cn/about/about. aspx.

[27] 公众环境研究中心 2016 年度报告 [R]. 北京：公众环境研究中心，2016.

[28] Anneliu. 阮清鸳：从知情到行动：互联网实现“云环保” [EB/OL]. 腾讯新闻. (2017-06-19) [2018-10-05]. https://news. qq. com/a/20170619/038771. htm.

第五章 政府的支持与规范

[1] 文静.《中华人民共和国慈善法》通过 将于 2016 年 9 月 1 日施行. 京华时报. (2016-03-17) [2018-10-05]. http://ah.ifeng.com/a/20160317/4379445_0.shtml.

[2] 邹春霞. 首部慈善法提交审议 政府摊派捐赠构成犯罪可追刑责 [EB/OL]. 北京青年报. (2015-10-31) [2018-10-05]. http://www.xinhuanet.com/politics/2015-10/31/c_128378150.htm.

[3] 根据中国国家民政部公开的年度社会捐赠数据计算.

[4] 汶川地震十年系列——捐赠者的质疑：怎么捐？捐给谁？[EB/OL]. BBC. (2018-05-12) [2018-10-05]. https://www.bbc.com/zhongwen/simp/chinese-news-43945981.

[5] 2015—2016 第三方线上平台公众公益参与方式研究报告 [R]. 北京：公益筹款人联盟，2016.

[6] [7] 马得华. 人民日报：中国慈善事业进入法治化时代 [EB/OL]. 人民网. (2016-03-21) [2018-10-05]. http://opinion.people.com.cn/n1/2016/0321/c1003-28212539.html.

[8]“父亲在事故中身亡微博求打赏”系诈骗 [EB/OL]. 人民日报. (2015-08-16) [2018-10-05]. http://society.people.com.cn/n/2015/0816/c1008-27467900.html.

[9] [10] 马葳，盛卉. 慈善法草案公开征求意见结束 诸多争议如何解决？[EB/OL]. 中国青年报. (2015-12-09) [2018-10-05]. http://politics.people.com.cn/n/2015/1209/c1001-27903842.html.

[11] 慈善法草案二审：网络募捐分级制拟取消 不限平台 [EB/OL]. 新京报. (2015-12-23) [2018-10-05]. http://www.chinanpo.gov.cn/1940/92320/index.html.

[12] 周雯. 广东团热议慈善法草案 马化腾与陈舒坐下来“私聊” [EB/OL]. 新快报. (2016-03-12) [2018-10-05]. http://www.gzmz.gov.cn/gzsmzj/mtgz/

201603/fb58b799239b4b1c998d12f28d1aedd6. shtml.

[13] 中国国家民政部. 民政部印发《"互联网+民政服务"行动计划》[EB/OL]. 民政部门户网站. (2018-06-08) [2018-10-05]. http://xxzx. mca. gov. cn/article/zcwj/201807/20180700010370. shtml.

[14] 中国社会组织公共服务平台. 全国社会组织查询 V3.0 [DB]. [2018-10-05]. http://www. chinanpo. gov. cn/search/orgindex. html.

[15] 慈善中国. 慈善组织查询 [DB]. [2018-10-05]. http://cishan. chinanpo. gov. cn/biz/ma/csmh/a/csmhaindex. html/.

[16] 中国志愿服务网. 全国志愿服务数据统计 [DB]. [2018-08-07]. http://www. chinavolunteer. cn/.

第六章　美国：志愿精神和科技创新

[1] Catechism of the Christian Church [Z/OL]. usccb. org. [2018-09-30].

[2] 路加福音 6：35.

[3] 马太福音 19：21.

[4] [5] Arnsberger P, Ludlum M, Riley M, et al. A history of the tax-exempt sector: An SOI perspective [J]. Statistics of Income Bulletin, 2008, 27 (3): 105-35.

[6] United States Non Profits Laws [Z/OL]. Wikipedia. [2018-09-30].

[7] [8] Philanthropy in the United States [EB/OL]. Wikipedia. [2018-09-30]. https://en. wikipedia. org/wiki/Philanthropy_in_the_United_States.

[9] [10] Benjamin Franklin [Z/OL]. Wikipedia. [2018-09-30]. https://en. wikipedia. org/wiki/Benjamin_Franklin.

[11] 托克维尔. 论美国的民主 [M]. 北京：商务印书馆. 1989.

[12] 关于"科学慈善运动"的具体情况，R. H. Bremner 的论文"Scientific Philanthropy 1873-1893"提供了最为详细的介绍和分析。

[13] 在 19 世纪中后叶，贫民院是由政府通过税收资助的住宿场所。政府

将无力维持自身生活的人送入贫民院，作为当时福利体系的一种补充。但是，贫民院的存在会进一步固化贫困。一个人一旦进入了贫民院，由于没有供养自身的能力，就很难离开贫民院了。而传统的慈善对于这些陷入困境的人无能为力，即使可以在一段时间内帮助到这些贫困人士，最终还是难以避免他们陷入由于贫困被再度送往贫民院的境地。

［14］资中筠. 财富的责任与资本主义演变：美国百年公益史［M］. 上海：上海三联书店，2015.

［15］John D. Rockefeller［Z/OL］. Wikipedia.［2018-09-30］. https://en.wikipedia.org/wiki/John_D._Rockefeller.

［16］Rockefeller Foundation［Z/OL］. Wikipedia.［2018-09-30］. https://en.wikipedia.org/wiki/Rockefeller_Foundation.

［17］徐宇珊，朱照南. 美国公益图谱：从传统到现代［M］. 北京：社会科学文献出版社，2017.

［18］Foundation Center. Key Facts on Community Foundations［R］. Foundation Center，2012.

［19］Arnsberger P，Ludlum M，Riley M，et al. A history of the tax-exempt sector：An SOI perspective［J］. Statistics of Income Bulletin，2008，27(3)：105-135.

［20］Giving USA 2018：The Annual Report on Philanthropy for the Year 2017［R］. Giving USA，2018.

［21］Volunteering in the United States in 2015［R］. U.S. Bureau of Statistics，2016.

［22］［23］［24］BlackBaud. Charity Giving Report 2016［R］. Blackbaud Institute，2017.

［25］Introducing New Tools for Nonprofits［Z/OL］. Facebook.（2015-11-18）［2018-01-03］. https://newsroom.fb.com/news/2015/11/introducing-new-tools-for-nonprofits/.

[26] [27] Celebrating a Birthday? Now You Can Make It Even More Meaningful [Z/OL]. Facebook.（2017-08-16）[2018-01-03]. https://newsroom. fb. com/news/2017/08/celebrating-a-birthday-now-you-can-make-it-even-more-meaningful/.

[28] 2017 Global NGO Online Technology Report [R/OL]. [2018-01-05]. http://techreport. ngo/previous/2017/english/2017report. pdf.

[29] 数据来源：Giving Tuesday Twitter 官方账户.

[30] PayPal Exceeds $7 Billion in Charitable Giving in 2016 as Mobile Giving Continues to Surge [EB/OL]. Business Wire，(2017-01-10) [2018-09-30]. https://www. businesswire. com/news/home/20170110005744/en/PayPal-Exceeds-7-Billion-Charitable-Giving.

[31] PayPal Giving Fund Annul Report [R]. PayPal Giving Fund，2018.

[32] eBay Inc. Reports Third Quarter 2017 Results [EB/OL]. eBay. (2017-10-18) [2018-09-30]. https://www. ebayinc. com/stories/news/ebay-inc-reports-third-quarter-2017-results/.

[33] Our Work [Z/OL]. Google. org. [2018-09-30]. https://www. google. org/our-work/.

[34] Pratham Books：StoryWeaver [Z/OL]. Google. org. [2018-09-30]. https://www. google. org/our-work/education/storyweaver/.

[35] Google For Non Profits [Z/OL]. Google. [2018-09-30]. https://www. google. com/nonprofits/.

[36] About Mightycause [Z/OL]. Mightycuase. [2018-09-30]. https://www. mightycause. com/about.

[37] About Us [Z/OL]. Charity Navigator. [2018-09-30]. https://www. charitynavigator. org/index. cfm? bay=content. view&cpid=1653.

[38] How Do We Rate Charities' Accountability and Transparency? [Z/OL]. Charity Navigator. [2018-09-30]. https://www. charitynavigator. org/

index. cfm? bay=content. view&cpid=1093.

[39] 数据来源：Giving Tuesday Twitter 官方账户.

[40] CM 公益传播. 国外也有“99 公益日”? 英国人把募捐玩成一种时尚，美国人悄悄弄了个公益大 IP [EB/OL]. 搜狐网. (2017-09-18) [2018-01-03]. http://www. sohu. com/a/192689686_712346.

[41] BlackBaud. Charity Giving Report 2016 [R]. Blackbaud Institute, 2017.

第七章 英国：公益传统和政府支持

[1] 王名，李勇，黄浩明. 英国非营利组织 [M]. 北京：社会科学文献出版社，2009：24.

[2] 英国专家把“为了广泛的公共利益而设定，非营利、非政府、从事各种慈善活动的组织”称为慈善组织。而在中国，慈善组织的定义则较为狭窄，因此本书使用“公益慈善组织”一词泛指英国的“慈善组织”。

[3] 高卉. 神圣与世俗：米德尔敦中的慈善悖论 [J]. 杭州师范大学学报（社会科学版），2012 (2).

[4] Jordan W K. The Charity of London 1480 - 1660s [M]. London: George Allen & Unwin Ltd.，1960：48.

[5] 汪晖. 文化与公共性 [M]. 上海：上海三联书店，1998：191.

[6] 哈里斯. 英国福利国家的起源 1800—1945 [M]. 纽约：帕尔格雷夫·麦克米兰出版社，2004.

[7] 萨拉蒙. 全球公民社会 [M]. 北京：中国社会科学出版社，2002.

[8] 徐晶雪. 一种历史的视角：英国慈善事业的现代化转型 [D]. 曲阜：曲阜师范大学，2013.

[9] 王名. 英国的慈善组织 [D]. 中国发展简报，2012.

[10] 英国慈善委员会. Recent charity register statistics: Charity Commission [EB/OL]. (2018-01-16). https://www. gov. uk/government/publications/charity-register-statistics/recent-charity-register-statistics-charity-commis-

sion.

[11] CAF. 2018 Giving Report [EB/OL]. (2018 - 03). https://www.cafonline.org/about-us/publications/2018-publications/uk-giving-report-2018.

[12] 中华慈善百人论坛. 慈善与社会体制改革：历史背景和政策导向[C]，2013.

[13] 陈晓律. 英国福利制度的由来与发展[M]. 南京：南京大学出版社，1996：26.

[14] 邱莹. 英国慈善机构筹款方式大盘点[EB/OL]. (2014-01-08). http://gongyi.people.com.cn/n/2014/0108/c151132-24055623.html.

[15] NPT-UK. Charitable Giving Statistics in the United Kingdom [EB/OL]. http://www.npt-uk.org/philanthropic-resources/uk-charitable-giving-statistics.

[16] NPT-UK. Charitable Giving Statistics in the United Kingdom [EB/OL]. http://www.npt-uk.org/philanthropic-resources/uk-charitable-giving-statistics.

[17] 星岛环球网. 英国的网络慈善募捐是如何运作的[EB/OL]. (2016-06-01). http://finance.stnn.cc/gywt/2016/0601/320873.shtml.

[18] Blackbaud. 2014 State of the Not-for-Profit Industry Survey Summary Report [EB/OL]，2014. https://www.blackbaud.co.uk/files/bbe/SONI/SONI_UKReport2014.pdf.

[19] BBC 新闻网. London boy raises £145k for Haiti quake aid by cycling [EB/OL]. (2010-01-25). http://www.google.com.hk/url? sa=t&rct=j&q=&esrc=s&source=web&cd=1&ved=2ahUKEwj03fCpnPbdAhXJe7wKHdgHA8cQFjAAegQIBRAB&url=http%3A%2F%2Fnews.bbc.co.uk%2F2%2Fhi%2Fuk_news%2Fengland%2Flondon%2F8478244.stm&usg=AOvVaw1rwxWNwvSc-mRoOG_QFVQjm.

[20] Natasha Lomas. Charitable Donation Platform, JustGiving, Launches Yimby, A Crowdfunding Platform For Social Good [EB/OL], 2013. https://techcrunch.com/2013/11/12/yimby/.

[21] JustGiving. Raise more money, change more lives [EB/OL], 2018. https://pages.justgiving.com/charities.html.

[22] Give as you Live . Raise free funds for charity with your everyday shopping [EB/OL], 2018. https://www.giveasyoulive.com/.

[23] My Donate. 2015 Review. [EB/OL]. (2016-01-27). https://www.btplc.com/mydonate/News/2015Review/index.aspx.

[24] 暴走漫画曾联合多家公益机构获得授权，举办了“六一红鼻子节”的活动。

[25] CM公益传播. 国外也有“99公益日”? 英国人把募捐玩成一种时尚，美国人悄悄弄了个公益大IP [EB/OL]. 搜狐网.（2017-09-18）[2018-01-03]. http://www.sohu.com/a/192689686_712346. 黄瀚生. 英国红鼻子日你的鼻子红了吗 [EB/OL].（2017-03-25）. http://www.sohu.com/a/130236534_252650.

[26] CAF. 2018 Giving Report [EB/OL].（2018-03）. https://www.caf-online.org/about-us/publications/2018-publications/uk-giving-report-2018.

[27] Raihani, Smith. Competitive Helping in Online Giving, Current Biology [EB/OL].（2015-05-04）. https://www.cell.com/current-biology/fulltext/S0960-9822(15)00211-0? _returnURL=https%3A%2F%2Flinkinghub.elsevier.com%2Fretrieve%2Fpii%2FS0960982215002110%3Fshowall%3Dtrue.

[28] 央广网. 网络募捐频出问题看各国如何监管[EB/OL].（2018-06-03）. https://baijiahao.baidu.com/s? id=1602240950639306940&wfr=spider&for=pc.

第八章 日本：从政府主导走向官民共治

[1] 長坂寿久. 公共哲学と日本の市民社会（NPO）セクター——「公・公

共・私」三元論と3セクターモデルについて［J］. 国際貿易と投資，Summer 2007（68）.

［2］山脇直司. 公共哲学とは何か［R］. 東京大学大学院総合文化研究科.

［3］内閣府 NPO. 特定非営利活動法人の認証・認定数の遷移［DB/OL］. ［2018-07-31］. https://www.npo-homepage.go.jp/about/toukei-info/ninshou-seni.

［4］［5］寄付白書 2017［R］. 日本ファンドレイジング協会，2017.

［6］Yahoo! ネット募金. ネット募金結果報告［R/OL］. ［2018-10-05］. https://docs-donation.yahoo.co.jp/report/index.html.

［7］关于乐天［EB/OL］. 乐天全球官方网站.（2018-10-05）［2018-10-05］. https://global.rakuten.com/corp/.

［8］关于 sumabo［EB/OL］. sumabo 主页.（2018-09-10）［2018-10-05］. http://www.dff.jp/docs/aboutus.

［9］关于 Readyfor［EB/OL］. Readyfor 主页.（2018-09-10）［2018-10-05］. https://readyfor.jp/proposals/intro.

［10］Table For Two 2016 年度年次報告書［R/OL］. Table For Two 日本官方网站.［2018-10-05］. http://jp.tablefor2.org/popup/annual.html.

［11］JapanGiving 介绍［EB/OL］. LIFULL 官方主页.［2018-10-05］. https://lifull-socialfunding.co.jp/.

［12］Statista. Countries with the highest internet penetration rate as of 2016［DB/OL］.［2018-10-05］. https://www.statista.com/statistics/227082/countries-with-the-highest-internet-penetration-rate/.

［13］寄付白書 2015［R］. 日本ファンドレイジング協会，2015.

［14］本尼迪克特. 菊与刀［M］. 杭州：浙江文艺出版社，2016.

第九章　公益的意义

［1］中国少年儿童基金会机构概况［EB/OL］. 中国少年儿童基金会官方主

页.［2018－10－05］. http://www.cctf.org.cn/about/.

第十章　社会原子化的影响

［1］田毅鹏. 转型期中国社会原子化动向及其对社会工作的挑战［J］. 社会科学，2009（7）：71－75.

［2］Macmillan，Palgrave. Global politics［M］. Palgrave Macmillan，2015.

［3］托克维尔. 论美国的民主［M］. 北京：商务印书馆，1989：625.

第十二章　中国公益的关键问题与挑战

［1］中国国家民政部. 社会服务发展统计公报［DB/OL］. 中国国家民政部官方网站.［2018－10－05］. http://www.mca.gov.cn/article/sj/.

［2］中国慈善捐助报告［R］. 中国慈善联合会，2017.

［3］GivingUSA［R］. GivingUSA，2017.

［4］根据《中国慈善蓝皮书 2017》和中国国家统计局人口统计数据计算.

［5］根据 GivingUSA 2017、世界银行美国人口统计及中国银行中美汇率数据计算.

第十五章　文化：塑造“感-理-融”三重文化内核

［1］白筱. 康晓光：儒家的“仁爱”更普适［EB/OL］. https://www.sohu.com/a/69464631_339564.

［2］搜狐. 徐永光：慈善资源的无效使用是最不道德的［EB/OL］.（2017－06－16）. http://www.sohu.com/a/149544834_616757.

［3］李虹. 谈中国社会文化中的感性主义［J］. 云南社会主义学院学报，2013（2）：327－328.

［4］思涵. 中国红十字会承认受郭美美事件影响个人捐款大降［EB/OL］.（2011－12－08）. http://business.sohu.com/20111208/n328362672.shtml.

［5］钱一彬，赵丹彤，邝西曦. 人民日报：互联网公益形式出新、监管趋严［EB/OL］.（2017－11－02）. http://csgy.rmzxb.com.cn/c/2017－11－02/1857971.shtml.

[6] 赵明昊. 引导公益慈善从感性走向理性 [EB/OL]. (2018-09-17). https://baijiahao.baidu.com/s?id=1611809760906231635&wfr=spider&for=pc.

[7] 孙宗鹤. 陈一丹：理性公益正当时 [EB/OL]. (2018-09-05). http://politics.gmw.cn/2018-09/05/content_30996974.htm.

[8] 商业周刊. 科学地做慈善像选股一样较真 [EB/OL]. (2015-12-28). https://xueqiu.com/3904790550/62581829.

[9] 张以勋. 为何说"理性公益"是大势所趋 [EB/OL]. (2018-09-13). http://www.360doc.com/content/18/0913/21/59320440_786460911.shtml.